好领导
是怎样炼成的

张世良 秦婧 著

中共中央党校出版社

图书在版编目（CIP）数据

好领导是怎样炼成的 / 张世良，秦婧著． --北京：中共中央党校出版社，2021.9

　　ISBN 978-7-5035-7184-8

Ⅰ.①好…　Ⅱ.①张…②秦…　Ⅲ.①中国共产党-干部教育-学习参考资料　Ⅳ.①D262.3

中国版本图书馆 CIP 数据核字（2021）第 175271 号

好领导是怎样炼成的

策划统筹	任丽娜
责任编辑	任丽娜　桑月月
责任印制	陈梦楠
责任校对	马　晶
出版发行	中共中央党校出版社
地　　址	北京市海淀区长春桥路 6 号
电　　话	（010）68922815（总编室）　（010）68922233（发行部）
传　　真	（010）68922814
经　　销	全国新华书店
印　　刷	中煤（北京）印务有限公司
开　　本	710 毫米×1000 毫米　1/16
字　　数	268 千字
印　　张	19.75
版　　次	2021 年 9 月第 1 版　2021 年 9 月第 1 次印刷
定　　价	88.00 元

微信 ID：中共中央党校出版社　　邮　箱：zydxcbs2018@163.com

版权所有·侵权必究

如有印装质量问题，请与本社发行部联系调换

序

2021年7月1日,中国共产党百年华诞。

1921年,中国共产党自成立以来,始终把为中国人民谋幸福、为中华民族谋复兴作为自己的初心使命,始终坚持共产主义理想和社会主义信念,团结带领全国各族人民为争取民族独立、人民解放和实现国家富强、人民幸福而不懈奋斗。

100年来,中国共产党牢记初心使命,坚守理想信念,不畏艰难险阻,不惧流血牺牲,团结带领中国人民浴血奋战、百折不挠,创造了新民主主义革命的伟大成就;自力更生、发愤图强,创造了社会主义革命和建设的伟大成就;解放思想、锐意进取,创造了改革开放和社会主义现代化建设的伟大成就;自信自强、守正创新,创造了新时代中国特色社会主义的伟大成就。中华民族迎来了从站起来、富起来到强起来的伟大飞跃,实现中华民族伟大复兴进入了不可逆转的历史进程!

百年大党,千秋伟业,前景无限!

百年奋斗,千年企盼,今朝梦圆!

数千年来,中华民族一直向往过上丰衣足食的小康生活。2021年7月1日,习近平总书记在庆祝中国共产党成立100周年大会上代表党和人民庄严宣告:"经过全党全国各族人民持续奋斗,我们实现了第一个百年奋斗目标,在中华大地上全面建成了小康社会,历史性地解决了绝对贫困问题,正在意气风发向着全面建成社会主义现代化强国的第二个百年奋斗目标迈进。"

全面建成小康社会,是我们党带领人民创造的人间奇迹,是迈向中华民族伟大复兴的关键一步，在中国共产党奋斗史、新中国发展史、中华文明史上都具有里程碑意义。

坚持中国共产党的领导，是历史和人民的选择。中华民族近代以来180多年的历史、中国共产党成立以来100年的历史、中华人民共和国成立以来70多年的历史都充分证明，没有中国共产党，就没有新中国，就没有中华民族伟大复兴。

习近平总书记在庆祝中国共产党成立100周年大会上的讲话中强调："中国共产党领导是中国特色社会主义最本质的特征，是中国特色社会主义制度的最大优势，是党和国家的根本所在、命脉所在，是全国各族人民的利益所系、命运所系。"

中国特色社会主义进入新时代，开启了全面建设社会主义现代化强国新征程，迎来了实现中华民族伟大复兴的光明前景。

在新时代的征程上，坚持和发展中国特色社会主义，全面建设社会主义现代化强国，实现中华民族伟大复兴，关键在党，关键在人。

关键在党，就是必须坚持党的全面领导，全面加强党的建设，坚持全面从严治党，确保党在世界形势深刻变化的历史进程中始终走在时代前列，在新时代坚持和发展中国特色社会主义的历史进程中始终成为坚强领导核心。

关键在人，就是必须坚持党管干部原则，坚持德才兼备标准，建设一支宏大的高素质专业化干部队伍，为推进中国特色社会主义事业、全面建设社会主义现代化强国、实现中华民族伟大复兴提供坚强组织保障。

人民是历史的创造者，是党执政的根基，是国家的主人，是决定党和国家前途命运的根本力量。党的干部，是党的事业的骨干，是人民的公仆、人民的勤务员，必须牢记初心使命，坚定理想信念，践行党的宗旨，永远保持同人民群众的血肉联系，始终同人民想在一起、干在一起，风雨同舟、同甘共苦，发挥人民群众的积极性、主动性、创造性，实现好、维护好、发展好最广大人民群众的根本利益，汇聚起推进中国特色社会主义事业、实现中华民族伟大复兴的磅礴伟力。

加强干部队伍建设，既是我们党历来高度重视的理论课题，也是我们党坚持不懈探索的实践课题。

中国共产党成立100年来，从建党时只有50多名党员的政党，发展成为今天已经拥有9500多万名党员、领导着14亿多人口大国、具有重大全球影响力的世界第一大执政党。在百年奋斗历程中，我们党之所以能够成为革命、建设、改革事业的领导核心，关键在于我们党培养造就了一批又一批、一代又一代坚持理想信念、践行初心使命、不怕流血牺牲、对党赤胆忠诚、甘为人民服务、担当时代重任的好干部、好领导，从而为革命、建设、改革事业发展提供了坚强组织保障。

党的事业，需要各行各业的领导者，更需要各个层级的好领导。

每个时代，需要那个时代的领导者，更需要那个时代的好领导。

习近平总书记强调："历史和现实都表明，一个政党、一个国家能不能不断培养出优秀领导人才，在很大程度上决定着这个政党、这个国家的兴衰存亡。我们党之所以能够始终保持强大的创造力、凝聚力、战斗力，成为革命、建设、改革事业发展的中流砥柱，团结带领人民战胜各种艰难险阻、取得一个又一个胜利，一个十分重要的原因就在于高度重视培养造就能够担当重任的干部队伍。""新时代，我们党要团结带领人民实现'两个一百年'奋斗目标、实现中华民族伟大复兴的中国梦，必须贯彻新时代党的组织路线，努力造就一支忠诚干净担当的高素质干部队伍。"[①] 在新时代的征程上，我们党要充分发挥总揽全局、协调各方的领导核心作用，必须坚持德才兼备、以德为先，坚持五湖四海、任人唯贤，坚持事业为上、公道正派，着力培养造就一支忠诚干净担当的高素质领导干部队伍，为全面建设社会主义现代化强国、实现中华民族

---

① 习近平：《努力造就一支忠诚干净担当的高素质干部队伍》，《求是》2019年第2期。

伟大复兴提供坚强组织保障。

新时代呼唤党和人民需要的好领导，新时代造就党和人民需要的好领导。

在新时代的征程上，怎样才是好领导？怎样成为好领导？怎样担当好领导？这既是新时代的理论课题，又是新时代的实践课题；既是党中央高度重视的重大问题，又是基层党组织极为关心的现实问题；既是各级领导干部需要正确回答的必修课题，又是各级领导干部需要躬身践行的终身课题。

张世良、秦婧同志所著的《好领导是怎样炼成的》一书，以习近平新时代干部队伍建设思想为指导，以《中国共产党章程》等党内法规为遵循，立足党政军群机关、企事业单位及社会组织领导干部的思想、工作和生活实际，阐述了锤炼成为新时代好领导必须坚持的基本标准、党性原则、政治立场和思维方式、思想方法、工作方法。

《中国共产党章程》规定，党的各级领导干部必须信念坚定、为民服务、勤政务实、敢于担当、清正廉洁。该书围绕"怎样才是好领导"这一问题，解析了衡量新时代好领导的基本标准，阐述了领导干部做到"信念坚定、为民服务、勤政务实、敢于担当、清正廉洁"的核心要义和思想内涵。信念坚定，就是要坚定理想、坚守信仰、坚持自信；为民服务，就是要权为民所用、情为民所系、利为民所谋；勤政务实，就是要勤勉尽职、求真务实、真抓实干；敢于担当，就是要敢闯敢试、敢做敢当、敢作敢为；清正廉洁，就是要清白清廉、清正清明、清贫清风。对各级领导干部来说，必须做到信念坚定、为民服务、勤政务实、敢于担当、清正廉洁，才是新时代党和人民需要的好领导。

党和国家事业越发展，对各级领导干部的能力和本领要求必然越高。习近平总书记在庆祝中国共产党成立100周年大会上的讲话中强调："着力建设德才兼备的高素质干部队伍。"德才兼备，既是我们党培养教育、选拔任用领导干部的基本准则，也是领导干部为官从政、干事创业的根本遵循。习近平总书记还多次强调,领导干部必须努力提高政治能力、调查研究能力、科学决策能力、改革攻坚能力、应急处突能力、群众工作能力、抓落实能力,切实增强学习本领、政治领导本领、改革创新本领、科学发展本领、依法执政本领、群众工作本领、狠抓落实本领、驾驭风险本领。该书围绕"怎样成为好领导"这一问题,解析了炼成新时代好领导的基本路径,阐述了领导干部做到"修身律己、谋事创业、善学善用、德才兼备、善领善导"的思想方法和基本途径。修身律己,就是要严以修身、严以用权、严以律己;谋事创业,就是要谋事要实、创业要实、做人要实;善学善用,就是要勤学好学、善思善悟、真学真用;德才兼备,就是要炼好德行、炼好能力、炼好本领;善领善导,就是要善言善语、善写善算、善行善领。对各级领导干部来说,必须做到修身律己、谋事创业、善学善用、德才兼备、善领善导,才能成为新时代党和人民需要的好领导。

习近平总书记强调:"干部敢于担当作为,这既是政治品格,也是从政本分。党的干部要以对党忠诚、为党分忧、为党尽职、为民造福的政治担当,以守土有责、守土负责、守土尽责的责任担当,面对大是大非敢于亮剑,面对矛盾敢于迎难而上,面对危机敢于挺身而出,面对失误敢于承担责任,面对歪风邪气敢于坚决斗争。"① 该书围绕"怎样担当好领导"这一问题,解析了担当新时代好领导的基本方法,阐述了领导干部做到"善作决策、善用干部、善抓落实、善谋善为、善作善成"的思想方法和工作方法。善作决策,就是要科学决策、民主决策、依法决策;善用干部,就是要管好干部、选好干部、用好干部;善抓落实,就是要勤抓落实、敢抓落实、常抓落实;善谋善为,就是要善治善为、依法作为、创新有为;善作善成,就是要善思善谋、善行善为、善始善终。对各级领导干部来说,必须做到善作决策、善用干部、善抓落实、

---

① 习近平:《努力造就一支忠诚干净担当的高素质干部队伍》,《求是》2019年第2期。

善谋善为、善作善成，才能担当新时代党和国家各项事业的好领导。

好钢材，需要千锤百炼；好领导，需要千修万炼。

好领导不会自然而然产生。锤炼成为新时代的好领导，既要靠组织培养教育、管理监督，又要靠自己坚持修炼、坚持磨炼。

该书视角新颖独到、道理深入浅出、实例鲜活生动、语言通俗易懂，既解析了领导干部修身律己、为官从政之道，又阐释了领导干部谋事创业、担当作为之理；既有理论上的探讨性、前瞻性、引导性，又有实践上的针对性、实用性、时效性，是一本可学可信、可鉴可用的好读本。我相信，读者朋友们不管是深阅读还是浅浏览，都会有所启发、有所思考、有所感悟、有所体会、有所收获。

《求是》杂志社原社长

2021年8月11日

前　言

从古至今，人们从事社会实践活动需要领导者；古今中外，带领民众同心同德前行需要好领导。

领导，既是指领导者，也是指领导活动。领导活动是一门"学问"，领导工作是一门"科学"。领导活动和领导工作都包含着极其丰富的科学内容，同时也需要科学理论指导。领导科学，是研究现代领导活动、领导工作规律及其方法的一门学问，是揭示领导活动、领导工作中各种因素之间的内在的本质的、必然的联系，即领导活动的规律。

好领导是怎样炼成的？这既是一个古老恒久的话题，又是一个常谈常新的话题；既是古今中外仁者见仁的话题，又是从古至今智者见智的话题；既是众所周知又众所纷纭的话题，又是经常说到又很难讲清的话题；既是专家学者做过千般解析的话题，又是平民百姓有过万种解读的话题。

作为领导干部，既然担任了领导职务并且要履行好领导职责，就要研究这门"学问"；既然担负了领导工作并且要担当好领导任务，就要深谙这门"科学"。

一

人类社会实践证明，任何一个组织、一个政党、一个国家都需要各个层级的领导者。对于一个组织、一个政党、一个国家，领导者至关重要，关系到组织的生存发展、政党的生死存亡、国家的兴衰成败。对于一个组织、一个政党、一个国家，好领导甚为关键，是决定组织兴废、政党兴亡、国家兴衰的重要因素。无数事实证明，小到一个团队、一个组织，大到一个政党、一个国家，既需要各个层级的领导者，更需要各个层级的好领导。古今中外，概莫能外。

在中国，历朝历代都十分重视官吏管理和选拔。"育才造士，为国之本。""为政之要，惟在得人。"中国历史上凡是有作为的政治家、思想家在吏治方面都留下了很多做法和思想。比如，《论语》成书距今有几千年之久，具有"半部《论语》治天下"的美誉，作为中华民族优秀文化典籍，其阐述的政治领导思想，不仅对中国古代政治有着巨大影响，而且对现代政治发展也具有很好的借鉴意义。《孙子兵法》是一部饮誉世界的兵学圣典，被誉为天下第一奇书，其阐述的军事领导思想，不仅对中国军事理论发展有着巨大影响，而且对世界军事理论发展有着广泛的借鉴意义，受到世界各国军事理论界的重视。比如，《论语》中说"为政以德，譬如北辰，居其所而众星共之"，《墨子》中说"国有贤良之士众，则国家之治厚；贤良之士寡，则国家之治薄"，韩非子说"宰相必起于州部，猛将必发于卒伍"，孟子说"故天将降大任于斯人也，必先苦其心志，劳其筋骨，饿其体肤，空乏其身"，诸葛亮说"为人择官者乱，为官择人者治"，司马光提出"凡用人之道，采之欲博，辨之欲精，使之欲适，任之欲专"，龚自珍写道"我劝天公重抖擞，不拘一格降人才"，等等。我国古代吏治做法和经验，其中虽然不乏真知灼见，但也带有明显的历史和阶级局限，需要我们在借鉴中去粗存精、去伪存真，古为今用、创新运用。

在国外，柏拉图的《理想国》、亚里士多德的《政治学》、马基雅维利的《君王论》、克劳塞维茨的《战争论》等都对政治、军事领导活动作过阐述。美国前总统尼克松说："领导者一定要能够看到凡人所看不到的眼前利害以外的事情，他们需要有站在高山之巅极目远眺的能力。""伟大的领导是一种特有的艺术形式，既需要超群的力量，又需要非凡的思想。"美国前国务卿基辛格说："领导就是要让跟随他的人们，从他们现在的地方，带领他们去还没有去过的地方。"

历史和现实证明，一个组织、一个政党、一个国家能不能培养和造就大批优秀领导人才，是决定这个组织、政党、国家的兴衰存亡的关键因素。

二

党的干部，是党的事业的骨干，是人民的公仆，必须做到忠诚干净担当。各级领导干部是党的执政骨干，是治党治国治军的主要承担者和实施者，是党和国家各项事业的主要组织者和执行者。加强干部队伍建设，既是我们党历来高度重视的理论课题，也是我们党坚持不懈探索的实践课题。

为政之要，惟在得人。治国理政，惟在用人。"政治路线确定之后，干部就是决定因素。"决策部署作出之后，领导就是关键因素。推进中国特色社会主义伟大事业、建设社会主义现代化强国、实现中华民族伟大复兴，既需要各行各业、各个层级的领导者，更需要各行各业、各个层级的好领导。

三

中国共产党成立100年来，在革命、建设、改革各个时期，都高度重视党的干部队伍建设，把培养选拔德才兼备的领导干部队伍作为关系党和人民事业的关键性、根本性问题来抓，造就了一批又一批、一代又一代党和人民需要的优秀领导人才，为革命、建设、改革事业发展提供了坚强组织保障。我们党之所以能够始终成为革命、建设、改革事业的领导核心，保持强大的创造力、凝聚力、战斗力，团结带领人民战胜各种艰难险阻，取得一个又一个胜利，关键在于培养和造就了能够担当时代重任、践行时代使命的领导干部队伍。

好领导是怎样炼成的

在中国共产党100年波澜壮阔的征程上，涌现出了许多伟大领袖人物和众多优秀领导干部。

中国共产党的许多领导人在领导中国革命、建设、改革的长期实践中，对什么是领导、怎样才是好领导、怎样成为好领导等问题有着深刻的认识和总结。

对什么是领导，毛泽东强调："什么叫做领导？领导和预见有什么关系？预见就是预先看到前途趋向。如果没有预见，叫不叫领导？我说不叫领导。斯大林说：没有预见就不叫领导，为着领导必须预见。""坐在指挥台上，如果什么也看不见，就不能叫领导。坐在指挥台上，只看见地平线上已经出现的大量的普遍的东西，那是平平常常的，也不能算领导。只有当着还没有出现大量的明显的东西的时候，当桅杆顶刚刚露出的时候，就能看出这是要发展成为大量的普遍的东西，并能掌握住它，这才叫领导。"①"共产党是抗日战争的领导者，如果共产党员不懂得战争的道理，不懂如何指挥，就当不成功战争的领导者。"②刘少奇说："你掏大粪是人民的勤务员，我当国家主席也是人民的勤务员，这只是分工不同，但都是革命事业中不可缺少的一部分！"③邓小平指出："什么叫领导，领导就是服务。"④

对怎样才是好领导，毛泽东强调："为什么人的问题，是一个根本的问题，原则的问题。"⑤"共产党人的一切言论行动，必须以合乎最广大人民群众的最大利益，为最广大人民群众所拥护为最高标准。"⑥刘少奇指出："一个好党员、一个好领导者的重要标志，在于他熟悉人民的生活状况和劳动状况，关心人民的痛痒，懂得人民的心；他坚持艰苦

---

① 《毛泽东文集》第3卷，人民出版社1996年版，第394—395页。
② 毛泽东：《当学生，当先生，当战争领导者》，《党的文献》2013年第6期。
③ 文飞：《刘少奇对时传祥说：你掏大粪是人民的勤务员，我当主席也是人民的勤务员》，《党建》2013年第7期。
④ 《邓小平文选》第3卷，人民出版社1993年版，第121页。
⑤ 《毛泽东选集》第3卷，人民出版社1991年版，第857页。
⑥ 《毛泽东选集》第3卷，人民出版社1991年版，第1096页。

朴素的作风，同人民同甘苦共患难，能够接受人民的批评监督，不在人民面前摆任何架子；他有事找群众商量，群众有话也愿意同他说。只要我们的党是由这样的党员组成的，我们就永远有无穷无尽的、不可征服的力量。"① 周恩来早在1943年4月就阐述了怎样做一个好的领导者的问题，他指出："一般干部都有做领导工作可能，而且多半已经做了领导工作。所以讲领导工作，是包含了上中下各级领导干部说的。有些同志虽未直接做领导工作，但实际上仍是领导干部。""什么是正确领导？必须正确地决定问题；必须组织正确决定之执行；必须组织对于执行这种决定的情形之审查。"② 毛泽东强调："在我党的一切实际工作中，凡属正确的领导，必须是从群众中来，到群众中去。"③ "共产党好，共产党好，共产党是人民的好领导……"这首流传了半个多世纪的脍炙人口的歌曲，以极其朴素的语言和无比真挚的感情，道出了亿万人民群众的心声。为什么共产党是好领导？是因为中国共产党人始终坚持全心全意为人民服务的根本宗旨，始终坚守为中国人民谋幸福、为中华民族谋复兴的初心和使命。

对领导者的责任和任务，毛泽东指出："领导者的责任，归结起来，主要地是出主意、用干部两件事。"④ "掌握思想领导是掌握一切领导的第一位。掌握思想教育，是团结全党进行伟大政治斗争的中心环节。如果这个任务不解决，党的一切政治任务是不能完成的。"⑤ 周恩来指出："毛泽东说用人行政是领导者的任务，这是真理。要求领导干部抓紧思想政治的领导。这就是要不断提高自己的思想水平，加强自己的政治锻炼。要求领导干部抓紧组织领导。有了政治路线，组织工作就决定一切。慎重地挑选干部和分配工作。挑选干部的标准，政治标准与工作能

---

① 《刘少奇选集》下卷，人民出版社1985年版，第275页。
② 《周恩来选集》上卷，人民出版社1980年版，第128—129页。
③ 《毛泽东选集》第3卷，人民出版社1991年版，第899页。
④ 《毛泽东选集》第2卷，人民出版社1991年版，第527页。
⑤ 《毛泽东选集》第3卷，人民出版社1991年版，第1094页。

力,二者是缺一不可的,而政治上可以信任是先决问题。"①

对领导方法,毛泽东指出:"我们不但要提出任务,而且要解决完成任务的方法问题。我们的任务是过河,但是没有桥或没有船就不能过。不解决桥或船的问题,过河就是一句空话。不解决方法问题,任务也只是瞎说一顿。"②"党委对主要工作不但一定要'抓',而且一定要'抓紧'。什么东西只有抓得很紧,毫不放松,才能抓住。抓而不紧,等于不抓。"③邓小平指出:"我的抓法就是抓头头,抓方针。重要的政策、措施,也是方针性的东西。""抓,要有具体政策、具体措施,解决具体的思想问题和实际问题。"④

毛泽东、刘少奇、周恩来、邓小平关于什么是领导、怎样才是好领导、怎样成为好领导的重要论述,从不同视角和维度阐明了领导的概念、本质、原则、地位、作用、责任、任务、方法等,这些领导原理,具有十分重要的现实意义和指导意义。

党的十八大以来,习近平总书记对怎样才是好领导?怎样成为好领导?怎样担当好领导?也有深刻的认识和总结,提出并阐述了"信念坚定、为民服务、勤政务实、敢于担当、清正廉洁"好干部标准、"既严以修身、严以用权、严以律己;又谋事要实、创业要实、做人要实"好领导准则等一系列新观点、新理念、新思想,为新时代党的干部队伍建设特别是领导干部队伍建设指明了正确方向,也为新时代各级领导干部开展领导工作提供了根本遵循。

四

中国特色社会主义进入新时代,开启了全面建设社会主义现代化强

---

① 《周恩来选集》上卷,人民出版社1980年版,第130页。
② 《毛泽东选集》第1卷,人民出版社1991年版,第139页。
③ 《毛泽东选集》第4卷,人民出版社1991年版,第1442页。
④ 《邓小平文选》第2卷,人民出版社1994年版,第68—70页。

国新征程,迎来了实现中华民族伟大复兴的光明前景。

2021年7月1日,习近平总书记在庆祝中国共产党成立100周年大会上代表党和人民庄严宣告,经过全党全国各族人民持续奋斗,我们实现了第一个百年奋斗目标,在中华大地上全面建成了小康社会,历史性地解决了绝对贫困问题,正在意气风发向着全面建成社会主义现代化强国的第二个百年奋斗目标迈进。

在新时代的征程上,推进中国特色社会主义事业、建设社会主义现代化强国、实现中华民族伟大复兴,必须培养造就千千万万党和人民需要的好干部、好领导。

2021年9月1日,习近平总书记在2021年秋季学期中央党校(国家行政学院)中青年干部培训班开班式上强调,年轻干部生逢伟大时代,是党和国家事业发展的生力军,必须练好内功、提升修养,做到信念坚定、对党忠诚,注重实际、实事求是,勇于担当、善于作为,坚持原则、敢于斗争,严守规矩、不逾底线,勤学苦练、增强本领,努力成为可堪大用、能担重任的栋梁之才,不辜负党和人民期望和重托。这既是对年轻干部提出的要求,也是对领导干部提出的更高要求。①

《好领导是怎样炼成的》一书,以习近平新时代干部队伍建设思想为指导,以《中国共产党章程》等党内法规为遵循,立足党政军群机关、企事业单位及社会组织领导干部的思想、工作和生活实际,阐述了炼成新时代好领导应该坚持的基本标准、党性原则、政治立场和思维方式、思想方法和工作方法。

---

① 《习近平:信念坚定对党忠诚实事求是担当作为 努力成为可堪大用能担重任栋梁之才》,《人民日报》2021年9月1日。

目录

第一篇　怎样才是好领导　001

第一章　信念坚定　009
第一节　坚定理想　011
第二节　坚守信仰　017
第三节　坚持自信　024

第二章　为民服务　043
第一节　权为民用　046
第二节　情为民系　047
第三节　利为民谋　048

第三章　勤政务实　050
第一节　勤勉敬业　051
第二节　求真务实　051
第三节　真抓实干　052

第四章　敢于担当　054
第一节　敢闯敢试　056
第二节　敢作敢为　057
第三节　敢做敢当　057

第五章　清正廉洁	059
第一节　清正清廉	060
第二节　清白清明	061
第三节　清贫清风	061

第二篇　怎样成为好领导　065

第六章　修身律己	074
第一节　严以修身	074
第二节　严以用权	077
第三节　严以律己	080
第七章　谋事创业	085
第一节　谋事要实	086
第二节　创业要实	090
第三节　做人要实	098
第八章　善学善用	103
第一节　勤学好学	105
第二节　善思善悟	108
第三节　真学真用	110
第九章　德才兼备	113
第一节　炼好德行	115
第二节　炼好能力	120
第三节　炼好本领	153
第十章　善领善导	176
第一节　善言善语	178
第二节　善写善算	181
第三节　善行善领	199

第三篇　怎样担当好领导　211

第十一章　善作决策　217
第一节　科学决策　221
第二节　民主决策　222
第三节　依法决策　225

第十二章　善用干部　228
第一节　管好干部　229
第二节　选好干部　239
第三节　用好干部　247

第十三章　善抓落实　259
第一节　勤抓落实　260
第二节　敢抓落实　261
第三节　常抓落实　262

第十四章　善谋善为　264
第一节　善治善为　266
第二节　依法作为　271
第三节　创新有为　274

第十五章　善作善成　277
第一节　善思善谋　278
第二节　善行善为　283
第三节　善始善终　288

第一篇

▽

怎样才是好领导

第一篇 怎样才是好领导

本篇提要

带领队伍、率众前行，需要各层各级的领导者。治国理政、富民强国，需要各行各业的好领导。

每个时代都需要那个时代的领导者，每个时代更需要那个时代的好领导。

中国共产党成立 100 年来，之所以能够成为革命、建设、改革事业的领导核心，始终保持强大的创造力、凝聚力、战斗力，团结带领全国各族人民战胜各种艰难险阻、取得一个又一个胜利，关键在于我们党在各个历史时期培养和造就了一批又一批、一代又一代党和人民需要的能够担当时代重任、履行时代使命的领导干部队伍，为革命、建设、改革事业发展提供了坚强组织保障。

《中国共产党章程》规定，党的干部是党的事业的骨干，是人民的公仆，要做到忠诚干净担当。

在中国，除党和国家领导人之外，省部级、地厅级、县处级、乡镇和科级以上在领导岗位上的干部，统称为党政领导干部。

2019 年 3 月中共中央印发的《党政领导干部选拔任用工作条例》规定，本条例适用于选拔任用中共中央、全国人大常委会、国务院、全国政协、中央纪律检查委员会工作部门领导成员或者机关内设机构担任领导职务的人员，国家监察委员会、最高人民法院、最高人民检察院领导成员（不含正职）和内设机构担任领导职务的人员；县级以上地方各级党委、人大常委会、政府、政协、纪委监委、法院、检察院及其工作部门领导成员或者机关内设机构担任领导职务的人员；上列工作部门内设机构担任领导职务的人员。选拔任用参照公务员法管理的群团机关和县级以上党委、政府直属事业单位的领导成员及其内设机构担任领导职务的人员，参照本条例执行。上列机关、单位选拔任用非中共党员领导干部，参照本条例执行。

2010年5月26日中共中央办公厅、国务院办公厅印发的《关于领导干部报告个人有关事项的规定》中所称领导干部包括：

（一）各级党的机关、人大机关、行政机关、政协机关、审判机关、检察机关、民主党派机关中县处级副职以上（含县处级副职，下同）的干部；

（二）人民团体、事业单位中相当于县处级副职以上的干部；

（三）大型、特大型国有独资企业、国有控股企业（含国有独资金融企业和国有控股金融企业）的中层以上领导人员和中型国有独资企业、国有控股企业（含国有独资金融企业和国有控股金融企业）的领导班子成员。

《中国共产党章程》规定，党的各级领导干部必须信念坚定、为民服务、勤政务实、敢于担当、清正廉洁。这一规定，明确了衡量领导干部的基本标准。

《中国共产党章程》规定，各级领导干部必须模范地履行党员的各项义务，并且必须具备以下基本条件：

（一）具有履行职责所需要的马克思列宁主义、毛泽东思想、邓小平理论、"三个代表"重要思想、科学发展观的水平，带头贯彻落实习近平新时代中国特色社会主义思想，努力用马克思主义的立场、观点、方法分析和解决实际问题，坚持讲学习、讲政治、讲正气，经得起各种风浪的考验。

（二）具有共产主义远大理想和中国特色社会主义坚定信念，坚决执行党的基本路线和各项方针、政策，立志改革开放，献身现代化事业，在社会主义建设中艰苦创业，树立正确政绩观，做出经得起实践、人民、历史检验的实绩。

（三）坚持解放思想，实事求是，与时俱进，开拓创新，认真调查研究，能够把党的方针、政策同本地区、本部门的实际相结合，卓有成效地开展工作，讲实话，办实事，求实效。

（四）有强烈的革命事业心和政治责任感，有实践经验，有胜任领导工作的组织能力、文化水平和专业知识。

（五）正确行使人民赋予的权力，坚持原则，依法办事，清正廉洁，勤政为民，以身作则，艰苦朴素，密切联系群众，坚持党的群众路线，自觉地接受党和群众的批评和监督，加强道德修养，讲党性、重品行、作表率，做到自重、自省、自警、自励，反对形式主义、官僚主义、享乐主义和奢靡之风，反对任何滥用职权、谋求私利的行为。

（六）坚持和维护党的民主集中制，有民主作风，有全局观念，善于团结同志，包括团结同自己有不同意见的同志一道工作。

领导干部的基本标准和基本条件，是互相联系的整体，是党对领导干部的总体要求，也是党培养和选拔领导干部的基本遵循。领导干部必须符合这些基本标准和基本条件，才是党和人民需要的好领导。

好干部是事业的开拓者，好领导是时代的风向标。

在革命、建设、改革各个历史时期，由于所处的客观环境不同，面临的形势任务不同，衡量好干部、好领导的标准和条件也各有侧重，好干部、好领导展现的品质和特征也不尽相同，但"信念坚定、为民服务、勤政务实、敢于担当、清正廉洁"是始终不变的价值底色，德才兼备、以德为先、对党忠诚、忠于国家、为民奉献是贯穿始终的价值主线。

中国特色社会主义进入新时代，开启了全面建设社会主义现代化强国新征程，迎来了实现中华民族伟大复兴的光明前景。

2021年7月1日，习近平总书记在庆祝中国共产党成立100周年大会上代表党和人民庄严宣告，经过全党全国各族人民持续奋斗，我们实现了第一个百年奋斗目标，在中华大地上全面建成了小康社会，历史性地解决了绝对贫困问题，正在意气风发向着全面建成社会主义现代化强国的第二个百年奋斗目标迈进。

新时代呼唤好干部、好领导，新时代锻造好干部、好领导。

习近平总书记强调："好干部的标准，大的方面说，就是德才兼备。同时，好干部的标准又是具体的、历史的。""概括起来说，好干部要做到信念坚定、为民服务、勤政务实、敢于担当、清正廉洁。信念坚定，党的干部必须坚定共产主义远大理想，真诚信仰马克思主义，矢志不渝为中国特色社会主义而奋斗，坚持党的基本理论、基本路线、基本纲领、基本经验、基本要求不动摇。为民服务，党的干部必须做人民公仆，忠诚于人民，以人民忧乐为忧乐，以人民甘苦为甘苦，全心全意为人民服务。勤政务实，党的干部必须勤勉敬业、求真务实、真抓实干、精益求精，创造出经得起实践、人民、历史检验的实绩。敢于担当，党的干部必须坚持原则、认真负责，面对大是大非敢于亮剑，面对矛盾敢于迎难而上，面对危机敢于挺身而出，面对失误敢于承担责任，面对歪风邪气敢于坚决斗争。清正廉洁，党的干部必须敬畏权力、管好权力、慎用权力，守住自己的政治生命，保持拒腐蚀、永不沾的政治本色。"①习近平总书记提出的这些要求，既是衡量好干部、好领导的基本标准，也是成为好干部、好领导的根本遵循。

习近平总书记在党的十九大报告中强调："我们党要始终成为时代先锋、民族脊梁，始终成为马克思主义执政党，自身必须始终过硬。"我们党要做到自身过硬，必然要求各级领导干部做到自身过硬。

习近平总书记强调："中央委员会成员和省部级主要领导干部必须做到信念过硬，带头做共产主义远大理想和中国特色社会主义共同理想的坚定信仰者和忠实实践者；必须做到政治过硬，牢固树立'四个意识'，在思想政治上讲政治立场、政治方向、政治原则、政治道路，在

---

① 《习近平谈治国理政》，外文出版社 2014 年版，第 412—413 页。

行动实践上讲维护党中央权威、执行党的政治路线、严格遵守党的政治纪律和政治规矩；必须做到责任过硬，树立正确政绩观，发扬求真务实、真抓实干的作风，以钉钉子精神担当尽责，真正做到对历史和人民负责；必须做到能力过硬，不断掌握新知识、熟悉新领域、开拓新视野，全面提高领导能力和执政水平；必须做到作风过硬，把人民群众放在心中，广泛开展调查研究，在全心全意为人民服务中提升政治站位、提高工作能力，在真心实意向人民学习中拓展工作视野、丰富工作经验、提高理论联系实际的水平，在倾听人民呼声、虚心接受人民监督中自觉进行自我反省、自我批评、自我教育，在服务人民中不断完善自己，持之以恒克服形式主义、官僚主义，久久为功祛除享乐主义和奢靡之风。"① 习近平总书记提出的"五个过硬"的要求，既是对高级领导干部提出的"硬标准"，也是对各级领导干部发出的"动员令"；既是衡量好领导的重要准则，也是选任好领导的重要遵循。

　　打铁必须自身硬，真金要靠烈火炼。信念过硬、政治过硬、责任过硬、能力过硬、作风过硬，是相互联系、相互作用、相互促进、相辅相成的有机整体。信念过硬是前提，只有坚定理想信念，才能坚定"四个自信"；政治过硬是根本，只有强化"四个意识"，才能增强政治本领；责任过硬是关键，只有坚持为民服务，才能做到敢于担当；能力过硬是基础，只有炼就德才兼备的真本领，才能担负起新时代的新使命；作风过硬是保障，只有炼就真抓实干的好作风，才能在新时代实现新作为。2018年5月20日中共中央办公厅印发的《关于进一步激励广大干部新时代新担当新作为的意见》强调："鲜明树立重实干重实绩的用人导向。坚持好干部标准，突出信念过硬、政治过硬、责任过硬、能力过硬、作风过硬，大力选拔敢于负责、勇于担当、善于作为、实绩突出的干部。"领导干部的能力本领，不是与生俱来的，而是在党内政治生活中磨砺出

---

① 《习近平谈治国理政》第3卷，外文出版社2020年版，第72页。

来的，在改革发展稳定的实践中锻炼出来的。习近平总书记强调："不忘初心、牢记使命，必须作为加强党的建设的永恒课题和全体党员、干部的终身课题常抓不懈。一个人也好，一个政党也好，最难得的就是历经沧桑而初心不改、饱经风霜而本色依旧。党的初心和使命是党的性质宗旨、理想信念、奋斗目标的集中体现，激励着我们党永远坚守，砥砺着我们党坚毅前行。正是由于始终坚守这个初心和使命，我们党才能在极端困境中发展壮大，才能在濒临绝境中突出重围，才能在困顿逆境中毅然奋起。忘记初心和使命，我们党就会改变性质、改变颜色，就会失去人民、失去未来。""领导干部要经受严格的思想淬炼、政治历练、实践锻炼，在复杂严峻的斗争中经风雨、见世面、壮筋骨，真正锻造成为烈火真金。"[①]

2021年7月1日，习近平总书记在庆祝中国共产党成立100周年大会上的讲话中强调："牢记初心使命，坚定理想信念，践行党的宗旨，永远保持同人民群众的血肉联系，始终同人民想在一起、干在一起，风雨同舟、同甘共苦，继续为实现人民对美好生活的向往不懈努力，努力为党和人民争取更大光荣！"作为领导干部，要不忘初心、牢记使命，自觉践行"好领导标准""好领导准则"，做到信念坚定、为民服务、勤政务实、敢于担当、清正廉洁，确保信念过硬、政治过硬、责任过硬、能力过硬、作风过硬，担负起新时代改革发展稳定的重任，肩负起为中国人民谋幸福、为中华民族谋复兴的使命，创造出经得起实践、人民和历史检验的实绩，交出党和人民满意的新时代答卷。

---

① 《习近平谈治国理政》第3卷，外文出版社2020年版，第538、227页。

第一章　信念坚定

新时代呼唤信念坚定的好领导。作为领导干部,要坚定共产主义远大理想,真诚信仰马克思主义,矢志不渝为中国特色社会主义而奋斗。

信念坚定,是衡量好领导的政治标准。《中国共产党章程》规定,中国共产党的最高理想和最终目标是实现共产主义,领导干部必须具有共产主义远大理想和中国特色社会主义坚定信念。习近平总书记强调:"好干部要做到信念坚定,党的干部必须坚定共产主义远大理想,真诚信仰马克思主义,矢志不渝为中国特色社会主义而奋斗,坚持党的基本理论、基本路线、基本纲领、基本经验、基本要求不动摇。""理想信念坚定,是好干部第一位的标准,是不是好干部首先看这一条。"[1]

一个政党、一个国家、一个民族有理想、有信仰、有自信,政党就有生机,国家就有前途,民族就有希望。习近平总书记强调:"中国共产党成立一百年来,始终是有崇高理想和坚定信念的党。这个理想信念,就是马克思主义信仰、共产主义远大理想、中国特色社会主义共同理想。理想信念是中国共产党人的精神支柱和政治灵魂,也是保持党的团结统一的思想基础。"[2] 中国共产党自诞生之日起,就把马克思主义作为政治信仰和指导思想,把实现共产主义作为最高理想和最终目标,

---

[1] 《习近平谈治国理政》,外文出版社2014年版,第412—413页。
[2] 《习近平:信念坚定对党忠诚实事求是担当作为　努力成为可堪大用能担重任栋梁之才》,《人民日报》2021年9月1日。

把为中国人民谋幸福、为中华民族谋复兴作为初心使命，坚持不懈为实现人的自由而全面发展、实现共产主义而奋斗。

理想信念，是中国共产党人的政治信仰、政治灵魂、政治追求，是立党之本、兴党之基、强党之要。在革命、建设、改革各个历史时期，支撑中国共产党人英勇牺牲、前仆后继、无私奉献的精神力量，就是崇高的政治信仰和坚定的理想信念。习近平总书记强调："信仰、信念、信心，任何时候都至关重要。小到一个人、一个集体，大到一个政党、一个民族、一个国家，只要有信仰、信念、信心，就会愈挫愈奋、愈战愈勇，否则就会不战自败、不打自垮。无论过去、现在还是将来，对马克思主义的信仰，对中国特色社会主义的信念，对实现中华民族伟大复兴中国梦的信心，都是指引和支撑中国人民站起来、富起来、强起来的强大精神力量。"①

中国共产党人的信仰、信念、信心，来自中国共产党成立 100 年、新中国成立 70 多年、改革开放 40 多年取得的伟大成就。100 年前的中国，积贫积弱、民不聊生；70 多年前的中国，一穷二白、百废待举；40 多年前的中国，经济落后、温饱不足。100 年来，中国共产党领导中国人民实现了从站起来、富起来到强起来的伟大飞跃，充分证明了中国共产党领导的正确性，充分证明了马克思主义的科学性，充分证明了中国特色社会主义的真理性，充分证明了实现中华民族伟大复兴的现实性。人们的身之所处、眼之所见、耳之所闻，总是要内化为脑之所思、心之所系、身之所感。无论是纵向的历史对比，还是横向的国际对比，无论是国家面貌、人民生活面貌的巨大变化，还是国际地位、民族尊严的显著提升，数不胜数的鲜活事实，以无可辩驳的力量，极大地强化了中国共产党人和中国各族人民的信仰、信念、信心。

对马克思主义的信仰，对社会主义和共产主义的信念，对实现中华

---

① 习近平：《在庆祝改革开放 40 周年大会上的讲话》，《人民日报》2018 年 12 月 19 日。

民族伟大复兴中国梦的信心，是中国共产党人的政治灵魂和精神支柱。习近平总书记指出："不忘初心，方得始终。对马克思主义的信仰，对社会主义和共产主义的信念，是共产党人的政治灵魂，是共产党人经受住各种考验的精神支柱。"① 理想信念坚定，是衡量好领导的第一位标准。如果理想信念不坚定，不相信马克思主义，不相信共产主义，不相信中国特色社会主义，这样的干部能耐再大，也不是党和人民需要的好干部，这样的领导本领再强，也不是党和人民需要的好领导。人们常说，中国共产党人是用"特殊材料"炼成的，这个"特殊材料"就是镌刻在共产党人头脑里的马克思主义信仰、深刻在共产党人心坎里的共产主义信念、铭刻在共产党人行动中的中国特色社会主义信心。这种信仰、信念、信心，"比铁还硬，比钢还强"，是团结和带领中国人民进行革命、建设、改革的精神动力，是激励和支撑中国人民攻坚克难、勇往直前的精神支柱，是凝聚和感召中国人民站起来、富起来、强起来的精神力量。作为领导干部，必须带头做共产主义远大理想和中国特色社会主义共同理想的坚定信仰者和忠实实践者，始终坚定中国特色社会主义道路自信、理论自信、制度自信、文化自信，以此来增强政治鉴别力和政治敏锐性，以此来提高抵御各种风险挑战的能力，以实际行动让广大党员干部和人民群众感受到理想信念的强大力量。

第一节　坚定理想

坚定理想，是领导干部的精神支柱和政治灵魂。习近平总书记在党的十九大报告中强调："共产主义远大理想和中国特色社会主义共同理想，是中国共产党人的精神支柱和政治灵魂，也是保持党的团结统一的思想基础。"实现共产主义理想，是中国共产党人最崇高、最

---

① 习近平：《在纪念朱德同志诞辰130周年座谈会上的讲话》，《人民日报》2016年11月30日。

远大的理想，也是人类历史上最科学、最美好的理想。中国共产党成立 100 年来，始终把实现共产主义作为最高理想和最终目标。在革命、建设、改革各个历史时期，一代又一代、一批又一批中国共产党人，为了民族独立振兴、国家富强民主、人民富裕幸福，前仆后继、舍生忘死、英勇牺牲、无私奉献，支撑他们的就是"革命理想高于天"的精神力量。

毛泽东、刘少奇、朱德、周恩来、邓小平等老一辈革命家，都是近代以来中国历史发展的时势中产生的伟大人物，都是从近代以来中国人民抵御外敌入侵、反抗民族压迫和阶级压迫的艰苦卓绝斗争中产生的伟大人物，都是走在中华民族和世界进步潮流前列的伟大人物。他们都是从青年时期从纷然杂陈的各种观点和路径中，经过反复比较和鉴别，毅然选择了马克思列宁主义，选择了为实现共产主义而奋斗的崇高理想，始终坚守为中国人民谋幸福、为中华民族谋复兴的初心使命，成为中国共产党人坚定理想信念的杰出楷模。

邓小平指出："为什么我们过去能在非常困难的情况下奋斗出来，战胜千难万险使革命胜利呢？就是因为我们有理想，有马克思主义信念，有共产主义信念。"[1] 习近平总书记强调："衡量一名共产党员、一名领导干部是否具有共产主义远大理想，是有客观标准的，那就要看他能否坚持全心全意为人民服务的根本宗旨，能否吃苦在前、享受在后，能否勤奋工作、廉洁奉公，能否为理想而奋不顾身去拼搏、去奋斗、去献出自己的全部精力乃至生命。"[2]"衡量干部是否有理想信念，关键看是否对党忠诚。领导干部要忠诚干净担当，忠诚始终是第一位的。"[3] 中国共产党之所以能够历经挫折而不断奋起，历尽苦难而淬火成钢，归根到底在于千千万万中国共产党人始终坚守远大理想和革命信念，始终

---

[1] 《邓小平文选》第 3 卷，人民出版社 1993 年版，第 110 页。
[2] 《习近平谈治国理政》，外文出版社 2014 年版，第 23—24 页。
[3] 《习近平谈治国理政》第 3 卷，外文出版社 2020 年版，第 519 页。

坚持全心全意为人民服务的根本宗旨。习近平总书记强调："理想信念坚定才能对党忠诚，对党忠诚是对理想信念坚定的最好诠释。检验党员干部是不是对党忠诚，在革命年代就要看能不能为党和人民事业冲锋陷阵、舍生忘死，在和平时期也有明确的检验标准。比如，能不能坚持党的领导，坚决维护党中央权威和集中统一领导，自觉在思想上政治上行动上同党中央保持高度一致；能不能坚决贯彻执行党的理论和路线方针政策，不折不扣把党中央决策部署落到实处；能不能严守党的政治纪律和政治规矩，做政治上的明白人、老实人；能不能坚持党和人民事业高于一切，自觉执行组织决定，服从组织安排，等等，都是对党忠诚的直接检验。"①

一个政党、一个国家、一个民族，要同心同德迈向前进，必须有共同的理想信念作支撑。习近平总书记指出："坚定理想信念，坚守共产党人的精神追求，始终是共产党人安身立命的根本。对马克思主义的信仰，对社会主义和共产主义的信念，是共产党人的政治灵魂，是共产党人经受住任何考验的精神支柱。"② 回顾我们党团结带领人民进行革命、建设、改革的奋斗历程，之所以能够战胜一个个艰难险阻，创造一个个人间奇迹，迎来中华民族从站起来、富起来到强起来的伟大飞跃，靠的就是共同理想信念的凝聚和鼓舞。

习近平总书记强调："理想信念是事业和人生的灯塔，决定我们的方向和立场，也决定我们的言论和行动。高级干部特别是中央委员会的同志们更要在时代洪流中成为坚守共产党人精神追求的中流砥柱。这些年，我们查处了那么多领导干部，他们违纪违法，最后堕入犯罪的深渊，从根本上来说是理想信念的防线崩溃了。领导干部一旦丧失了理想信念，就会把握不住自己，就会迷失方向，不仅会越过做党员的底线，

---

① 《习近平：信念坚定对党忠诚实事求是担当作为　努力成为可堪大用能担重任栋梁之才》，《人民日报》2021年9月1日。

② 《习近平谈治国理政》，外文出版社2014年版，第15页。

而且会越过做人的底线。中央委员会的每一位同志都要把坚定理想信念作为人生的头等大事，自觉为全党作出示范和表率。"①

理想信念，是共产党人精神上的"钙"，没有理想信念，理想信念不坚定，精神上就会"缺钙"，就会得"软骨病"。只有理想信念坚定的人，才能始终不渝、百折不挠，不论风吹雨打，不怕千难万险，坚定不移为实现既定目标而奋斗。作为领导干部，要深入学习马克思列宁主义、毛泽东思想、邓小平理论、"三个代表"重要思想、科学发展观、习近平新时代中国特色社会主义思想，把改造客观世界和改造主观世界结合起来，切实解决好世界观、人生观、价值观问题，坚守安身立命之魂，固牢修身立德之根，筑牢建功立业之基，为实现中国特色社会主义共同理想和共产主义远大理想不懈奋斗。

一、坚守安身立命之魂

坚定理想，是领导干部安身立命之魂。理想信念，是中国共产党人的政治生命之所在、政治灵魂之所系。中国共产党人把实现共产主义作为自己的最高理想和最终目标，不仅代表了中国工人阶级和人民群众的最高利益，而且表明了中国共产党人所从事的事业，是人类历史上最伟大、最壮丽的事业。在革命、建设、改革各个历史时期，无数共产党人为党和人民利益流血牺牲、前赴后继，支撑他们的就是"革命理想高于天"的精神力量。中国共产党人的生命力来自理想信念，如果背弃了理想信念，生命之源就会枯竭，政治生命也将终止。一般人觉得，领导干部阅历越广、职位越高，便修养越高、信仰越坚。然而，许多领导干部违纪违法案例证明，领导干部无论职位高低，如果失去了理想信念，抛弃了信仰追求，放松了党性修养，从政道德同样会滑坡跑偏，而且往往职位越高、权力越大，造成的危害也越大，既毁掉了自己的前程与家庭

---

① 《习近平在党的十九届一中全会上的讲话》，《求是》2017年12月31日。

的幸福，更严重损害了党的威信和形象。追根溯源一些领导干部蜕化变质、违纪违法的过程，无不是因为权欲侵蚀了理想、贪心摧垮了信仰、物欲蚕食了信念，从而导致理想信念滑坡、精神支柱坍塌。因此，作为领导干部，要不忘初心、牢记使命，坚守理想信念之魂，筑牢安身立命之本。

二、固牢修身立德之根

坚定理想，是领导干部修身立德之根。"人无德不立，国无德不兴。""修身先修德，百行德为首。"做人要有道德，从政要有政德。领导干部只有护好理想信念之根，才能固牢修身立德之本。习近平总书记强调："面对纷繁复杂的社会现实，党员干部特别是领导干部务必把加强道德修养作为十分重要的人生必修课，自觉从中华优秀传统文化中汲取营养，老老实实向人民群众学习，时时处处见贤思齐，以严格标准加强自律、接受他律，努力以道德的力量去赢得人心、赢得事业成就。"[①] 在社会主义市场经济条件下，由于出现了利益主体多元化，一些领导干部因为理想信念发生动摇，甚至完全丧失，导致拜金主义、享乐主义和极端个人主义滋生、膨胀，走上了违法犯罪的道路。

理想信念的坚定，是根本的坚定；理想信念的动摇，则是根本的动摇。现实中，一些领导干部丢掉了理想、失去了信仰，对共产主义理想心存怀疑，认为是水中月镜中花，可望不可即；有的不问苍生问鬼神、不信马列信上帝，热衷于烧香拜佛、沉迷于堪舆风水；有的政治立场不明，碰到重大问题态度暧昧、消极躲避、不敢亮剑，甚至故意模糊、存心投机；有的是非观念淡薄、原则性不强、正义感退化，糊里糊涂当官，浑浑噩噩过活；有的唯利是图、利令智昏。领导干部违法违纪案例警示我们，理想的滑坡是最致命的滑坡，信念的动摇是最危险的动摇。

---

① 《深化改革发挥优势创新思路统筹兼顾　确保经济持续健康发展社会和谐稳定》，人民网，2014年5月11日。

习近平总书记强调："形成坚定理想信念，既不是一蹴而就的，也不是一劳永逸的，而是要在斗争实践中不断砥砺、经受考验。年轻干部要牢记，坚定理想信念是终身课题，需要常修常炼，要信一辈子、守一辈子。"① 作为领导干部，要把坚定理想信念作为修身立德的必修课题和终身课题，以理想信念立德，以严以修身养德，以秉公用权行德，陶冶道德情操，锻炼道德意志，提升道德境界。

三、筑牢建功立业之基

坚定理想，是领导干部建功立业之基。没有坚定的理想，不是好领导；脱离实际而空谈理想，也不是好领导。习近平总书记指出："革命战争年代，检验一个干部理想信念坚定不坚定，就看他能不能为党和人民事业舍生忘死，能不能冲锋号一响立即冲上去，这样的检验很直接。和平建设时期，生死考验有，但毕竟不多，检验一个干部理想信念是否坚定确实比较难，X 光、CT、核磁共振成像也没有办法。当然，也不是不能检验。那就主要看干部是否能在重大政治考验面前有政治定力，是否能树立牢固的宗旨意识，是否能对工作极端负责，是否能做到吃苦在前、享受在后，是否能在急难险重任务面前勇挑重担，是否能经得起权力、金钱、美色的诱惑。这样的检验需要一个过程，不是一下子、经历一两件事、听几句口号就能解决的，要看长期表现，甚至看一辈子。"② 检验一个领导干部理想是否坚定，是有客观标准的，那就要看他能否坚持全心全意为人民服务的根本宗旨，能否正确对待公和私、义和利、是和非、正和邪、苦和乐、亲和清等关系。作为领导干部，既要仰望天空、牢记理想，又要立定脚跟、脚踏实地，立足岗位干事创业，立足本职建功立业，做到先公后私、大公无私，吃苦在前、享

---

① 《习近平：信念坚定对党忠诚实事求是担当作为　努力成为可堪大用能担重任栋梁之才》，《人民日报》2021年9月1日。

② 《习近平谈治国理政》，外文出版社2014年版，第415页。

受在后,勤奋工作、廉洁奉公,自觉为理想而奋不顾身去拼搏、去奋斗、去奉献。

第二节　坚守信仰

坚守信仰,既是领导干部干事创业的思想命脉,也是领导干部建功立业的精神动力。信仰,是人看待人生、世界、未来的信念,是人接受某种教义、学说、主义的执着态度,是人们对生活所持的某些长期的和必须加以捍卫的根本信念。一个人没有信仰,则没有名副其实的生命;一个政党没有信仰,则没有名副其实的使命;一个国家没有信仰,则没有名副其实的国土;一个民族没有信仰,则不能屹立于世界民族之林。习近平总书记在党的十九大报告中强调:"人民有信仰,国家有力量,民族有希望。"

中国共产党是马克思主义政党。对马克思主义、共产主义的信仰,是中国共产党人的思想命脉和政治灵魂。2021年7月1日,习近平总书记在庆祝中国共产党成立100周年大会上的讲话中强调:"马克思主义是我们立党立国的根本指导思想,是我们党的灵魂和旗帜。""中国共产党为什么能,中国特色社会主义为什么好,归根到底是因为马克思主义行!"马克思主义揭示了人类社会发展的客观规律。中国共产党之所以选择马克思主义作为政治信仰,是因为马克思主义是迄今为止最科学、最严密、最有生命力的理论体系。它代表了最广大人民群众的根本利益和长远利益,提供了认识和改造世界的科学方法,指明了人类社会的发展方向,揭示了人类走向共产主义的历史必然性。马克思主义信仰,是具有坚实理性论证的科学性信仰,因而具有强大的真理力量;是具有深厚群众基础的人民性信仰,因而具有强大的道义力量;是具有强烈现实追求的实践性信仰,因而具有强大的实践力量。

毛泽东强调:"领导我们事业的核心力量是中国共产党,指导我们思想的理论基础是马克思列宁主义。"① 马克思主义为中国共产党谋求人民解放、民族独立和人民幸福、国家富强指明了光明的道路，是我们党带领人民进行革命、建设、改革的力量源泉。毛泽东指出："如果我们党有一百个至二百个系统地而不是零碎地、实际地而不是空洞地学会了马克思列宁主义的同志，就会大大地提高我们党的战斗力量。"② 邓小平指出："对马克思主义的信仰，是中国革命胜利的一种精神动力。""我坚信，世界上赞成马克思主义的人会多起来的，因为马克思主义是科学。"③ 江泽民同志指出："我们共产党人的根本政治信仰是社会主义和共产主义，世界观是马克思主义的辩证唯物主义和历史唯物主义，这是任何时候都丝毫不能动摇的。一个党员，特别是领导干部，如果在思想上动摇了这些根本的东西，也就动摇了共产党人的根本政治立场，就必然会偏离正确的政治方向。"④ 中国共产党成立 100 年来，在革命、建设、改革各个历史时期，始终把马克思主义作为政治信仰、指导思想和精神旗帜，团结带领全国各族人民不断取得革命、建设、改革胜利，指导和推动中国特色社会主义不断取得新的胜利。

马克思主义不仅深刻改变了中国，而且广泛地改变了世界。马克思主义发展了中国，中国也发展了马克思主义。

党的十八大以来，习近平总书记紧紧抓住"怎样认识和对待马克思主义，怎样坚持和发展马克思主义"这个核心问题，对当代中国马克思主义中国化不断进行理论探索，深刻回答了党和国家在新的历史条件下坚持和发展马克思主义的一系列重大理论和现实问题，把共产党执政规律、社会主义建设规律、人类社会发展规律的认识提升到一个新的高度，丰富和发展了中国特色社会主义理论体系，成为习近平新时代中国

---

① 《毛泽东文集》第 6 卷，人民出版社 1999 年版，第 350 页。
② 《毛泽东选集》第 2 卷，人民出版社 1991 年版，第 533 页。
③ 《邓小平文选》第 3 卷，人民出版社 1993 年版，第 63、382 页。
④ 《江泽民文选》第 2 卷，人民出版社 2006 年版，第 361 页。

特色社会主义思想的重要组成部分。

习近平总书记强调:"马克思主义是我们党的指导思想,共产主义是我们党的远大理想。没有马克思主义信仰、共产主义理想,就没有中国共产党,就没有中国特色社会主义。对马克思主义的信仰,对社会主义和共产主义的信念,是共产党人的政治灵魂,是共产党人经受住任何考验的精神支柱。我们干事业不能忘本忘祖、忘记初心。我们共产党人的本,就是对马克思主义的信仰,对中国特色社会主义和共产主义的信念,对党和人民的忠诚。我们要固的本,就是坚定这份信仰、坚定这份信念、坚定这份忠诚。"①

培育信仰不易,坚守信仰更难。习近平总书记强调:"我们共产党人的根本,就是对马克思主义的信仰,对共产主义和社会主义的信念,对党和人民的忠诚。立根固本,就是要坚定这份信仰、坚定这份信念、坚定这份忠诚,只有在立根固本上下足了功夫,才会有强大的免疫力和抵抗力。"② 坚守马克思主义、共产主义信仰,是党的思想建设的永恒课题,也是党员干部的终身课题。作为领导干部,要把学习马克思主义作为必修课和终身课,念好马克思主义"真经",用好马克思主义真理,真正做到对马克思主义虔诚而执着、至信而深厚,塑造政治灵魂,固牢精神支柱,筑牢忠诚根基,坚守信仰力量,真正用马克思主义立场、观点、方法塑造灵魂、武装头脑、指导实践、推动工作。

一、塑造政治灵魂

坚守信仰,是领导干部的政治灵魂。人总是要有信仰的。人是为了某种信仰而活着。信仰,是人类所独有的,是人的精神的劳动,是人的灵魂的追求。一个人没有信仰,就没有名副其实的品行和生命。信仰来源于内心的坚信和执着的信念,表现为真诚的信奉、忠诚的敬仰和坚定

---

① 《习近平在全国党校工作会议上的讲话》,《人民日报》2015 年 12 月 11 日。
② 《习近平:以严和实的精神做好各项工作》,《人民日报》2015 年 9 月 12 日。

的守护。"砍头不要紧，只要主义真！""敌人只能砍下我们的头颅，决不能动摇我们的信仰！"中国共产党人的信仰，就是内化于心的政治信念、政治意识和政治觉悟。习近平总书记指出："对马克思主义的信仰，对社会主义和共产主义的信念，是共产党人的政治灵魂，是共产党人经受住任何考验的精神支柱。"① 在中国革命、建设、改革各个历史时期，对马克思主义信仰，始终是中国共产党人的政治灵魂。

一个人的变质，是从丧失或缺失信仰开始的。一个政党的衰落，也是从丧失或缺失信仰开始的。习近平总书记指出："大量案件表明，党内有一些人在这方面问题很突出。有的修身不真修、信仰不真信，很会伪装，喜欢表演作秀，表里不一、欺上瞒下，说一套、做一套，台上一套、台下一套，当面一套、背后一套，手腕高得很；有的公开场合要党员、干部坚定理想信念，背地里自己不敬苍生敬鬼神，笃信风水、迷信'大师'；有的口头上表态坚定不移反腐败，背地里对涉及领导干部的问题线索不追问、不报告；有的张口'廉洁'、闭口'清正'，私底下却疯狂敛财。这种口是心非的'两面人'，对党和人民事业危害很大，必须及时把他们辨别出来、清除出去。"② 正反两方面的经验教训警示我们，一个领导干部如果丢掉了马克思主义信仰，就会断掉思想命脉，失去政治灵魂。

二、固牢精神支柱

坚守信仰，是领导干部的精神支柱。人总是要有精神的，信仰信念就是精神支柱。人在世上走，全靠精气神。如若没有信仰，人就成了"无舵之舟"，只能随波逐流。坚定对马克思主义信仰，是中国共产党人的精神支柱。现实中，有的领导干部信仰变节、思想变质，把追求金钱、权力、地位视为一种信仰；有的领导干部思想颓废、精神空虚，不

---

① 《习近平谈治国理政》，外文出版社 2014 年版，第 15 页。
② 《习近平在中纪委第六次全体会议上的讲话》，《人民日报》2016 年 1 月 12 日。

信马列信鬼神,热衷于算命看相、求神拜佛;有的领导干部情趣低俗、玩风奢靡,热衷于灯红酒绿,沉溺于花天酒地,日益脱离群众,一步一步走向堕落。作为领导干部,只有坚定信仰马克思主义,坚持真学、真懂、真信、真用,做到学而知、学而信、学而行,才能立住立稳精神支柱,经受住各种考验。

三、筑牢忠诚根基

坚守信仰,是领导干部的忠诚根基。看一名领导干部的素质和能力,首先要看政治上是否忠诚,是否自觉维护党中央权威和集中统一领导,是否忠诚于党和人民的事业。刘少奇指出:"一个共产党员,在任何情况下,能够不能够把自己个人的利益绝对地无条件地服从党的利益,是考验这个党员是否忠于党、忠于革命和共产主义事业的标准。"①中国共产党人坚持的初心,就是对共产主义理想的坚定信仰,就是对党和人民事业的永远忠诚。习近平总书记指出:"坚持对党绝对忠诚,必须坚定理想信念。忠诚不是自然而然产生的,对党要有朴素的感情,更要有理性的自觉。理性的自觉从哪儿来?那就要坚定对马克思主义的信仰、对中国特色社会主义的信念。马克思主义是指导我们思想的理论基础,中国特色社会主义是我们党开创和领导的伟大事业。只有对马克思主义信仰坚定了,对中国特色社会主义信念坚定了,对党忠诚才能有牢靠的基础,才能做到'千磨万击还坚劲,任尔东西南北风'。"②

现实中,一些领导干部信仰迷茫、精神迷失、忠诚缺失,做"两面人",主要表现在:一是信得不真。有的领导干部表面上信党,背后却信佛,会上说爱党,私下却怨党,存在着口头表态的好,会上讲的好,正规场合说的好,但内心却不信,嘴上说的与心里想的不一样,台上台

---

① 《刘少奇选集》上卷,人民出版社1981年版,第130页。
② 《习近平同中央办公厅各单位班子成员和干部职工代表座谈时的讲话》,《人民日报》2014年5月8日。

下不一样，人前人后不一样，说的做的不一样，对社会上消极现象见怪不怪，对腐败现象麻木不仁。如果信仰不真，就不可能知党、爱党、信党、忧党、护党、兴党，做到对党忠诚、对党负责。二是信得不诚。没有利益考验时，对党对组织貌似很忠诚，一旦涉及利益问题，思想就产生波动，看到别人提升，首先想到的是拉关系，走后门，根本不考虑工作表现、能力素质、岗位需要、年龄要求。如果信仰不诚，就会导致在理想信念、人生追求、价值取向上出现偏差。三是信得不坚。表现在对党的领导信仰不坚决，对组织做出的决定如对自己有利就执行，一旦与自己的意愿违背，就对领导有意见，对组织有抵触，乱发议论，四下埋怨。四是信得不专。有的领导干部一边相信组织，一边又相信迷信，表面上说坚信不疑，背后又烧香拜佛，嘴上说相信科学，暗下又找人算命。如果信仰不专一，就不可能保持忠诚忠心，就会导致心态失衡、行为失范。一个人有信仰未必成就大事，但是，如果没有信仰必将一事无成。信仰只有信得真、信得诚，行为才能走得端、行得正。作为领导干部，要自觉在思想上政治上行动上同党中央保持高度一致，把对党忠诚、为党分忧、为党尽职、为民造福作为根本政治担当，永葆共产党人政治本色。

四、涵养信仰力量

坚守信仰，是领导干部的力量源泉。心中有信仰，行动有力量。习近平总书记强调："要深刻感悟和把握马克思主义真理力量，坚定马克思主义信仰，追溯马克思主义政党保持先进性和纯洁性的理论源头，提高全党运用马克思主义基本原理解决当代中国实际问题的能力和水平。"[①] 信仰是追求真善美、抵制假丑恶的思想力量，是坚持理想、支撑信念的政治定力。我们党在革命、建设、改革的历史征程中，依靠崇

[①] 《习近平在中央政治局第五次集体学习时强调》，《人民日报》2018年4月25日。

高的理想和坚定的信仰，夺取了政权、巩固了政权，成立了新中国，领导全国各族人民实现了从站起来、富起来到强起来的伟大飞跃，开创了中国特色社会主义道路。

信仰就是力量。对马克思主义信仰、共产主义理想，是中国共产党人勇于牺牲一切、战胜一切困难的精神力量。中国共产党从1921年诞生到1949年新中国成立，在近30年的革命斗争中，有名可查的党员烈士就有370万人，无名烈士更是不计其数。究竟是什么赋予了革命烈士前赴后继的坚强意志，是什么赋予了革命烈士死而不惧的勇气？在历时两年的长征中，中央红军主力纵横11个省，长驱二万五千里，英雄的红军将士同敌人进行了600余次战役战斗，跨越近百条江河，攀越40余座高山险峰，其中海拔4000米以上的雪山就有20余座，穿越了被称为"死亡陷阱"的茫茫草地，终于取得了长征的伟大胜利。长征胜利启示我们：心中有信仰，行动有力量；没有牢不可破的理想信念，没有崇高理想信念的有力支撑，要取得长征胜利是不可想象的。

在朝鲜战场上，我志愿军以劣势装备打败了武装到牙齿的世界头号强敌。至今美军用兵棋推演也无法破解，只有两个连队的志愿军坚守的上甘岭高地，美军用7个营的兵力轮番进攻，山头被炮弹削低了2米多，为什么就是攻不下来？

那么，到底是什么力量，让中国共产党成为担负起民族解放和复兴的中坚力量？是什么力量，让红军战士创造了人类历史上从来没有的奇迹？是什么力量，支撑中国共产党人带领全国各族人民在新中国成立后特别是改革开放以来，创造了中国经济社会发展的奇迹？翻开中国共产党100年奋斗与牺牲、苦难与辉煌的历史篇章，我们就能有一个明确的答案：那就是信仰的力量！

作为领导干部，要坚持学而信、学而思、学而行，内化于心、外化于行，把马克思主义信仰转化为不可撼动的理想信念，转化为正确的世界观、人生观、价值观，转化为攻坚克难、改革创新的精神动力，转化为干事创业、建功立业的精神力量。

第三节 坚持自信

坚持自信，是领导干部坚定理想的精神动力，也是领导干部坚守信仰的思想保证。在新时代，坚定理想、坚守信仰，最重要的是坚持中国特色社会主义道路自信、理论自信、制度自信、文化自信。习近平总书记在党的十九大报告强调："中国特色社会主义是改革开放以来党的全部理论和实践的主题，是党和人民历尽千辛万苦、付出巨大代价取得的根本成就。中国特色社会主义道路是实现社会主义现代化、创造人民美好生活的必由之路，中国特色社会主义理论体系是指导党和人民实现中华民族伟大复兴的正确理论，中国特色社会主义制度是当代中国发展进步的根本制度保障，中国特色社会主义文化是激励全党全国各族人民奋勇前进的强大精神力量。全党要更加自觉地增强道路自信、理论自信、制度自信、文化自信，既不走封闭僵化的老路，也不走改旗易帜的邪路，保持政治定力，坚持实干兴邦，始终坚持和发展中国特色社会主义。"中国共产党的百年奋斗历程和伟大成就，是坚持道路自信、理论自信、制度自信、文化自信的坚实基础。

坚持道路自信、理论自信、制度自信、文化自信，具有独特历史根源和现实根由：它源于道路的正确性、理论的科学性、制度的先进性、文化的深厚性，中国特色社会主义道路是实现社会主义现代化、创造人民美好生活的必由之路，中国特色社会主义理论体系是指导党和人民实现中华民族伟大复兴的科学理论，中国特色社会主义制度是当代中国发展进步的根本保障，中国特色社会主义文化是激励全党全国各族人民奋勇前进的强大精神力量；它源于道路、理论、制度、文化的深厚历史渊源和广泛现实基础，中国特色社会主义是在改革开放40多年的伟大实践中走出来的，是在中华人民共和国 70 多年的持续探索中走出来的，是在对近代以来 180 多年中华民族发展历程的深刻总结中走出来的，是在对中华民族 5000 多年悠久文明的传承中走出来的。改革开放以来我们取得一切成绩和进步的根本原因，归结起来就是：开辟了中国特色社会主义道路，形成了中国特色社会主义理论体系，确立了中国特色社会主义制度，发展了中国特色社会主义文化。中国特色社会主义伟大实践，不仅使我们国家快速发展起来，使我国人民生活水平快速提高起来，使中华民族大踏步赶上时代前进潮流、迎来伟大复兴的光明前景，而且使中国人民和中华民族为世界和平与发展作出了重大贡献，焕发出强大生机活力。

坚定道路自信、理论自信、制度自信、文化自信，是夺取中国特色社会主义新胜利的重要保障。中国特色社会主义的伟大实践，道路是实现途径，理论体系是行动指南，制度是根本保障，文化是精神动力。近代以来，中华民族从苦难中爬起来，走出了一条属于自己的中国道路，创立了中国特色社会主义理论体系，建立了中国特色社会主义制度，开创了中国特色社会主义道路，这是党和人民 100 年奋斗、创造、积累的伟大成就，也是我党自信、中国自信、民族自信的根本所在。习近平总书记强调："在新的长征路上，我们要坚信，中国特色社会主义道路是实现社会主义现代化的必由之路，是指引中国人民创造自己美好生活的必由之路。中国特色社会主义理论体系是指导党和人民沿着中国特色社会主义道路实现中华民族伟大复兴的正确理论，是立于时代前沿、与时俱进的科学理论。中国特色社会主义制度是当代中国发展进步的根本制度保障，是具有鲜明中国特色、明显制度优势、强大自我完善能力的先进制度。中国特色社会主义文化积淀着中华民族最深层的精神追求，代表着中华民族独特的精神标识，是中国人民胜利前行的强大精神力量。"[①]

[①]《习近平谈治国理政》第 2 卷，外文出版社 2017 年版，第 51 页。

坚持道路自信、理论自信、制度自信、文化自信，是党和国家的根本所在、命脉所在，是人民的利益所在、幸福所在。道路决定民族的命运，理论指引道路的方向，制度护航前进的道路，文化激发奋斗精神。作为领导干部，在新时代的征程上，要时刻铭记中国共产党百年奋斗的光辉历程，深刻认识中国共产党为国家和民族作出的伟大贡献，深刻感悟中国共产党始终不渝为人民的初心宗旨，系统掌握中国共产党推进马克思主义中国化形成的重大理论成果，学习传承中国共产党在长期奋斗中铸就的伟大精神，深刻领会中国共产党成功推进革命、建设、改革的宝贵经验，坚定中国特色社会主义道路自信、理论自信、制度自信、文化自信，贯彻党的基本理论、基本路线、基本纲领、基本方略，开辟道路新宽度，开创理论新境界，完善制度新举措，展现文化新气象。

一、坚持道路自信

道路关乎国家命运，道路关乎民族前途。中国特色社会主义道路，就是在中国共产党领导下，立足基本国情，以经济建设为中心，坚持四项基本原则，坚持改革开放，解放和发展社会生产力，建设社会主义市场经济、社会主义民主政治、社会主义先进文化、社会主义和谐社会、社会主义生态文明，促进人的全面发展，逐步实现全体人民共同富裕，建设富强民主文明和谐美丽的社会主义现代化强国。习近平总书记强调："我们要坚信，中国特色社会主义道路是实现社会主义现代化的必由之路，是创造人民美好生活的必由之路。"① 中国特色社会主义道路，不是从天上掉下来的，而是中国人民在中国共产党领导下走出来的。从整个中国历史来说，中国特色社会主义是在对中华民族几千年文明和文化的传承中得出来的；从近代史说，它是从 1840 年以来中国人民为民族复兴而奋斗、而牺牲、而不断遭受挫折的苦难经验和教训中总结出来

---

① 《习近平谈治国理政》第 2 卷，外文出版社 2017 年版，第 51 页。

的，是党和人民历尽千辛万苦、付出巨大代价取得的根本成就。中国特色社会主义，既是我们必须不断推进的伟大事业，又是我们开辟未来的根本保证。近代百年以来，中华民族就一直在为寻找救国图强道路而不懈探索和奋斗，一再失败的结果证明，只有中国共产党在马克思主义思想引领下，才能实现民族独立和人民解放。我们党在经历一系列挫折后，探索出了具有中国特色社会主义道路。新中国成立70多年、改革开放40多年来，我们能够创造出人类历史上前无古人的发展成就，走出了正确道路是根本原因。实践证明，中国特色社会主义道路，是历史的选择，是人民的选择。现在，最关键的是坚定不移走这条道路、与时俱进拓展这条道路，推动中国特色社会主义道路越走越宽广。

坚持道路自信，必须坚持一切从中国实际出发，实现马克思主义基本原理同中国实际相结合。改革开放40多年来的辉煌成就，是中国共产党人坚定道路自信的最强有力的现实支撑。坚定道路自信，就要深刻认识和把握中国特色社会主义道路的主题和目标，深刻认识和把握中国特色社会主义道路的科学内涵。中国特色社会主义道路包括：中国特色社会主义政治发展道路，保障和发展人民民主；中国特色社会主义经济发展道路，不断解放和发展生产力；中国特色社会主义文化发展道路，发展社会主义先进文化；中国特色社会主义社会发展道路，实现社会和谐发展；中国特色社会主义生态发展道路，努力建设美丽中国，实现中华民族永续发展。

中国特色社会主义道路之所以走得对、行得通、能致远，既是历史和现实做出的回答，也是国际对比得出的结论。作为领导干部，我们必须进一步坚定中国道路自信，既不能迷信西方新自由主义的歪路，也不能走封闭僵化的老路，更不能走改旗易帜的邪路，坚持走中国特色社会主义光明与希望的正路。

坚持道路自信，必须坚持党的路线。党的路线，是党认识世界和改造世界的根本准则，是党在思想上、政治上、行动上所遵循的根本途径。党的路线关乎党的生命,关系事业兴衰。毛泽东强调:"思想上政治上的路线正确与否是决定一切的。党的路线正确就有一切,没有人可以有人,没有枪可以有枪,没有政权可以有政权。路线不正确,有了也可以丢掉。路线是个纲,纲举目张。"① 党的路线,从内容上分,有政治路线、思想路线、组织路线、群众路线;从范围上分,有基本路线和具体工作路线(如教育路线、文艺路线、军事路线等)。党的路线正确与否,关系到党和国家事业的兴衰成败,关系到人民群众的幸福安康。习近平总书记强调:"严肃党内政治生活是一篇大文章,其中最重要的是围绕坚持党的政治路线、思想路线、组织路线、群众路线,坚持和完善民主集中制、严格党的组织生活等重点内容,集中解决好突出问题。"②《关于新形势下党内政治生活的若干准则》规定,新形势下加强和规范党内政治生活,必须以党章为根本遵循,坚持党的政治路线、思想路线、组织路线、群众路线,着力增强党内政治生活的政治性、时代性、原则性、战斗性,着力增强党自我净化、自我完善、自我革新、自我提高能力,着力提高党的领导水平和执政水平、增强拒腐防变和抵御风险能力,着力维护党中央权威、保证党的团结统一、保持党的先进性和纯洁性,努力在全党形成又有集中又有民主、又有纪律又有自由、又有统一意志又有个人心情舒畅生动活泼的政治局面。

"壹引其纲,万目皆张。""路线是个纲,纲举目张。"

党的路线,不仅要经常讲、反复讲,而且要深入贯彻、深入践行。作为领导干部,要不忘初心、牢记使命,必须坚决贯彻落实党的政治路线、思想路线、组织路线、群众路线以及其他具体工作路线,确保党和国家各项事业沿着党指引的路线继续前进。

(一)坚持政治路线

党的政治路线,亦称"基本路线"。毛泽东强调:"一个政党要引导

---

① 《建国以来毛泽东同志文稿》第 13 册,中央文献出版社 1998 年版,第 242 页。
② 《习近平:严肃党内政治生活净化党内政治生态》,《人民日报》2016 年 6 月 30 日。

革命到胜利，必须依靠自己政治路线的正确和组织上的巩固。"① 我们党把基本路线写进了党章，载入了宪法。《中国共产党章程》规定，党的基本路线是："领导和团结全国各族人民，以经济建设为中心，坚持四项基本原则，坚持改革开放，自力更生，艰苦创业，为把我国建设成为富强民主文明和谐美丽的社会主义现代化强国而奋斗。"

习近平总书记在党的十九大报告中强调："全党要牢牢把握社会主义初级阶段这个基本国情，牢牢立足社会主义初级阶段这个最大实际，牢牢坚持党的基本路线这个党和国家的生命线、人民的幸福线，领导和团结全国各族人民，以经济建设为中心，坚持四项基本原则，坚持改革开放，自力更生，艰苦创业，为把我国建设成为富强民主文明和谐美丽的社会主义现代化强国而奋斗。"坚持以经济建设为中心是兴国之要，坚持四项基本原则是立国之本，坚持改革开放是强国之路，坚持自力更生、艰苦创业是兴国之魂。"兴国之要、立国之本、强国之路、兴国之魂"是相互联系、相互贯通、相互作用、相互促进的有机统一，贯穿于政治建设、经济建设、文化建设、社会建设、生态文明建设，贯穿于进行伟大斗争、建设伟大工程、推进伟大事业、实现伟大梦想。实践充分证明，中国特色社会主义道路，是我们党100年来带领人民坚持不懈奋斗开创的正确道路，是创造中国人民美好幸福生活的必由之路，是实现中华民族伟大复兴的辉煌之路。作为领导干部，必须牢牢坚持党的基本路线这个党和国家的生命线、人民的幸福线，确保自己的言行符合党的基本路线的要求，确保各项工作沿着党指引的方向、目标、道路、路线前进。

（二）坚持思想路线

党的思想路线，是党的根本思想方法和思想原则，是党制定政治路线、组织路线和各项方针政策的基础，也是正确理解和执行党的路线、

---

① 《毛泽东选集》第1卷，人民出版社1991年版，第303页。

方针、政策的保证。中国共产党以马克思列宁主义、毛泽东思想、邓小平理论、"三个代表"重要思想、科学发展观、习近平新时代中国特色社会主义思想作为自己的行动指南。新中国成立70多年来，中国共产党领导人民创造了世所罕见的经济发展奇迹和政治稳定奇迹，这归根结底在于我们坚持了马克思主义的理论指导，坚持了辩证唯物论和历史唯物论的思想方法，坚持了实事求是的思想路线。党章规定："坚持解放思想，实事求是，与时俱进，求真务实。党的思想路线，是一切从实际出发，理论联系实际，实事求是，在实践中检验真理和发展真理。全党必须坚持这条思想路线，积极探索，大胆试验，开拓创新，创造性地开展工作，不断研究新情况，总结新经验，解决新问题，在实践中丰富和发展马克思主义，推进马克思主义中国化。"作为领导干部，必须把党的思想路线贯穿于执行党的基本路线、组织路线、群众路线全过程，坚持理论联系实际，一切从实际出发，坚持解放思想、实事求是、与时俱进、求真务实，在实践中检验真理和发展真理，体现时代性，把握规律性，富有创造性，研究新情况，总结新经验，解决新问题。

（三）坚持组织路线

党的组织路线，是党根据一定历史时期党的政治路线而规定的关于组织工作的总的原则和方针。邓小平强调："思想路线、政治路线的实现要靠组织路线来保证。"①"正确的政治路线要靠正确的组织路线来保证。中国的事情能不能办好，社会主义和改革开放能不能坚持，经济能不能快一点发展起来，国家能不能长治久安，从一定意义上说，关键在人。"② 中国共产党在长期领导革命和建设的过程中，根据各个不同历史阶段我国社会政治、经济发展的需要，在制定政治路线的同时，也制定了服从和服务于党的政治路线的组织路线。组织路线为政治路线服务，是实现政治路线的组织保证。新时代党的组织路线是：全面贯彻习

---

① 《邓小平文选》第2卷，人民出版社1994年版，第190页。
② 《邓小平文选》第3卷，人民出版社1993年版，第380页。

近平新时代中国特色社会主义思想，以组织体系建设为重点，着力培养忠诚干净担当的高素质干部，着力集聚爱国奉献的各方面优秀人才，坚持德才兼备、以德为先、任人唯贤，为坚持和加强党的全面领导、坚持和发展中国特色社会主义提供坚强组织保证。习近平总书记强调："贯彻新时代党的组织路线，建设忠诚干净担当的高素质干部队伍是关键，重点是要做好干部培育、选拔、管理、使用工作。"① 作为领导干部，要认真贯彻落实新时代党的组织路线，贯彻落实民主集中制的根本组织原则，加强干部队伍建设，做好干部培育、选拔、管理、使用工作。

（四）坚持群众路线

群众路线是我们党的生命线和根本工作路线。党章规定，"党在自己的工作中实行群众路线，一切为了群众，一切依靠群众，从群众中来，到群众中去，把党的正确主张变为群众的自觉行动。"习近平总书记强调："群众路线是我们党的生命线和根本工作路线，是我们党永葆青春活力和战斗力的重要传家宝。不论过去、现在和将来，我们都要坚持一切为了群众，一切依靠群众，从群众中来，到群众中去，把党的正确主张变为群众的自觉行动，把群众路线贯彻到治国理政全部活动之中。"②

党的根基在人民、力量在人民。党的群众路线，是党的事业的制胜法宝。我们党在革命、建设和改革征程中，始终坚持与人民群众风雨同舟、生死与共，从而战胜一切困难和风险，取得了革命、建设和改革事业的胜利。我们党的最大优势是密切联系群众，面临的最大危险是严重脱离群众。作为领导干部，要牢固树立群众观点，自觉践行群众路线，密切同群众联系，坚持问政于民、问需于民、问计于民，始终与群众身

---

① 《习近平：切实贯彻落实新时代党的组织路线　全党努力把党建设得更加坚强有力》，《人民日报》2018年7月5日。

② 《习近平在纪念毛泽东同志诞辰120周年座谈会上的讲话》，《人民日报》2013年12月26日。

在一起、想在一起、干在一起,从人民群众实践中汲取智慧和力量,使各项决策和工作符合人民群众的愿望和要求,着力解决人民群众反映强烈的突出问题,为人民群众办实事、解难事、做好事。

二、坚持理论自信

理论是道路的指向,理论是行动的指南。中国特色社会主义理论体系是马克思主义中国化最新成果,是党最可宝贵的政治和精神财富,是全国各族人民团结奋斗的共同思想基础,是扎根于当代中国的科学社会主义。习近平总书记强调:"我们要坚信,中国特色社会主义理论体系是指导党和人民沿着中国特色社会主义道路实现中华民族伟大复兴的正确理论,是立于时代前沿、与时俱进的科学理论。"[①]

坚持理论自信,就要深刻认识和把握中国特色社会主义理论体系与改革开放的关系,改革开放既是形成这一理论体系的逻辑起点,又是推动这一理论体系不断丰富完善的强大动力。我们党在改革开放实践中逐步形成的关于中国特色社会主义理论体系,回答建设什么样的社会主义、怎样建设社会主义,建设什么样的党、怎样建设党,实现什么样的发展、怎样发展等重大理论和实际问题,以全新的视野不断深化对共产党执政规律、社会主义建设规律、人类社会发展规律的认识。坚定理论自信,就要深刻认识和把握中国特色社会主义理论体系与毛泽东思想的关系,这一理论体系既继承了毛泽东思想,又把马克思主义中国化推向新的发展阶段。毛泽东思想为中国特色社会主义道路的开辟和理论体系的形成奠定了思想理论基础。中国特色社会主义理论体系是在改革开放新时代形成并不断丰富的,把马克思主义中国化推向了新的发展阶段。

党的十八大以来,我们党坚持以马克思列宁主义、毛泽东思想、邓小平理论、"三个代表"重要思想、科学发展观为指导,坚持解放思想、

---

① 《习近平谈治国理政》第 2 卷,外文出版社 2017 年版,第 51 页。

实事求是、与时俱进、求真务实，坚持辩证唯物主义和历史唯物主义，紧密结合新的时代条件和实践要求，以全新的视野深化对共产党执政规律、社会主义建设规律、人类社会发展规律的认识，进行艰辛理论探索，取得重大理论创新成果，形成了习近平新时代中国特色社会主义思想。

习近平新时代中国特色社会主义思想，明确坚持和发展中国特色社会主义，总任务是实现社会主义现代化和中华民族伟大复兴，在全面建成小康社会的基础上，分两步走在本世纪中叶建成富强民主文明和谐美丽的社会主义现代化强国；明确新时代我国社会主要矛盾是人民日益增长的美好生活需要和不平衡不充分的发展之间的矛盾，必须坚持以人民为中心的发展思想，不断促进人的全面发展、全体人民共同富裕；明确中国特色社会主义事业总体布局是"五位一体"、战略布局是"四个全面"，强调坚定道路自信、理论自信、制度自信、文化自信；明确全面深化改革总目标是完善和发展中国特色社会主义制度、推进国家治理体系和治理能力现代化；明确全面推进依法治国总目标是建设中国特色社会主义法治体系、建设社会主义法治国家；明确党在新时代的强军目标是建设一支听党指挥、能打胜仗、作风优良的人民军队，把人民军队建设成为世界一流军队；明确中国特色大国外交要推动构建新型国际关系，推动构建人类命运共同体；明确中国特色社会主义最本质的特征是中国共产党领导，中国特色社会主义制度的最大优势是中国共产党领导，党是最高政治领导力量，提出新时代党的建设总要求，突出政治建设在党的建设中的重要地位。

作为领导干部，要深入学习领会中国特色社会主义理论体系特别是习近平新时代中国特色社会主义思想，进一步坚定理论自信，坚守精神家园，既不能信各种错误思潮的歪理，更不能信"全盘西化"的邪理，始终坚信"中国特色"的真理，毫不动摇地高举中国特色社会主义理论旗帜，以坚定的理想信念向着中华民族伟大复兴的中国梦前行。

三、坚持制度自信

制度稳则国家稳，制度强则国家强。制度是党和国家方针政策、法律法规体系的总称。中国特色社会主义制度是党和人民在长期实践探索中形成的科学制度体系，包括根本制度、基本制度、重要制度。习近平总书记强调："我们要坚信，中国特色社会主义制度是当代中国发展进步的根本制度保障，是具有鲜明中国特色、明显制度优势、强大自我完善能力的先进制度。"[①]

中国共产党成立100年来，团结带领人民坚持把马克思主义基本原理同中国具体实际相结合，不断探索实践，不断改革创新，建立和完善了社会主义根本制度、基本制度、重要制度，形成和发展党的领导和经济、政治、文化、社会、生态文明、军事、外事等各方面制度，取得历史性成就。党的十八大以来，我们党领导人民统筹推进"五位一体"总体布局、协调推进"四个全面"战略布局，推动中国特色社会主义制度更加完善，为政治稳定、经济发展、文化繁荣、民族团结、人民幸福、社会安宁、国家统一提供了制度保障。实践证明，中国特色社会主义制度是以马克思主义为指导、植根中国大地、具有深厚中华文化根基、深得人民拥护的制度，是具有强大生命力和巨大优越性的制度，是能够持续推动拥有14亿多人口大国进步和发展、确保拥有5000多年文明史的中华民族实现伟大复兴的制度。

坚持制度自信，既是建立在历史纵向比较基础之上的，又是建立在国际横向比较基础之上的。新中国70多年取得的历史性成就充分证明，中国特色社会主义制度是人类制度文明发展的伟大成果，是当代中国发展进步的根本保证。资本主义在发展过程中，用了数百年时间，其制度才慢慢成熟和定型下来，形成了一些有代表性的资本主义国家制度体

[①] 《习近平谈治国理政》第2卷，外文出版社2017年版，第51页。

系。新中国仅用了 70 多年就构建起根本制度、基本制度、重要制度相辅相成的全面、完整的中国特色社会主义科学制度体系，既表明社会主义在中国取得了巨大成功，也表明中国共产党人对共产党执政规律、社会主义建设规律、人类社会发展规律的把握，升华到全新的理论和实践高度。

坚定制度自信，必须充分认识中国特色社会主义制度的优越性。新中国成立 70 多年来，我们党领导人民创造了世所罕见的经济快速发展奇迹和社会长期稳定奇迹，这正显示中国特色社会主义的制度优势。中国特色社会主义制度具有多方面的显著优势，主要是：坚持党的集中统一领导，坚持党的科学理论，保持政治稳定，确保国家始终沿着社会主义方向前进的显著优势；坚持人民当家作主，发展人民民主，密切联系群众，紧紧依靠人民推动国家发展的显著优势；坚持全面依法治国，建设社会主义法治国家，切实保障社会公平正义和人民权利的显著优势；坚持全国一盘棋，调动各方面积极性，集中力量办大事的显著优势；坚持各民族一律平等，铸牢中华民族共同体意识，实现共同团结奋斗、共同繁荣发展的显著优势；坚持公有制为主体、多种所有制经济共同发展和按劳分配为主体、多种分配方式并存，把社会主义制度和市场经济有机结合起来，不断解放和发展社会生产力的显著优势；坚持共同的理想信念、价值理念、道德观念，弘扬中华优秀传统文化、革命文化、社会主义先进文化，促进全体人民在思想上精神上紧紧团结在一起的显著优势；坚持以人民为中心的发展思想，不断保障和改善民生、增进人民福祉，走共同富裕道路的显著优势；坚持改革创新、与时俱进，善于自我完善、自我发展，使社会始终充满生机活力的显著优势；坚持德才兼备、选贤任能，聚天下英才而用之，培养造就更多更优秀人才的显著优势；坚持党指挥枪，确保人民军队绝对忠诚于党和人民，有力保障国家主权、安全、发展利益的显著优势；坚持"一国两制"，保持香港、澳门长期繁荣稳定，促进祖国和平统一的显著优势；坚持独立自主和对外开放相统一，积极参与全球治理，为构建人类命运共同体不断作出贡献的显著优势。这些显著优势，是我们坚定中国特色社会主义道路自信、理论自信、制度自信、文化自信的基本依据。

坚持制度自信，必须坚持和完善中国特色社会主义制度。习近平总书记强调："制度自信不是自视清高、自我满足，更不是裹足不前、固步自封，而是要把坚定制度自信和不断改革创新统一起来，在坚持根本政治制度、基本政治制度的基础上，不断推进制度体系完善和发展。"[①] 我们必须坚持和完善支撑中国特色社会主义制度的根本制度、基本制度、重要制度，着力固根基、扬优势、补短板、强弱项，构建系统完备、科学规范、运行有效的制度体系，把中国特色社会主义制度优势更好转化为国家治理效能，为全面建成社会主义现代化强国、实现中华民族伟大复兴的中国梦提供有力保证。

党的十九届四中全会通过的《中共中央关于坚持和完善中国特色社会主义制度，推进国家治理体系和治理能力现代化若干重大问题的决定》强调，要围绕坚持和完善中国特色社会主义科学制度、推进国家治理体系和治理能力现代化；坚持和完善党的领导制度体系，提高党科学执政、民主执政、依法执政水平；坚持和完善人民当家作主制度体系，发展社会主义民主政治；坚持和完善中国特色社会主义法治体系，提高党依法治国、依法执政能力；坚持和完善中国特色社会主义行政体制，构建职责明确、依法行政的政府治理体系；坚持和完善社会主义基本经济制度，推动经济高质量发展；坚持和完善繁荣发展社会主义先进文化的制度，巩固全体人民团结奋斗的共同思想基础；坚持和完善统筹城乡的民生保障制度，满足人民日益增长的美好生活需要；坚持和完善共建共治共享的社会治理制度，保持社会稳定、维护国家安全；坚持和完善生态文明制度体系，促进人与自然和谐共生；坚持和完善党对人民军队

---

① 《习近平谈治国理政》第 2 卷，外文出版社 2017 年版，第 289 页。

的绝对领导制度,确保人民军队忠实履行新时代使命任务;坚持和完善"一国两制"制度体系,推进祖国和平统一;坚持和完善独立自主的和平外交政策,推动构建人类命运共同体;坚持和完善党和国家监督体系,强化对权力运行的制约和监督。

坚持和完善中国特色社会主义制度,是中国共产党的一项重大战略任务。坚持制度自信,我们一方面要深刻认识制度具有根本性、全局性、稳定性和长期性的特征,必须高度重视,加快推进;另一方面也要深刻认识制度的定型完善是一项长期的任务,要循序渐进,不可能一蹴而就。作为领导干部,要毫不动摇地把中国特色社会主义制度坚持好,把中国特色社会主义事业发展好。要坚定制度自信,使之成为坚定理想的"主心骨"、坚守信仰的"压舱石"、坚定自信的"指南针",既不能保守固步自封、落后于时代的"土办法",也不能照搬照抄、囫囵吞枣西方的"洋办法",而是要积极创新完善符合中国国情、具有中国特色的"新办法"。要强化制度意识,维护制度权威,自觉尊崇制度、严格执行制度、坚决维护制度,严格按照制度履行职责、行使权力、开展工作,不断提高领导能力和领导水平。

四、坚持文化自信

文化兴则国运兴,文化强则民族强。中国特色社会主义文化,源自于中华民族5000多年文明历史所孕育的中华优秀传统文化,熔铸于党领导人民在革命、建设、改革中创造的革命文化和社会主义先进文化,植根于中国特色社会主义伟大实践。习近平总书记在党的十九大报告中强调:"文化,是一个国家、一个民族的灵魂。文化兴国运兴,文化强民族强。没有高度的文化自信,没有文化的繁荣兴盛,就没有中华民族伟大复兴。要坚持中国特色社会主义文化发展道路,激发全民族文化创新创造活力,建设社会主义文化强国。"

中国坚定的道路自信、理论自信、制度自信,其本质是建立在

5000多年文明传承基础上的文化自信。文化最能代表一个政党的精神、一个国家的风貌、一个民族的风尚。习近平总书记强调："文化自信，是更基础、更广泛、更深厚的自信。在5000多年文明发展中孕育的中华优秀传统文化，在党和人民伟大斗争中孕育的革命文化和社会主义先进文化，积淀着中华民族最深层的精神追求，代表着中华民族独特的精神标识。我们要弘扬社会主义核心价值观，弘扬以爱国主义为核心的民族精神和以改革创新为核心的时代精神，不断增强全党全国各族人民的精神力量。"①

中华文化、中华精神是我们文化自信的源泉。人类历史上出现过许多文明，中华文明创造了5000多年持续发展的奇迹。中华文明曾经长期领先于世界，在哲学、社会科学、科学技术、文学艺术等方面取得了辉煌成就，为人类文明进步作出了巨大贡献。中华文化包含博大精深的传统文化、多姿多彩的民族文化、昂扬向上的革命文化、充满生机的当代文化，具有独特的理念、智慧、气度、神韵，最引以为中国人民和中华民族自尊、自信和自豪。

中国文化延续着中华民族的精神血脉，既需要薪火相传、代代守护，也需要与时俱进、推陈出新。坚持文化自信，就要充分认识文化在经济、政治、社会发展中的重要地位和作用。但是，一定要弄清文化重要性与"文化决定论"两者的区别。文化重要性是不言而喻的，但"文化决定论"是不对的。在当代世界，起主导作用的仍然是经济力量和政治力量，尤其是大国之间的博弈，主要是经济实力和军事科技的发展水平。文化是综合国力的一部分，文化作为"软实力"在国际交往中的作用不容忽视，但是，如果没有"硬实力"的支撑作用，文化"软实力"的作用是有限的。当代中国文化软实力作用日益显著，这与中国整个国力和国际地位的提高是不可分的。近代以来，西方文明在中国传播很广

---

① 《习近平谈治国理政》第2卷，外文出版社2017年版，第36—37页。

泛。但西方要以它的文化征服中国,则不可能。因为近代中国的落后是物质文明的落后。文化则不同。中国几千年传统文化中积累的智慧和思想,绝不低于西方文化。它只是暂时被外部势力压抑难以发挥,但始终起着支撑民族精神的作用。一旦中华民族复兴,中华文化将会再度燃起不可扑灭的智慧火焰。

中国共产党代表着中国先进文化前进的方向,既是中华优秀传统文化的忠实传承者和弘扬者,又是中国先进文化的积极倡导者和发展者。党的十八大以来,我们党坚持以马克思主义为指导,坚守中华文化立场,立足当代中国现实,结合当今时代条件,发展面向现代化、面向世界、面向未来的,民族的科学的大众的社会主义文化,推动了中国特色社会主义文化发展,推动了社会主义精神文明和物质文明协调发展,为坚持中国特色社会主义道路自信、理论自信、制度自信,奠定了坚强的思想基础,提供了强大的精神动力。作为领导干部,既是中华优秀文化薪火相传的传承者,又是社会主义先进文化的引领者;既要坚定文化自信的信念,又要担当文化自强的责任;既要传承弘扬传统优秀文化,更要创新发展社会主义先进文化。要坚持"不忘本来、吸收外来、面向未来",把握住时代精神、实践精神、科学精神、民族精神,以文化人、以文养德、以文立信,以文化自信支撑道路自信、理论自信和制度自信。

(一)传承优秀文化

中华优秀传统文化是中华民族的精神命脉,是涵养社会主义核心价值观的重要源泉,也是我们在世界文化激荡中站稳脚跟的坚实根基。我们党在领导革命、建设和改革的进程中,把中国优秀文化与马克思主义结合以来,推动了中华文明的深刻变革,孕育了革命文化和社会主义文化,形成了各个历史时期的精神品格、文化风格,深刻改变了中华民族的前途命运。党的十八大以来,以习近平同志为核心的党中央高度重视和弘扬中华优秀传统文化,把弘扬优秀传统文化和发展社会主义先进文化有机统一起来,在继承中发展,在发展中继承,坚持"去粗存精、推陈出新、择善而从"的科学态度,坚持创造性转化、创新性发展,融合和传承中华优秀文化和历史智慧,将其作为治国理政的重要思想文化资源,将其融入中国精神,汇入中国道路,提出了一系列管党强军、治国理政、内政外交政治方略,开启了我们党运用传统文化治国理政的新篇章。作为领导干部,要坚持文化自信,既要继承传统优秀文化,又要弘扬时代精神;既要传承古今文化之魂,又要兼取中西文化之长;既要学习借鉴外来文化,但又不能照抄照搬别国说教,充分吸吮中华优秀文化养分,吸取中国革命文化智慧,弘扬和发展社会主义先进文化,不断铸就中华文化新辉煌。

(二)坚持价值引领

文化是一个民族的灵魂,价值观是文化的核心。核心价值观承载着一个民族、一个国家的精神追求,是最持久、最深层的力量。每个时代都有每个时代的精神,每个时代都有每个时代的价值观。党的十八大提出的"富强、民主、文明、和谐,自由、平等、公正、法治,爱国、敬业、诚信、友善"的社会主义核心价值理念,把涉及国家、社会、公民的价值要求融为一体,回答了我们要建设什么样的国家、构建什么样的社会、培育什么样的公民的重大问题,既继承了中华优秀传统文化,也吸收了世界文明的有益成果;既体现了社会主义的本质要求,也体现了鲜明的时代精神;既昭示了文化发展的前进方向,又契合了中国人民的美好愿景。

习近平总书记在党的十九大报告中强调:"社会主义核心价值观是当代中国精神的集中体现,凝结着全体人民共同的价值追求。要以培养担当民族复兴大任的时代新人为着眼点,强化教育引导、实践养成、制度保障,发挥社会主义核心价值观对国民教育、精神文明创建、精神文化产品创作生产传播的引领作用,把社会主义核心价值观融入社会发展各方面,转化为人们的情感认同和行为习惯。"作为领导干部,要从自己做起，从现在做起，讲党性、重品行、做表率，做社会主义核心价值观的积极传播者、模范践行者、行为示范者，用社会主义核心价值观构筑中国精神、汇聚中国价值、凝聚中国力量，为中国特色社会主义事业提供精神动力。

(三) 弘扬中国精神

文化是一个民族的精神家园。精神是一个民族赖以长久生存的灵魂。人无精神不立，党无精神不兴，国无精神不强。中国精神是凝心聚力的兴党强国之魂。推进伟大事业需要中国精神，实现伟大梦想需要中国力量。习近平总书记强调："实现中国梦必须弘扬中国精神。这就是以爱国主义为核心的民族精神，以改革创新为核心的时代精神。这种精神是凝心聚力的兴国之魂、强国之魂。爱国主义始终是把中华民族坚强团结在一起的精神力量，改革创新始终是鞭策我们在改革开放中与时俱进的精神力量。全国各族人民一定要弘扬伟大的民族精神和时代精神，不断增强团结一心的精神纽带、自强不息的精神动力，永远朝气蓬勃迈向未来。"①

伟大的事业要靠伟大的精神来创造。2021年7月1日，习近平总书记在庆祝中国共产党成立100周年大会上的讲话中强调："一百年前，中国共产党的先驱们创建了中国共产党，形成了坚持真理、坚守理想，践行初心、担当使命，不怕牺牲、英勇斗争，对党忠诚、不负人民的伟大建党精神，这是中国共产党的精神之源。"100年来，中国共产党弘扬伟大建党精神，在领导全国各族人民不断夺取革命、建设、改革新胜利的历史进程中，培育形成了红船精神、井冈山精神、长征精神、延安精神、抗战精神和大庆精神、雷锋精神、"两弹一星"精神、中国体育精神、抗洪精神、抗击非典精神、抗震救灾精神、北京奥运精神、载人航天精神、伟大抗疫精神、脱贫攻坚精神等精神谱系，极大拓展了中华

---

① 《习近平谈治国理政》，外文出版社2014年版，第40页。

民族精神的内涵，使中华民族和中国人民展现出崭新的精神风貌。历史川流不息，精神代代相传。作为领导干部，要带头弘扬以爱国主义为核心的民族精神、以实事求是为核心的实践精神、以求真务实为核心的科学精神、以改革创新为核心的时代精神，为全面建设社会主义现代化强国、实现中华民族伟大复兴提供强大精神动力。

（四）厚植党内文化

党内文化，是中国共产党以马克思主义为指导、以中华优秀传统文化为基础、以革命文化为源头、以社会主义先进文化为体现的文化，是中国共产党在长期的革命和执政实践中形成的宝贵精神财富，蕴含着党的指导思想、奋斗目标、纲领路线、组织纪律、工作作风、行为规范等一系列价值遵循，是党的先进性建设的重要保证。习近平总书记强调："党内政治生活、政治生态、政治文化，是相辅相成的，政治文化是政治生活的灵魂，对政治生态具有潜移默化的影响。要注重加强党内政治文化建设，倡导和弘扬忠诚老实、光明坦荡、公道正派、实事求是、艰苦奋斗、清正廉洁等价值观，旗帜鲜明抵制和反对关系学、厚黑学、官场术、'潜规则'等庸俗腐朽的政治文化，不断培厚良好政治生态的土壤。"[①] 文化的自信在于薪火相传，文化的生命在于推陈出新。作为领导干部，要从中华优秀传统文化、革命文化中吸取营养，积极传承弘扬党内文化，把政治意识、大局意识、核心意识和看齐意识转化为文化理念、价值追求、精神品质，形成规规矩矩的党内关系、明明白白的责任关系、清清爽爽的同志关系、干干净净的社会关系，营造风清气正、昂扬向上、奋发有为的政治生态。

---

① 习近平：《在党的十八届六中全会第二次全体会议上的讲话》，《求是》2017年第1期。

第二章　为民服务

新时代呼唤为民服务的好领导。作为领导干部，要牢记和践行全心全意为人民服务的根本宗旨，做人民公仆，为人民服务，为人民谋利，为人民造福。

为民服务，是衡量好领导的价值标准。全心全意为人民服务，是中国共产党的根本宗旨，是中国共产党的显著标志。中国共产党的初心使命就是为中国人民谋幸福、为中华民族谋复兴。习近平总书记指出："好干部要做到为民服务，党的干部必须做人民公仆，忠诚于人民，以人民忧乐为忧乐，以人民甘苦为甘苦，全心全意为人民服务。"[①] 党以民为基，国以民为本。以人为本、执政为民，是马克思主义政党的生命根基和本质要求。为人民服务，是党员干部矢志不渝的初心和使命，是我们党检验我们每一名党员干部是否合格的价值标准。习近平总书记强调："衡量一名共产党员、一名领导干部是否具有共产主义远大理想，是有客观标准的，那就要看他能否坚持全心全意为人民服务的根本宗旨。"[②] 为民服务、为民谋利，是我们党一贯的政治主张、执政理念和价值取向。党的一切工作必须以最广大人民根本利益为最高标准。各级领导干部必须始终牢记和自觉践行全心全意为人民服务的宗旨，把人民群众的小事当作自己的大事，从人民群众关心的事情做起，从让人民群众满意的事情做起，在为民服务中实现人生价值，团结带领人民群众不

[①] 《习近平谈治国理政》，外文出版社 2014 年版，第 417 页。
[②] 《习近平谈治国理政》，外文出版社 2014 年版，第 23 页。

断创造美好生活。

纵观我们党的百年历史，"为人民服务"是我们党始终坚持的根本宗旨。《中国共产党章程》规定，"中国共产党党员必须全心全意为人民服务，不惜牺牲个人的一切，为实现共产主义奋斗终身。"1945年，党的七大把"全心全意为人民服务"写入党章，成为中国共产党的最高价值取向和一切工作的行动导向。毛泽东强调："我们共产党人区别于其他任何政党的又一个显著的标志，就是和最广大的人民群众取得最密切的联系。全心全意地为人民服务，一刻也不脱离群众；一切从人民的利益出发，而不是从个人或小集团的利益出发；向人民负责和向党的领导机关负责的一致性；这些就是我们的出发点。共产党人必须随时准备坚持真理，因为任何真理都是符合于人民利益的；共产党人必须随时准备修正错误，因为任何错误都是不符合于人民利益的。"① 习近平总书记在党的十九大报告中强调："坚持以人民为中心。人民是历史的创造者，是决定党和国家前途命运的根本力量。必须坚持人民主体地位，坚持立党为公、执政为民，践行全心全意为人民服务的根本宗旨，把党的群众路线贯彻到治国理政全部活动之中，把人民对美好生活的向往作为奋斗目标，依靠人民创造历史伟业。"作为领导干部，要始终把人民放在心中最高位置，把人民拥护不拥护、赞成不赞成、高兴不高兴、答应不答应作为衡量一切工作的根本标准，始终做到为民尽责、为民服务、为民谋利、为民造福。

人民是历史的创造者，是决定党和国家前途命运的根本力量。毛泽东指出："人民，只有人民，才是创造世界历史的动力。"② 习近平总书记强调："为什么人、靠什么人的问题，是检验一个政党、一个政权性质的试金石。"③ 2021年7月1日，习近平总书记在庆祝中国共产党成

---

① 《毛泽东选集》第3卷，人民出版社1991年版，第1094—1095页。
② 《毛泽东选集》第3卷，人民出版社1991年版，第1031页。
③ 《习近平谈治国理政》第3卷，外文出版社2020年版，第520页。

立100周年大会上的讲话中强调:"中国共产党根基在人民、血脉在人民、力量在人民。中国共产党始终代表最广大人民根本利益,与人民休戚与共、生死相依,没有任何自己特殊的利益,从来不代表任何利益集团、任何权势团体、任何特权阶层的利益。"同人民风雨同舟、血脉相通、生死与共,是我们党战胜一切困难和风险的根本保证。离开了人民,我们就会一事无成。在革命战争年代,领导干部为了民族独立、人民解放抛头颅、洒热血,带头冲锋陷阵;在改革开放新时代,领导干部既无衣食之忧更无生死之患,更应该全心全意为人民服务、为人民谋利。习近平总书记在党的十九届一中全会上强调:"我们要始终以实现好、维护好、发展好最广大人民根本利益为最高标准,带领人民创造美好生活,让改革发展成果更多更公平惠及全体人民,使人民获得感、幸福感、安全感更加充实、更有保障、更可持续,朝着实现全体人民共同富裕不断迈进。在新时代的征程上,全党同志一定要抓住人民最关心最直接最现实的利益问题,坚持把人民群众关心的事当作自己的大事,从人民群众关心的事情做起,多谋民生之利,多解民生之忧,在幼有所育、学有所教、劳有所得、病有所医、老有所养、住有所居、弱有所扶上不断取得新进展,不断促进社会公平正义,不断促进人的全面发展、全体人民共同富裕。"

中国共产党的初心和使命,就是为中国人民谋幸福、为中华民族谋复兴。领导干部作为经济、政治、社会、文化、生态建设的决策者、管理者和实施者,只有坚持全心全意为人民服务,才能永远与人民群众心连心、共命运,为人民执好政、掌好权,为人民谋利益、谋幸福。《中国共产党章程》规定:"党在任何时候都把群众利益放在第一位,同群众同甘共苦,保持最密切的联系,坚持权为民所用、情为民所系、利为民所谋,不允许任何党员脱离群众,凌驾于群众之上。"习近平总书记强调:"我们必须始终坚持人民立场,坚持人民主体地位,虚心向人民学习,倾听人民呼声,汲取人民智慧,把人民拥护不拥护、赞成不赞成、高兴不高兴、答应不答应作为衡量一切工作得失的根本标准，着力解决好人民最关心最直接最现实的利益问题，让全体中国人民和中华儿女在实现中华民族伟大复兴的历史进程中共享幸福和荣光！"① 作为领导干部，要始终牢记和自觉践行全心全意为人民服务的根本宗旨，坚持以人民为中心的领导立场，坚持立党为公、执政为民的领导理念，把人民群众拥护不拥护、赞成不赞成、高兴不高兴、满意不满意、答应不答应作为检验领导工作的根本标准，做到权为民所用、情为民所系、利为民所谋，实现好、维护好、发展好人民群众的根本利益和长远利益，带领人民群众共同富裕，不断增强人民群众获得感、安全感、幸福感。

第一节　权为民用

权为民用，是领导干部为民服务的集中体现和根本途径。人民是国家的主人，干部是人民的公仆。《中华人民共和国宪法》规定："中华人民共和国的一切权力属于人民。"毛泽东强调："我们的责任，是向人民负责。每句话，每个行动，每项政策，都要适合人民的利益，如果有了错误，定要改正，这就叫向人民负责。"② 领导干部树立什么样的权力观，如何认识权力、怎样对待权力、为谁行使权力，是关系我们党治国理政的重大问题。习近平总书记强调，马克思主义权力观概括起来就是两句话：权为民所赋，权为民所用。这是马克思主义政党区别于其他政党的显著标志。领导干部的权力是人民赋予的，做人民公仆是本分，为人民服务是本职，必须坚持权为民用，为人民掌好权、用好权。对领导干部来说，不论从事什么职业、在什么岗位、是什么职级，都要把人民群众利益放在最高位置，把人民群众答应不答应、满意不满意作为行使权力的根本标准。

---

① 《习近平谈治国理政》第3卷，外文出版社2020年版，第142页。
② 《毛泽东著作专题摘编》（下），中央文献出版社2003年版，第1879页。

有权不能任性，用权不能滥用。现实中，确有一些领导干部不能正确对待权力：有的认为权力是上级给的，想问题、办事情不怕群众不满意，只怕领导不注意，逢迎拍马、唯上是从；有的认为权力是个人努力、奋斗得来的，信奉"有权不用、过期作废"，滥用权力甚至以权谋私。领导干部是人民的公仆，只有为人民服务的义务，没有为自己谋私利的特权。作为领导干部，要始终牢记权为民用，尽职尽责为民服务，尽心竭力为民谋利，把有限的权力用于无限地为人民服务，从人民群众最关心、最直接、最现实的利益入手，为人民群众诚心诚意办实事、尽心竭力解难事、坚持不懈做好事。

第二节　情为民系

情为民系，是领导干部为民服务的情感基础和思想前提。情为民系，就要怀着对人民群众的深厚感情，把人民群众当主人，把人民群众的安危冷暖放在心上，做到心为民想、责为民尽，倾听群众呼声，反映群众意愿，集中群众智慧，以群众的忧乐为忧乐，以百姓的疾苦为疾苦。对人民群众是否充满感情，关系到是否赢得民心。

民心是最大的政治，正义是最强的力量。正所谓"天下何以治？得民心而已！天下何以乱？失民心而已！"毛泽东强调："共产党就是要奋斗，就是要全心全意为人民服务，不要半心半意或者三分之二的心三分之二的意为人民服务。"[①] 习近平总书记强调："各级党委、政府和干部要把老百姓的安危冷暖时刻放在心上，以造福人民为最大政绩，想群众之所想，急群众之所急，让人民生活更加幸福美满。"[②]

2021年7月1日，习近平总书记在庆祝中国共产党成立100周年大会上的讲话中强调："江山就是人民、人民就是江山，打江山、守江山，

[①] 《毛泽东文集》第7卷，人民出版社1999年版，第285页。
[②] 《国家主席习近平发表二〇一八年新年贺词》，《人民日报》2018年1月1日。

守的是人民的心。"检索我们党的历史，无论是战争年代、和平时期，还是改革开放以来，党取得的每一个胜利，都离不开人民群众的支持。我们党同人民群众的关系，可以有三个比喻：血和肉、鱼和水、种子和土地。离开了人民群众，党就是无本之木，无源之水。现在，交通工具发达了，有的领导干部与群众的距离却远了；通信工具先进了，有的领导干部与群众的沟通却困难了。这里面首先表现出的是立场问题、感情问题，说明有的领导干部对群众的感情淡漠了。对各级领导干部来说，只有始终保持对人民群众的深厚感情，才能在思想上尊重群众、感情上贴近群众、工作上依靠群众、生活上关心群众。习近平总书记强调："干部要怀着强烈的爱民、忧民、为民、惠民之心，心里要始终装着父老乡亲，想问题、作决策、办事情都要想一想是不是站在人民的立场上，是不是有助于解决群众的难题，是不是有利于增进人民福祉，不断增强人民群众获得感、幸福感、安全感。"[①] 作为领导干部，要始终与人民群众心连心、同呼吸、共命运，把群众当作亲人，与群众交朋友，对群众"掏心窝"，想群众之所想，急群众之所急，忧群众之所忧，办群众之所需，不断增强人民群众获得感、幸福感、安全感。

第三节 利为民谋

利为民谋，是领导干部为民服务的具体体现和根本目的。中国共产党是中国人民根本利益的忠实代表，除了最广大人民的利益，没有自己特殊的利益。毛泽东强调："共产党人的一切言论行动，必须以合乎最广大人民群众的最大利益，为最广大人民群众所拥护为最高标准。"[②] "一定要每日每时关心群众利益，时刻想到自己的政策措施一定要适合

[①] 《习近平谈治国理政》第3卷，外文出版社2020年版，第520页。
[②] 《毛泽东选集》第3卷，人民出版社1991年版，第1096页。

当前群众的觉悟水平和当前群众的迫切要求。"① 习近平总书记在党的十九大报告中强调:"增进民生福祉是发展的根本目的。必须多谋民生之利、多解民生之忧,在发展中补齐民生短板、促进社会公平正义,在幼有所育、学有所教、劳有所得、病有所医、老有所养、住有所居、弱有所扶上不断取得新进展,深入开展脱贫攻坚,保证全体人民在共建共享发展中有更多获得感,不断促进人的全面发展、全体人民共同富裕。"习近平总书记在党的十九届一中全会上强调:"为人民谋幸福,是中国共产党人的初心。我们要时刻不忘这个初心,永远把人民对美好生活的向往作为奋斗目标。"人民群众最关心的就是教育、就业、收入、社保、医疗、养老、居住、环境等方面的事情。人民群众什么方面感觉不幸福、不快乐、不满意,各级领导干部就在哪方面下功夫,千方百计为群众排忧解难。人民群众期盼有更好的教育、更稳定的工作、更满意的收入、更可靠的社会保障、更高水平的医疗卫生服务、更舒适的居住条件、更优美的环境,期盼孩子们能成长得更好、工作得更好、生活得更好。各级领导干部要增强使命感和责任感,把为人民造福的事情真正办好办实,千方百计解决好人民群众生产生活中遇到的实际问题和困难。作为领导干部,要牢记"为民服务"的初心,把"人民利益"放在首位,以"为民尽责"为本职,以"为民奉献"为追求,常怀爱民之心,常怀亲民之情,常立为民之志,先民之忧而忧,后民之乐而乐,在全心全意为民服务的实践中发挥领导作用,真正做到心为民想、情为民系、权为民用、利为民谋。

---

① 《毛泽东年谱(一九四九——一九七六)》第3卷,中央文献出版社2013年版,第637页。

第三章　勤政务实

新时代呼唤勤政务实的好领导。各级领导干部要勤政务实，做到勤勉敬业、求真务实、真抓实干、精益求精，创造出经得起实践、人民、历史检验的实绩。

勤政务实，是衡量好领导的作风标准。"功崇惟志，业广惟勤。"习近平总书记强调："好干部要做到勤政务实，党的干部必须勤勉敬业、求真务实、真抓实干、精益求精，创造出经得起实践、人民、历史检验的实绩。"①"业精于勤荒于嬉，行成于思而毁于随。"习近平总书记强调："工作作风上的问题绝对不是小事，如果不坚决纠正不良风气，任其发展下去，就会像一座无形的墙把我们党和人民群众隔开，我们党就会失去根基、失去血脉、失去力量。改进工作作风的任务非常繁重，八项规定是一个切入口和动员令。八项规定既不是最高标准，更不是最终目的，只是我们改进作风的第一步，是我们作为共产党人应该做到的基本要求。"②党的十八大以来，从中央到地方、从机关到基层，从制定和执行中央八项规定开始，全党上下纠正"四风"取得显著成效。但是，有的领导干部仍然存在形式主义、官僚主义、享乐主义、奢靡之风的问题，仍然存在浮、懒、散、粗、怯、吹、虚的问题。习近平总书记强调："中央委员会成员和省部级主要领导干部必须做到责任过硬，树立正确政绩观，发扬求真务实、真抓实干的作风，以钉钉子精神担当尽

---

① 《习近平谈治国理政》，外文出版社2014年版，第417页。
② 《习近平在十八届中央纪委二次全会上的讲话》，《人民日报》2013年1月22日。

责，真正做到对历史和人民负责。"① 作为领导干部，要保持和发扬党的优良传统和作风，坚持勤勉敬业、求真务实、真抓实干，用心谋事、细心想事、真心做事，察民情、解民忧、聚民心，察实情、出实招、干实事、求实效，创造出经得起实践、人民、历史检验的实绩。

第一节　勤勉敬业

勤勉敬业，是领导干部成长进步的内在要求，也是领导干部干事创业的基本途径。"百尺竿头立不难，一勤天下无难事。""天下古今之才人，皆以一傲字致败；天下古今之庸人，皆以一惰字致败。"天才输于狂傲，庸人败于懒惰。每个人只要勤勉敬业，都有干事创业的舞台；只要精益求精，都有建功立业的机会。习近平总书记指出："美好生活靠劳动创造。广大劳动者无论从事什么职业，都要勤于学习、善于实践，踏实劳动、勤勉劳动，在工作上兢兢业业、精益求精，努力在平凡岗位上干出不平凡的业绩。"② 作为领导干部，要克服"精神懈怠的危险"，练就敬业勤业精业的"金钢钻"，重整行装再出发，艰苦奋斗再创业，攻坚克难再闯关，恪尽职守、爱岗敬业、精益求精，做到干一行爱一行、敬一行专一行、钻一行精一行、管一行像一行，在其位，谋其政，负其责、尽其力，勤勉敬业、奋发有为。

第二节　求真务实

求真务实，既是领导干部必备的政治品格，也是领导干部必备的领导方法。习近平总书记强调："求真务实是共产党人的重要思想和工作

---

① 《习近平谈治国理政》第 3 卷，外文出版社 2020 年版，第 72 页。
② 《习近平在知识分子、劳动模范、青年代表座谈会上的讲话》，《人民日报》2016 年 4 月 26 日。

方法。我们一定要在实践中认识真理、把握规律，用发展着的马克思主义指导新的实践，用新的实践丰富和发展马克思主义，敢于直面矛盾，敢于较真碰硬，为做好党和国家工作深思深察、尽责尽力、善作善成。"① 我们党 100 年的奋斗历程充分说明，坚持求真务实是党的活力之所在，也是党和人民事业兴旺发达的关键之所在。求真务实，既是一个思想理论问题，也是一个作风实践问题。求真，是务实的前提；务实，是求真的目的。求真务实是知与行、认识与实践、理论与实际的统一。求真，就是依据解放思想、实事求是、与时俱进的思想路线，去不断地认识事物的本质，把握事物的规律。务实，则是要在这种规律性认识的指导下，谋实招、办实事、求实效。求真务实，是适应新形势、认识新事物的思想武器，是做好一切工作的重要法宝。求真务实，既是领导干部的为官从政之本，也是领导干部干事创业之道。作为领导干部，要自觉弘扬和践行求真务实的精神和作风，坚持一切从实际出发，从人民群众的根本利益出发，在"求真"上下真功，在"务实"上花力气，做到察实情、重实际、出实招、办实事、求实效。

第三节　真抓实干

真抓实干，是领导干部必备的领导方法和工作作风。为政贵在力行，万事成于实干。真抓实干，是党的思想路线的本质要求，是做好一切工作的根本方法，也是成就事业的关键所在。为政之道，贵在真抓，重在实干。习近平总书记强调："真抓才能攻坚克难，实干才能梦想成真。我们要在全社会大力弘扬真抓实干、埋头苦干的良好风尚。各级领导干部要带头发扬劳模精神，出实策、鼓实劲、办实事，不图虚名，不务虚功，坚决反对干部群众反映强烈的形式主义、官僚主义、享乐主义

---

① 《习近平在纪念刘华清同志诞辰 100 周年座谈会上的讲话》，《人民日报》2016 年 9 月 28 日。

和奢靡之风'四风',以身作则带领群众把各项工作落到实处。"① 真抓,就要敢抓敢管,抓得紧而又紧,抓而不紧等于不抓;实干,就要善抓落实,干的得实而又实,干而不实等于白干。习近平总书记曾惟妙惟肖地给"四风"画了四幅"肖像":形式主义——知行不一、不求实效,文山会海、花拳绣腿,贪图虚名、弄虚作假。官僚主义——脱离实际、脱离群众,高高在上、漠视现实,唯我独尊、自我膨胀。享乐主义——精神懈怠、不思进取,追名逐利、贪图享受,讲究排场、玩风盛行。奢靡之风——铺张浪费、挥霍无度,大兴土木、节庆泛滥,生活奢华、骄奢淫逸,甚至以权谋私、腐化堕落。党的十八大以来,在全党深入开展了群众路线学习教育、"三严三实"专题教育、"两学一做"学习教育、"不忘初心、牢记使命"主题教育,回应了人民群众的热切期盼,取得了让人民群众看得见、感受得到的实际成效,感受到了领导干部作风的明显变化,享受到这种变化带来的便利和实惠。从政贵在力行,万事成于实干。作为领导干部,要弘扬真抓实干的作风,把真干作为本分、把实干作为责任、把苦干作为追求,重实际、出实招、办实事、求实效,以踏石留印、抓铁有痕的劲头,大力发扬钉钉子的精神,一锤接住一锤敲,一茬接着一茬干,既要想干愿干积极干,又要能干会干善于干,干出新气象、干出新作为。

---

① 《习近平谈治国理政》,外文出版社 2014 年版,第 48 页。

第四章 敢于担当

新时代呼唤敢于担当的好领导。敢于担当,是领导干部基本的政治品格和素质要求,是领导干部的职责所系、使命所在。各级领导干部要敢于担当,面对大是大非敢于亮剑,面对矛盾敢于迎难而上,面对危机敢于挺身而出,面对失误敢于承担责任,面对歪风邪气敢于坚决斗争。

敢于担当,是衡量好领导的责任标准。党的事业需要敢于担当的领导者,人民群众期盼敢于担当的好领导。领导干部能否做到敢于担当,关系到党和国家事业的兴衰成败。习近平总书记强调:"好干部要做到敢于担当,党的干部必须坚持原则、认真负责,面对大是大非敢于亮剑,面对矛盾敢于迎难而上,面对危机敢于挺身而出,面对失误敢于承担责任,面对歪风邪气敢于坚决斗争。"① "坚持原则是共产党人的重要品格,是衡量一个干部是否称职的重要标准。"② 党的十八大以来,习近平总书记多次强调领导干部要敢于担当,并从民族担当、为民担当、改革担当、职责担当、大国担当、治军担当、治党担当、为官担当等多个方面,提出了一系列具有鲜明时代特征的新思想、新观点、新要求,提升了敢于担当的精神境界,赋予了敢于担当的时代内涵。

每个时代有每个时代的责任,有每个时代的使命。习近平总书记指

---

① 《习近平谈治国理政》,外文出版社2014年版,第417页。
② 《习近平:信念坚定对党忠诚实事求是担当作为 努力成为可堪大用能担重任栋梁之才》,《人民日报》2021年9月1日。

出:"担当就是责任,好干部必须有责任重于泰山的意识,坚持党的原则第一、党的事业第一、人民利益第一,敢于旗帜鲜明,敢于较真碰硬,对工作任劳任怨、尽心竭力、善始善终、善作善成。'疾风识劲草,烈火见真金。'为了党和人民事业,我们的干部要敢想、敢做、敢当,做我们时代的劲草、真金。"① 现实中,有的领导干部崇尚好人主义,不敢批评、不愿批评、不愿负责、不敢负责。有的怕得罪人,怕丢选票,搞无原则的一团和气,信奉多栽花、少栽刺的庸俗哲学,各人自扫门前雪、不管他人瓦上霜,事不关己高高挂起,满足于做得过且过的太平官;有的身居其位不谋其政,遇到矛盾绕道走,遇到群众诉求躲着行,推诿扯皮、敷衍塞责,致使小事拖大、大事拖成大祸;有的为人圆滑世故,处事精明透顶,工作拈轻怕重,岗位挑肥拣瘦,遇事明哲保身,有功劳抢得快,出了问题上推下卸。

新时代要有新担当,好领导务必敢担当。习近平总书记强调:"新征程上,不可能都是平坦的大道,我们将会面对许多重大挑战、重大风险、重大阻力、重大矛盾,领导干部必须有强烈的担当精神。"② "干部干事创业要树立正确政绩观,有功成不必在我的精神境界、功成必定有我的历史担当,发扬钉钉子精神,脚踏实地干。"③ 对领导干部来说,要不忘初心、牢记使命,以对党忠诚、为党分忧、为党尽职、为民造福的政治担当,满怀激情地投入新时代中国特色社会主义伟大实践;要深刻领会新时代、新思想、新矛盾、新目标提出的新要求,以时不我待、只争朝夕、勇立潮头的历史担当,努力改革创新、攻坚克难,不断锐意进取、担当作为;要不负党和人民重托,以守土有责、守土负责、守土尽责的责任担当,在其位、谋其政、干其事、求其效,创造出无愧于时

---

① 《习近平谈治国理政》,外文出版社 2014 年版,第 416 页。
② 《切实学懂做实党的十九大精神 努力在新时代开启新征程续写新篇章》,《人民日报》2017 年 10 月 29 日。
③ 《习近平:在常学常新中加强理论修养 在知行合一中主动担当作为》,《人民日报》2019 年 3 月 2 日。

代、人民、历史的业绩。

敢于担当作为,是领导干部必备的政治品质,也是领导干部肩负的政治责任。作为领导干部,要适应新发展阶段,贯彻新发展理念,服务新发展格局,既要扩展担当胸怀,也要增强担当能力;既要担得起责、担得起难,也要担得起屈、担得起过;既要为敢于担当的下属担当,也要为敢于负责的干部负责,在矛盾面前敢抓敢管、敢于碰硬,在难题面前敢闯敢试、积极应对,在困难面前迎难而上、勇往直前,在风险面前敢为人先、敢担责任。

第一节　敢闯敢试

敢闯敢试,是领导干部的职责所系。敢闯敢试,就要履职尽责、勇于负责、敢于担责,做到守土有责、守土负责、守土尽责。邓小平强调:"改革开放胆子要大一些,敢于试验,不能像小脚女人一样。看准了的,就大胆地试,大胆地闯。深圳的重要经验就是敢闯。没有一点闯的精神,没有一点'冒'的精神,没有一股气呀、劲呀,就走不出一条好路,走不出一条新路,就干不出新的事业。"① 越是伟大的事业,往往越是充满艰难险阻,越是需要开拓创新。习近平总书记强调:"把开拓创新作为一种常态,不断用发展着的马克思主义指导新的实践,又从实践中作出新的理论概括,敢破敢立、敢闯敢试,义无反顾把改革开放不断向前推进。"② 深化改革、推进发展,就要大胆探索、敢于创新,敢破敢立、敢闯敢试。历史经验证明,无论一个人、一个单位,还是一个国家、一个民族,保守僵化、裹足不前,什么也不敢干、不敢试,不可能发展和进步;唯有解放思想,开拓创新,才能自立自强、兴旺发达。作为领导干部,要解放思想、更新观念,保持敢想敢干的信心,保

---

① 《邓小平文选》第3卷,人民出版社1993年版,第372页。
② 《习近平谈治国理政》第2卷,外文出版社2017年版,第9页。

持敢闯敢试的勇气,保持奋发有为的精神,在深化改革中破解难题,在推动发展中开拓创新。

第二节 敢作敢为

敢作敢为,是领导干部的价值追求。习近平总书记强调:"我们的干部都是党的干部,权力都是党和人民赋予的,更应该在工作中敢作敢为、锐意进取,在做人上谦虚谨慎、戒骄戒躁。"[①] 敢作敢为,就是要以责任为前提,以能力为依托,以实干为支撑,以实效为目的,面对困难和矛盾,不回避、不闪躲,迎难而上、积极应对;面对挫折和过失,不粉饰、不诿过,汲取教训、百折不挠;面对机遇和挑战,不畏惧、不茫然,铁肩担重任、妙手破难题。现实中,有的领导干部或是因为"本领恐慌",或是因为"怕担责任",或是因为逃避困难,存在"不想为""不愿为""不敢为""不会为"的问题。作为领导干部,要敢于负责,在难题面前敢于开拓,在矛盾面前敢抓敢管,在风险面前敢担责任;要敢于担难,攻坚克难,勇于面对失误,敢于触及矛盾,敢于同不正之风作斗争;要敢于担压,对于违背原则的事情要敢于较真、坚决反对;要敢于担重,提振精气神,树立好作风,为改革而计,为发展而谋,为稳定尽力,敢于正视矛盾,善于解决问题。

第三节 敢做敢当

敢做敢当,是领导干部的责任体现。没有远大理想,不能成为好领导;离开责任担当而空谈远大理想,也不能成为好领导。邓小平指出:"我们要提倡敢想敢说敢做,我们应该欢迎每个人提出自己的想法看

---

① 《习近平谈治国理政》,外文出版社2014年版,第416页。

法。"① 习近平总书记强调："干部就要有担当，有多大担当才能干多大事业，尽多大责任才会有多大成就。要意气风发、满腔热情干好，为官一任、造福一方。不能只想当官不想干事，只想揽权不想担责，只想出彩不想出力。"② 现实中，有的领导干部存在着不敢担当、不愿负责、不敢批评的好人主义，得罪人的话不说，丢选票的事不做，遇到矛盾绕着走，碰到问题躲着行，进而产生了一批得过且过的"太平官"、八面玲珑的"圆滑官"、没有立场的"摇摆官"。从各地发生的一些安全事故、群体事件来看，大多与领导干部不敢担当、不会担当有着直接关系。有的信奉多栽花少栽刺的庸俗哲学，怕得罪人、丢选票，搞无原则的一团和气；有的身居其位不谋其政，遇到困难绕着走，碰到问题躲着行，推诿扯皮、敷衍塞责，致使小事拖大，大事拖炸；有的处事圆滑世故、干事拈轻怕重、遇事明哲保身，有功劳抢得快，出问题推得急；有的庸懒散软，只要不出事、宁可不干事，朝看水东流、暮看日西坠。顺境逆境看胸襟，大事小事看担当，急事难事看作为。攻坚克难，是敢于担当的直接表现，是干事创业的重要保证。领导干部有没有担当精神，不仅要看其日常工作的具体表现，更要看其攻坚克难的实际作为。在新时代的征程上，改革已步入攻坚期，还有许多难题需要破解；发展已进入关键期，还有许多未知领域需要探索。改革不能总是涛声依旧，发展也不能总是重复昨天的故事。作为领导干部，要强化担当意识，涵养担当精神，锤炼担当能力，增强担当本领，既要敢想敢说，又要敢做敢当，在问题面前，勇于面对、敢于担当；在难题面前，敢闯敢试、敢为人先；在矛盾面前，敢抓敢管、敢于碰硬；在风险面前，敢作敢为、敢担责任，以逢山开路、遇水架桥的精神，以敢于探索、敢于负责的品格，在新时代创造新业绩。

---

① 《邓小平文集（一九四九——一九七四年）》下卷，人民出版社 2014 年版，第 20 页。
② 《习近平谈治国理政》第 2 卷，外文出版社 2017 年版，第 145 页。

第五章　清正廉洁

新时代呼唤清正廉洁的好领导。各级领导干部要廉洁从政、廉洁用权、廉洁齐家,做到敬畏权力、管好权力、慎用权力,系好廉洁自律的"安全带",守住为官从政的"安全线",守住政治生命的"警戒线",做到清正清廉、清白清明、清贫清风。

清正廉洁,是衡量好领导的道德标准。《中国共产党廉洁自律准则》规定了党员领导干部廉洁自律规范:廉洁从政,自觉保持人民公仆本色;廉洁用权,自觉维护人民根本利益;廉洁修身,自觉提升思想道德境界;廉洁齐家,自觉带头树立良好家风。习近平总书记强调:"好干部要做到清正廉洁,党的干部必须敬畏权力、管好权力、慎用权力,守住自己的政治生命,保持拒腐蚀、永不沾的政治本色。"[①] 习近平总书记在党的十九大报告中强调:"人民群众最痛恨腐败现象,腐败是我们党面临的最大威胁。只有以反腐败永远在路上的坚韧和执着,深化标本兼治,保证干部清正、政府清廉、政治清明,才能跳出历史周期率,确保党和国家长治久安。强化不敢腐的震慑,扎牢不能腐的笼子,增强不想腐的自觉,通过不懈努力换来海晏河清、朗朗乾坤。"党员干部只有坚持廉洁自律、清正廉洁,做到敬畏权力、慎用权力,才能保证政府清廉、政治清明。《中国共产党廉洁自律准则》是我们党执政以来第一部

[①] 《习近平谈治国理政》,外文出版社2014年版,第417页。

坚持正面倡导、面向全体党员的规范全党廉洁自律工作的重要基础性法规，为全面从严治党树立了一条看得见的道德高线，为党员干部树立了一个够得着的廉政标准。清正廉洁，既是领导干部为人处世的基本要求，也是领导干部为官从政的内在要求。作为领导干部，要严于律己、廉洁奉公，系好廉洁自律的"安全带"，守住为官从政"安全线"，守住政治生命的"警戒线"，敬畏权力、管好权力、慎用权力，做到清正清廉、清白清明、清贫清风，保持拒腐蚀、永不沾的政治本色。

第一节　清正清廉

清正清廉，是领导干部的政治品格和政治本色。"吏不畏吾严，而畏吾廉；民不服吾能，而服吾公。公则民不敢慢，廉则吏不敢欺。公生明，廉生威。""廉者，政之本也，民之表也。"正所谓，"其身正，不令而行；其身不正，虽令不从"。习近平总书记强调："思想纯洁是马克思主义政党保持纯洁性的根本，道德高尚是领导干部做到清正廉洁的基础。"[①] 社会主义核心价值观集中体现了社会主义基本道德规范。作为领导干部，要树立正确的世界观、权力观、事业观，自觉践行社会主义核心价值观，讲修养、讲道德、讲廉耻、讲诚信，远离低级趣味，涵养浩然正气，抵制歪风邪气，保持共产党人的高尚品格和廉洁操守，夯实廉洁从政的思想道德基础，筑牢拒腐防变的思想道德防线，争做社会主义道德的示范者、诚信风尚的引领者、公平正义的维护者。要坚持自重自省、自警自励，常怀律己之责，常怀畏权之心，常思贪欲之害，守好精神家园，坚守思想道德防线，守住廉洁从政底线，严守党纪国法红线，堂堂正正做人，清清白白做官，干干净净做事，清正清廉从政。要坚持廉洁自律准则，自觉同特权思想和特权现象作斗争，在大是大非问

[①]《习近平谈治国理政》，外文出版社2014年版，第39页。

题上站稳立场，在生活小节上严格自律，纯洁社交圈、净化生活圈、规矩工作圈、管住活动圈，培养健康的生活情操，保持高尚的精神追求。

第二节　清白清明

清白清明，就是清清白白做官，光明磊落做事。清白清明，是领导干部为官从政的内在要求。古往今来，人们追求清清白白的品质、清清白白的操守，清清白白地获取，清清白白地拥有。面对纷繁复杂的利益诱惑，领导干部务必时时处处见贤思齐，做到政治清醒、经济清白、从政清明，堂堂正正做人、老老实实干事、清清白白为官。2016 年 3 月 4 日，习近平总书记在全国政协十二届四次会议民建、工商联委员联组会上指出，要围绕"亲""清"两个字，建立新型政商关系。对领导干部而言，所谓"亲"，就是要坦荡真诚同民营企业接触交往，特别是在民营企业遇到困难和问题情况下更要积极作为、靠前服务，对非公有制经济人士多关注、多谈心、多引导，帮助解决实际困难，真心实意支持民营经济发展。所谓"清"，就是同民营企业家的关系要清白、纯洁，不能有贪心私心，不能以权谋私，不能搞权钱交易。对民营企业家而言，所谓"亲"，就是积极主动同各级党委和政府及部门多沟通多交流，讲真话，说实情，建净言，满腔热情支持地方发展。所谓"清"，就是要做到洁身自好，遵纪守法办企业、光明正大搞经营。作为领导干部，要坚持清白做人、干净做事、清明从政，不取不义之财，不贪不义之利，不做不洁之事，经得住诱惑考验，受得住清苦清贫，保持为民、务实、清廉的本色。

第三节　清贫清风

惟清贫能激人奋发向上，惟清风能励人奋发作为。清贫才能洁身自好,清风才能清醒头脑。清贫赢得民心,清风赢得信任。清贫才能保持本色,清风才能抵制污染。习近平总书记指出:"廉洁自律,必须筑牢思想防线,加强主观世界改造,牢固树立正确的世界观、人生观、价值观,加强党性修养,做到持之为明镜、内化为修养、升华为信条。要耐得住寂寞、守得住清贫。我刚当干部时就想明白了一个道理,鱼和熊掌不可兼得,当干部就不要想发财,想发财就不要当干部。把这些事情想清楚了,干事自然有底线,自然有高度,自然不会做那些充满了诱惑、可能掉入陷阱、可能一失足成千古恨的事情。"①

方志敏是我国早期革命的领导人之一。方志敏从事革命斗争十余年来,经手的钱财数以百万计,却是一点一滴都用之于革命事业。1935年1月24日,由于叛徒出卖,方志敏不幸被捕。方志敏在狱中所写的《清贫》一文,述说了自己被俘时的经过。两个国民党兵无意中在柴窝中发现了他,并猜到了他正是那位共产党的省主席。他们从方志敏身上只搜到工作所用的一块怀表和一支钢笔。在敌人的监狱里,方志敏用敌人让他写"供词"的纸笔,写下了传世之作《清贫》和《可爱的中国》等。方志敏在《清贫》一文中说:"清贫、洁白朴素的生活,正是我们革命者能够战胜许多困难的地方!"人民教育家陶行知,"一生清贫,两袖清风""捧出一颗心来,不带半根草去""千教万教教人求真,千学万学学做真人"。他鞠躬尽瘁,死而后已,把一生都献给了教育事业,短暂人生虽仅五十五载,却赢得了"万世师表"的美誉。作为领导干部,要牢记为人民服务的宗旨,坚守做人民公仆的本分,守住清贫之身,固守清风之气,永葆共产党人清贫清风的纯洁本色。

千秋家国梦,家和万事兴。家是国的基础,国是家的延伸。对各级领导干部来说,既要保持清贫清风,又要保持良好家风。习近平总书记

---

① 《习近平关于党风廉政评论和反腐败斗争论述摘编》,中国方正出版社、中央文献出版社2015年版,第146页。

指出："千千万万个家庭的家风好，子女教育得好，社会风气好才有基础。"① 领导干部的家风，是领导干部作风的重要表现。从近年来查处的腐败案件看，家风败坏往往是导致领导干部违纪违法的重要原因。对于领导干部而言，家风与党风、政风密不可分。因为在群众看来，领导干部的家庭与干部个人是一个整体，领导干部家风好坏、其配偶子女在社会上的言行举止等，都直接影响着领导干部个人甚至整个干部队伍的作风。更为重要的是，领导干部的家风，还会对社风民风直接或间接地产生重要影响。《中国共产党廉洁自律准则》，将廉洁齐家列为党员领导干部廉洁自律规范的内容，这说明领导干部的家风，不是个人小事、家庭私事，而是事关党的形象和作风的大事。只有私德严、家风正，才能政风清、政德廉。作为领导干部，要把社会主义核心价值观融入家庭、融入家教、融入家风，让清正廉洁、清贫清风在每个家庭生根发芽、开花结果。

---

① 《习近平同全国妇联新一届领导班子成员集体谈话时的讲话》，《人民日报》2013年10月31日。

第二篇

▽

怎样成为好领导

本篇提要

新时代呼唤好领导,新时代锻造好领导。

"宰相必起于州部,猛将必发于卒伍。"好干部,是从一般干部中锻炼出来的。好领导,是从好干部中锻造出来的。

好领导不会自然而然产生。一个干部,虽然当了干部,但不会自然而然就成为好干部;一个领导,虽然当了领导,但不会自然而然就成为好领导。习近平总书记指出:"成长为一个好干部,一靠自身努力,二靠组织培养。从干部自身来讲,个人必须努力,这是干部成长的内因,也是决定性因素。干部的党性修养、思想觉悟、道德水平不会随着党龄的积累而自然提高,也不会随着职务的升迁而自然提高,而需要终生努力。成为好干部,就要不断改造主观世界、加强党性修养、加强品格陶冶。"[①]

锤炼成为好领导,既要靠组织培养教育、管理监督,又要靠自己坚持修炼、不懈锻炼。对党组织来说,必须加强对领导干部的培养、教育、管理和监督,引导领导干部加强思想淬炼、政治历练、实践锻炼、专业训练,不断提高领导素质和领导能力。这是成为好领导的外因,外因通过内因而起作用。对领导干部来说,必须坚持内修外炼、身心兼养、德才兼修、品行皆炼,做到自我净化、自我革新、自我完善、自我提升,自觉践行"信念坚定、为民服务、勤政务实、敢于担当、清正廉洁"好干部标准,不断提高领导本领和领导水平。这是成为好领导的内因,也是决定性因素。

[①] 《习近平谈治国理政》,外文出版社2014年版,第416—417页。

好领导是怎样炼成的

我们党历来高度重视领导干部队伍建设，在革命、建设、改革各个历史时期，都十分重视和加强对各级领导干部的学习培训、培养教育、专业训练、实践锻炼，同时，又大力倡导和激励各级领导干部加强自我净化、自我完善、自我革新、自我提高，从而培养锻造了一批又一批、一代又一代党和人民需要的好领导，为革命、建设、改革事业发展提供了坚强的组织保障。

我们党的许多领导人在领导中国革命、建设、改革的长期实践中，对怎样锤炼成为好领导有着深刻的认识和总结。

毛泽东在为中国人民谋幸福、为中华民族谋复兴不懈奋斗的光辉一生中，表现出一个伟大领袖高瞻远瞩的政治远见、坚定不移的理想信念、勇于开拓的非凡魄力、炉火纯青的领导才能、杰出高超的领导本领。他思想博大深邃、胸怀坦荡宽广、文韬武略兼备、领导艺术高超，为中华民族和中国人民建立了不朽功勋。毛泽东超凡的领导智慧和领导能力并不是天生的，而是后天学习、锻炼和铸造的结果。周恩来指出："毛泽东是在中国的土壤中生长出来的巨大人物。""是从几千年的历史经验教训、近百年的革命运动、近三十年来的直接奋斗中生长出来的人民领袖。"[①]

毛泽东在领导革命和建设的长期实践中，对怎样成为一个好领导有着深刻认识和总结。对战争的领导问题，他强调："共产党是抗日战争的领导者，如果共产党员不懂得战争的道理，不懂如何指挥，就当不成功战争的领导者。"[②] 对领导的原则问题，他强调："为什么人的问题，是一个根本的问题、原则的问题。""共产党人的一切言论行动，必须以合乎最广大人民群众的最大利益，为最广大人民群众所拥护为最高标准。"[③] "我们一切工作干部，不论职位高低，都是人民的勤务员，我们

[①] 《周恩来选集》上卷，人民出版社 1980 年版，第 331—334 页。
[②] 毛泽东：《当学生，当先生，当战争领导者》，《党的文献》2013 年第 6 期。
[③] 《毛泽东选集》第 3 卷，人民出版社 1991 年版，第 857、1096 页。

所做的一切，都是为人民服务。"① 对领导的责任问题，他强调："领导者的责任，归结起来，主要地是出主意、用干部两件事。"② "我们的责任，是向人民负责。每句话，每个行动，每项政策，都要适合人民的利益，如果有了错误，定要改正，这就叫向人民负责。"③ 对领导的方法问题，他强调："我们不但要提出任务，而且要解决完成任务的方法问题。我们的任务是过河，但是没有桥或没有船就不能过。不解决桥或船的问题，过河就是一句空话。不解决方法问题，任务也只是瞎说一顿。"④ "掌握思想领导是掌握一切领导的第一位。掌握思想教育，是团结全党进行伟大政治斗争的中心环节。如果这个任务不解决，党的一切政治任务是不能完成的。"⑤ 毛泽东关于领导和工作的重要论述，反映了他领导革命和建设实践的经验和智慧，是我们党宝贵的精神财富。

周恩来为党、为国家、为人民建立了卓著功勋。他在长期的革命和建设实践中，铸造和展现出非凡的领导智慧和领导才能。周恩来早在1943年4月22日，在重庆向中共中央南方局的干部作的一次报告中，围绕怎样做一个好的领导者，阐述了领导者的定义、领导者的立场、领导者与领导机关、什么是正确领导、领导者的任务、领导群众与结交朋友、领导艺术、工作方法和工作作风等问题作出重要讲话。周恩来强调："一般干部都有做领导工作可能，而且多半已经做了领导工作。所以讲领导工作，是包含了上中下各级领导干部说的。""党的立场就是领导干部的立场。""必须正确地决定问题，必须组织正确决定之执行，必须组织对于执行这种决定的情形之审查。""毛泽东同志说用人行政是领导者的任务，这是真理。要求领导干部抓紧思想政治的领导；要求领导干部抓紧组织领导；慎重地挑选干部和分配工作；审查工作，审查工作

---

① 《毛泽东文集》第3卷，人民出版社1996年版，第243页。
② 《毛泽东选集》第2卷，人民出版社1991年版，第527页。
③ 《毛泽东著作专题摘编》（下），中央文献出版社2003年版，第1879页。
④ 《毛泽东选集》第1卷，人民出版社1991年版，第139页。
⑤ 《毛泽东选集》第3卷，人民出版社1991年版，第1094页。

人员和工作计划之执行情形；面向群众，不仅要教育群众，还要向群众学习。"① 周恩来对怎样成为一个好领导的认识和总结，至今仍具有十分重要的现实意义。

邓小平在长期的革命、建设、改革实践中，显示了非凡的领导智慧，展现了卓越的领导才能。邓小平多次强调，领导干部必须坚持解放思想、实事求是。邓小平指出："一个党，一个国家，一个民族，如果一切从本本出发，思想僵化，迷信盛行，那它就不能前进，它的生机就停止了，就要亡党亡国。"② "只有解放思想，坚持实事求是，一切从实际出发，理论联系实际，我们的社会主义现代化建设才能顺利进行，我们党的马列主义、毛泽东思想的理论也才能顺利发展。""实事求是，是马克思主义的思想基础。过去我们搞革命所取得的一切胜利，是靠实事求是；现在我们要实现四个现代化，同样要靠实事求是。"③ "实事求是是马克思主义的精髓。我们改革开放的成功，不是靠本本，而是靠实践，靠实事求是。"④ 解放思想、实事求是，是邓小平最鲜明的思想特征，是各级领导干部应该始终遵循的思想方法和领导方法。邓小平反复强调，领导干部必须坚持改革开放、开拓创新。邓小平指出："改革是社会主义制度的自我完善，在一定的范围内也发生了某种程度的革命性变革。""改革是中国的第二次革命。""革命是解放生产力，改革也是解放生产力。""如果现在再不实行改革，我们的现代化事业和社会主义事业就会被葬送。""坚持改革开放是决定中国命运的一招。""我们的改革要达到一个什么目的呢？总的目的是要有利于巩固社会主义制度，有利于巩固党的领导，有利于在党的领导和社会主义制度下发展生产力。"⑤ 改革开放、开拓创新，是邓小平最鲜明的领导风范，也是各级领导干部

---

① 《周恩来选集》上卷，人民出版社 1980 年版，第 128—131 页。
② 《邓小平年谱（一九七五——一九九七）》（上），中央文献出版社 2004 年版，第 450 页。
③ 《邓小平文选》第 2 卷，人民出版社 1994 年版，第 143 页。
④ 《邓小平文选》第 3 卷，人民出版社 1993 年版，第 382 页。
⑤ 《邓小平文选》第 3 卷，人民出版社 1993 年版，第 142、113、370、150、368、241 页。

应该始终遵循的思想方法和领导方法。

毛泽东、周恩来、邓小平关于怎样成为好领导的重要论述，具有十分重要的启示借鉴意义和现实指导意义。

每个时代都需要那个时代的领导者，每个时代也锻造那个时代的好领导。

习近平总书记一步一个脚印，从大队党支部书记到党的总书记，从普通公民到国家主席，从一般军官到军委主席，从政经历遍及党、政、军各个领域，历经村、县、地、市、省、直辖市，直至中央所有层级的主要岗位，在每一层级都做到了为民服务、勤政务实、敢于担当、政绩卓著。特别是党的十八大以来，以习近平同志为核心的党中央不忘初心、牢记使命，解决了许多长期想解决而没有解决的难题，办成了许多过去想办而没有办成的大事，推动党和国家事业发生历史性变革、取得历史性成就，团结带领全党和全国各族人民进入中国特色社会主义新时代，开启了全面建设社会主义现代化强国新征程，朝着实现中华民族伟大复兴的目标阔步前进。

习近平总书记在从政的各个时期，都高度重视干部队伍建设，特别是担任党的总书记以来，对"怎样成为好干部、好领导"有着深刻的认识和总结，提出并阐述了许多新观点、新理念、新思想，为各级领导干部提高领导素质、领导能力和领导本领指明了方向，提供了遵循。习近平总书记强调："正确的政治路线要靠正确的组织路线来保证。历史和现实都表明，一个政党、一个国家能不能不断培养出优秀领导人才，在很大程度上决定着这个政党、这个国家的兴衰存亡。"[①]"好干部要做到信念坚定、为民服务、勤政务实、敢于担当、清正廉洁。"[②] 信念坚定、为民服务、勤政务实、敢于担当、清正廉洁，既是衡量好干部、好领导

---

① 习近平：《严把标准公正用人拓宽视野激励干部　造就忠诚干净担当的高素质干部队伍》，《人民日报》2018 年 11 月 21 日。
② 《习近平谈治国理政》，外文出版社 2014 年版，第 412 页。

的基本标准，也是成为好干部、好领导的基本遵循。习近平总书记还强调："领导干部要严以修身、严以用权、严以律己，谋事要实、创业要实、做人要实。这些要求是共产党人最基本的政治品格和做人准则，也是党员、干部的修身之本、为政之道、成事之要。"① "领导干部要把践行'三严三实'贯穿于全部工作生活中，养成一种习惯、化为一种境界。"② "三严三实"，既是领导干部为人处世、为官从政的基本准则，也是领导干部干事创业、建功立业的基本途径。

德才兼备，既是衡量好领导的基本原则，也是成为好领导的根本遵循。"德者，才之帅也；才者，德之资也。"习近平总书记强调："好干部的标准，大的方面说，就是德才兼备。"③ "我们党历来强调德才兼备，并强调以德为先。德包括政治品德、职业道德、社会公德、家庭美德等，干部在这些方面都要过硬，最重要的是政治品德要过得硬。"④ "德不配位，必有灾殃。""才不堪任，必有祸患。"现实中，有的领导干部因德不配位、才疏学浅，才不堪任、力不从心，造成为官不为、为政乱为，不仅难以胜任领导职位、担当领导重任，甚至导致队伍散乱、事业衰败。习近平总书记强调："要把提高治理能力作为新时代干部队伍建设的重大任务，通过加强思想淬炼、政治历练、实践锻炼、专业训练，推动广大干部严格按照制度履行职责、行使权力、开展工作。"⑤ 对领导干部来说，既然担任了领导职务、担负了领导工作，就要坚持内修外炼、身心兼养、德才兼修、品行皆炼，坚持自我净化、自我完善、自我革新、自我提高，就要坚持思想淬炼、政治历练、实践锻炼、专业训练，不断提高领导素质、领导能力和领导本领。

---

① 《习近平在党的群众路线教育实践活动总结大会上的讲话》，《人民日报》2014年10月8日。
② 《习近平谈治国理政》第3卷，外文出版社2020年版，第72页。
③ 《习近平谈治国理政》，外文出版社2014年版，第412页。
④ 习近平：《严把标准公正用人拓宽视野激励干部 造就忠诚干净担当的高素质干部队伍》，《人民日报》2018年11月27日。
⑤ 《习近平在中央政治局第二十一次集体学习时的讲话》，《求是》2020年第15期。

作为领导干部，要不忘初心、牢记使命，自觉践行好领导标准、好领导准则，既要坚持学思悟践、学用相长，又要坚持内修外练、德行兼修；既要坚持学思用贯通，又要坚持知信行统一；既要在党内政治生活中修炼，又要在改革发展实践中锤炼；既要锤炼德才兼备的硬素质，又要炼就德能兼优的真本领。要坚持修身律己，做到严以修身、严以用权、严以律己；坚持谋事创业，做到谋事要实、创业要实、做人要实；坚持善学善用，做到勤学好学、善思善悟、真学真用；坚持德才兼备，做到炼好德行、炼好能力、炼好本领；坚持善领善导，做到善言善语、善写善算、善行善领，使自己的领导素质与担任的领导职务相适应，使自己的领导能力与担负的领导职责相匹配，锤炼成为新时代党和人民需要的好领导。

第六章　修身律己

"为政之道，修身为本。"修身之要，在于律己。修身律己，既是衡量好领导的基本准则，也是成为好领导的基本遵循。作为领导干部，要坚持修身律己，做到严以修身、严以用权、严以律己。

第一节　严以修身

严以修身，是领导干部为人处世、为官从政的内在要求。为官先做人，做人要修身。"修其心治其身，而后可以为政于天下，不患无位，而思德之修也，不思位之不尊，而患德之不崇。"修身齐家治国，修身是为首要。习近平总书记指出："为政之道，修身为本。干部的党性修养、道德水平，不会随着党龄工龄的增长而自然提高，也不会随着职务的升迁而自然提高，必须强化自我修炼、自我约束、自我改造。"① 严以修身，核心在于修心、本质在于修德、关键在于修行、目的在于修为。习近平总书记强调："严以修身，就是要加强党性修养，坚定理想信念，提升道德境界，追求高尚情操，自觉远离低级趣味，自觉抵制歪风邪气。"② 作为领导干部，要坚持严以修身，做到身心兼修、品行皆炼，以廉律己、以勤治事、以公处人，加强党性修养，坚定理想信念，提升道德境界，追求高尚情操。

---

① 《习近平谈治国理政》第3卷，外文出版社2020年版，第521页。
② 《习近平谈治国理政》，外文出版社2014年版，第381页。

一、严以修心

严以修身,首在修心。修身必先修心,正身务必正心。"古之欲明明德于天下者,先治其国;欲治其国者,先齐其家;欲齐其家者,先修其身;欲修其身者,先正其心;欲正其心者,先诚其意;欲诚其意,先致其知;致知在格物,格物而后知至;知至而后意诚,意诚而后心正;心正而后身修,身修而后家齐;家齐而后国治,国治而后天下平。"习近平总书记强调:"'种树者必培其根,种德者必养其心。'党性教育是共产党人修身养性的必修课,也是共产党人的'心学'。"[1] 对党员领导干部来说,修身养性、修心正心,关键在于修炼党性觉悟。习近平总书记强调:"一个领导干部强不强、威信高不高,也同是否经受过严格的党内生活锻炼密切相关。这是因为,党性是立身、立业、立言、立德的基石,而党性不可能随着党龄的增加而自然增强,也不可能随着职务的升迁而自然增强,必须在严格的党内生活锻炼中不断增强。"[2] 修炼党性,既是领导干部立身立业、立言立德的基石,也是领导干部干事创业、建功立业的根本。习近平总书记强调:"党性说到底就是立场问题。我们共产党人特别是领导干部都应该心胸开阔、志存高远,始终心系党、心系人民、心系国家,自觉坚持党性原则。全党同志要强化党的意识,牢记自己的第一身份是共产党员,第一职责是为党工作,做到忠诚于组织,任何时候都与党同心同德。"[3] 加强党性修炼,是领导干部的必修课题和永恒课题。作为领导干部,要把修炼党性觉悟作为必修课、终身课,坚持修心养性、身心兼修,不断改造世界观、人生观、价值观,做到心中有党、心中有民、心中有责、心中有戒,不断提高党性觉悟、坚定党性立场。

---

[1] 习近平:《在全国党校工作会议上的讲话》,人民出版社2016年版,第17页。
[2] 《习近平关于全面从严治党论述摘编》,中央文献出版社2016年版,第25页。
[3] 《习近平谈治国理政》,外文出版社2014年版,第395—396页。

二、严以修德

严以修身，重在修德。"修身为本，修德为上，德才兼有。""人无德不立，国无德不兴。"马克思说过，道德的基础是人类精神的自律。严以修身，就要加强道德修养，提升道德境界。习近平总书记指出："面对纷繁复杂的社会现实，党员干部特别是领导干部务必把加强道德修养作为十分重要的人生必修课，自觉从中华优秀传统文化中汲取营养，老老实实向人民群众学习，时时处处见贤思齐，以严格标准加强自律、接受他律，努力以道德的力量去赢得人心、赢得事业成就。"① 心不正则品不正，德不正则行不端。做人先修德，为官先立德。习近平总书记强调："领导干部要讲政德。政德是整个社会道德建设的风向标。立政德，就要明大德、守公德、严私德。明大德，就是要铸牢理想信念、锤炼坚强党性，在大是大非面前旗帜鲜明，在风浪考验面前无所畏惧，在各种诱惑面前立场坚定，这是领导干部首先要修好的'大德'。守公德，就是要强化宗旨意识，全心全意为人民服务，恪守立党为公、执政为民理念，自觉践行人民对美好生活的向往就是我们的奋斗目标的承诺，做到心底无私天地宽。严私德，就是要严格约束自己的操守和行为。所有党员、干部都要戒贪止欲、克己奉公，切实把人民赋予的权力用来造福于人民。"② 作为领导干部，要坚持自重自省、自警自励，常修为政之德，把社会主义核心价值观内化于心、外化于行，自觉践行从政品德、公民道德、社会公德、职业道德、生态道德和家庭美德，既要弘扬中华传统美德，更要传承共产党人的道德精神；既要做社会主义先进道德的先行者，更要做共产主义高尚道德的示范者。

---

① 《深化改革发挥优势创新思路统筹兼顾 确保经济持续健康发展社会和谐稳定》，《人民日报》2014年5月11日。

② 《习近平李克强栗战书赵乐际分别参加全国人大会议一些代表团审议》，《人民日报》2018年3月11日。

三、严以修行

严以修身，贵在修行。善学者智，善行者胜。内心守住道德，外在才有品行。对领导干部来说，大事难事，看担当；逆境顺境，看胸襟；是喜是怒，看涵养；有舍有得，看智慧；是成是败，看德行。习近平总书记强调："要加强道德修养，带头弘扬社会主义核心价值观，明辨是非善恶，追求健康情趣，不断向廉洁自律的高标准看齐，做到心有所戒、行有所止、守住底线、不碰高压线。每个领导干部都应该把洁身自好作为第一关，从小事小节上加强约束、规范自己，坚决反对特权思想、特权现象，习惯在受监督和约束的环境中工作生活，练就过硬的作风。"[1] 修德修行，从作风开始。作为领导干部，要坚持德行修养，切实改进思想作风、工作作风、领导作风、干部生活作风，以良好的作风涵养道德品行，既要注重道德修养，又要坚持品行修炼；既要严守私德、公德，又要践行政德、大德；既要以身作则、为人师表，又要行为世范、做出表率；既要做一个好公民、好党员，更要做一个好干部、好领导，成为道德品行示范者、引领者。

第二节　严以用权

严以用权，是领导干部为官从政、干事创业的基本准则。《中华人民共和国宪法》规定："中华人民共和国的一切权力属于人民。"《中国共产党章程》规定，各级领导干部要正确行使人民赋予的权力。习近平总书记强调："严以用权，就是要坚持用权为民，按规则、按制度行使权力，把权力关进制度的笼子里，任何时候都不搞特权、不以权谋私。"[2] 习近平总书记在党的十九大报告中强调："要加强对权力运行的

---

[1] 《习近平谈治国理政》第3卷，外文出版社2020年版，第72页。
[2] 《习近平谈治国理政》，外文出版社2014年版，第381页。

制约和监督，让人民监督权力，让权力在阳光下运行，把权力关进制度的笼子。"领导干部的权力是人民赋予的，做人民公仆，为人民服务，是行使权力的根本前提和根本目的。习近平总书记强调："我们的权力是党和人民赋予的，是为党和人民做事用的，姓公不姓私，只能用来为党分忧、为国干事、为民谋利。要正确行使权力，依法用权、秉公用权、廉洁用权，做到法定职权必须为，法无授权不可为，保持如临深渊、如履薄冰的谨慎，做到心有所畏、言有所戒、行有所止，处理好公和私、情和法、利和法的关系。"① 作为领导干部，要牢固树立"权为民赋，权为民用"的理念，密切联系群众，坚持党的群众路线，自觉地接受党和群众的批评和监督，做到履职用权、依法用权、秉公用权、廉洁用权，为人民掌好权、用好权。

一、履职用权

有权就有责，有责要担当，失责必追究。如何对待权力，怎么行使权力，是对领导干部最经常、最现实的考验。邓小平指出："我们执了政，拿了权，更要谨慎。不要以为有了权就好办事，有了权就可以为所欲为，那样就非弄坏事情不可。"② 履职必尽责，用权必为民。习近平总书记强调："各级领导干部尤其要弄明白法律规定我们怎么用权，什么事能干、什么事不能干，心中高悬法律的明镜，手中紧握法律的戒尺，知晓为官做事的尺度。"③ 权力就是责任，职务越高，权力越大，肩负的责任就越重，应尽的义务也就越多。作为领导干部，要依据法定职能职责用权，既要谨慎用权，又要敢于负责，为人民履职，为人民用权，为人民服务，为人民尽责。

---

① 《习近平谈治国理政》第 2 卷，外文出版社 2017 年版，第 147 页。
② 《邓小平文选》第 1 卷，人民出版社 1994 年版，第 303—304 页。
③ 《习近平谈治国理政》第 2 卷，外文出版社 2017 年版，第 127 页。

二、依法用权

有权不可任性，用权不可妄为。我国宪法规定，国家工作人员要"履行法定职责"，依法用好权力。行政权力只能来源于法律授予，这是"法定职责必须为、法无授权不可为"的基本要求。习近平总书记强调："每个党政组织、每个领导干部必须服从和遵守宪法法律，不能把党的领导作为个人以言代法、以权压法、徇私枉法的挡箭牌。权力是一把'双刃剑'，在法治轨道上行使可以造福人民，在法律之外行使则必然祸害国家和人民。把权力关进制度的笼子里，就是要依法设定权力、规范权力、制约权力、监督权力。"[1] 对领导干部来说，法定职责必须为、法无授权不可为。要依照宪法法律行使权力，不得法外设定权力。没有法律法规依据不得作出减损公民、法人和其他组织合法权益或者增加其义务的决定。作为领导干部，要自觉尊法学法守法用法，做到办事依法、遇事找法、解决问题用法、化解矛盾靠法。要认真履行法定职责，勇于负责、敢于担当，坚决纠正不作为、乱作为的问题，坚决克服懒政、怠政的问题，坚决惩处失职、渎职的行为。

三、秉公用权

公平正义是权力使用的根本准则。有权不能任性，用权必须公正。习近平总书记指出："要加强对权力运行的制约和监督，把权力关进制度的笼子里，形成不敢腐的惩戒机制、不能腐的防范机制、不易腐的保障机制。"[2] 作为领导干部，要认真贯彻执行民主集中制，严格执行重大事项由集体研究决定，按照规则和制度行使职权，通过党务政务公开、规划决策公开，保证权力运行的公开透明，自觉接受上级与下级的

---

[1] 《习近平谈治国理政》第 2 卷，外文出版社 2017 年版，第 128—129 页。
[2] 《习近平在庆祝全国人民代表大会成立 60 周年大会上的讲话》，《人民日报》2014 年 9 月 6 日。

监督、党内与党外的监督、组织与群众的监督、社会与媒体的监督，做到用权为民、秉公用权，确保权力在阳光下运行。

四、廉洁用权

《中国共产党廉洁自律准则》和《中国共产党纪律处分条例》，为领导干部为官从政树立了道德高线和纪律底线。习近平总书记强调：领导干部要"自觉遵守廉洁自律准则，自觉遵守中央八项规定精神，自觉接受监督，敬畏人民、敬畏组织、敬畏法纪，公正用权、依法用权、廉洁用权，拒腐蚀、永不沾，决不搞特权，决不以权谋私，做一个堂堂正正的共产党人"①。"权为民之福杖，廉乃官之仪表。"领导干部要做到廉洁用权，就要解决好"为了谁、依靠谁、我是谁"问题，处理好情与法、利与法、权与法的关系。习近平总书记强调："作为党的干部，就是要讲大公无私、公私分明、先公后私、公而忘私，只有一心为公、事事出于公心，才能坦荡做人、谨慎用权，才能光明正大、堂堂正正。作风问题都与公私问题有联系，都与公款、公权有关系。公款姓公，一分一厘都不能乱花；公权为民，一丝一毫都不能私用。"② 作为领导干部，要切实增强廉洁自律意识，自觉践行廉洁自律准则，坚守纪律法规底线，筑牢拒腐防变防线，把握好公与私、廉与腐、俭与奢、苦与乐分界线，做到廉洁用权、廉洁从政。

第三节 严以律己

严以律己，是领导干部为人处世、为官从政的基本准绳。严以律己，既是严以修身的具体体现，又是严以用权的重要保证。习近平总书记强调："严以律己，就是要心存敬畏、手握戒尺，慎独慎微、勤于自

---

① 《习近平在党的十九届一中全会上的讲话》，《求是》2017 年第 12 期。
② 《习近平谈治国理政》，外文出版社 2014 年版，第 394 页。

省,遵守党纪国法,做到为政清廉。"① 只有做到严以律己,才能做到严以修身,确保严以用权。作为领导干部,既要用道德自觉自律,又要用纪律自我约束,常怀律己之心,常修为政之德,做到严以律心、心有敬畏,严以律言、言有所戒,严以律行、行有所止,严守法纪、行有所循。

一、严以律心

修身之根在于修心,律己之本在于律心。"不能自律,何以正人?""畏则不敢肆而德以成,无畏则从其所欲而及于祸。"严于律心,就要常怀敬畏之心、自律净化内心。习近平总书记在党的十九大报告中指出:"加强纪律教育,强化纪律执行,让党员、干部知敬畏、存戒惧、守底线,习惯在受监督和约束的环境中工作生活。"现实中,有的领导干部缺乏自律敬畏之心,有的缺乏对组织的敬畏,把个人凌驾于组织之上,有令不行、有禁不止,上有政策、下有对策;有的缺乏对群众的敬畏,漠视群众呼声,损害群众利益;有的缺乏对权力的敬畏,权力寻租、以权谋私;有的缺乏对法律的敬畏,以言代法、以权压法、徇私枉法;有的缺乏对道德的敬畏,品德败坏、生活腐化;有的缺乏对自然的敬畏,破坏生态环境,导致生态环境恶化。从许多案例看,缺乏自律敬畏之心是导致领导干部违纪违法的重要原因。自律方能修身,律己必在律心。作为领导干部,要坚持自觉自律,常修律己之德,常怀敬畏之心,立身不忘做人之本、为政不移公仆之心、用权不谋一己之利,做到敬畏自然、敬畏历史、敬畏组织、敬畏法纪,稳得住心神、耐得住寂寞、经受住考验,做一个高尚的人、一个纯粹的人、一个有道德的人、一个脱离了低级趣味的人、一个有益于人民的人。

---

① 《习近平谈治国理政》,外文出版社2014年版,第381页。

二、严以律言

领导干部的言行代表着党和政府的形象,说话办事要对党和人民负责,经得起党和人民的监督。《中国共产党纪律处分条例》规定,妄议中央大政方针,破坏党的集中统一的,要给予纪律处分。现实中,有的领导干部说话信口开河,无所顾忌,只顾快活,不管后果,想起什么说什么,要么在公众面前"雷语"频出,朝令夕改,屡屡透支公信力;要么在生活当中无中生有,造谣生事,唯恐天下不乱;要么在紧要关头跑风漏气、封官许愿,视纪律为儿戏;要么在交际当中黄段子连篇,低俗笑话不断,毫无品位可言,使党和政府的形象受到极大损害。近年来,有的领导干部因胡言乱语、妄议妄语在社会上造成不良影响而受到党纪政纪处分。对领导干部来说,说话既要符合道德规范,更要遵循党规党纪,不得传播有悖于党的路线方针政策和党中央决策部署、丑化党国形象及扭曲党史国史军史的言论。作为领导干部,要谨言慎行,做到言必信、行必果。要敢于真言纳谏,敢于讲真话、说实话。面对群众,要拒传是非话,不说泄气话,少说牢骚话;面对谣言,不仅要做到不说、不信、不传,而且要及时制止,批评指正。

三、严以律行

唯有心存敬畏,方能行有所止。言为心声,行为言表。习近平总书记强调:"要多积尺寸之功。小事小节是一面镜子,小事小节中有党性、有原则、有人格。要牢记'堤溃蚁孔,气泄针芒'的古训,坚持从小事小节上加强修养,从一点一滴中完善自己,严以修身,正心明道,防微杜渐,时刻保持人民公仆的本色。要慎独慎初慎微慎欲,培养和强化自我约束、自我控制的意识和能力,做到'心不动于微利之诱,目不眩于五色之惑'。要管好自己的生活圈、交往圈、娱乐圈,在私底下、无人时、细微处更要如履薄冰、如临深渊,始终不放纵、不越轨、不逾矩,增强拒腐防变的免疫力。"① 作为领导干部，要常怀律己之心、常思贪欲之害、常修从政之德、常戒非分之想，做到慎独慎微、慎友慎好。

要慎独慎微。"慎独"，就是要在独自活动无人监督的时候，不做有违道德和法律的事情；"慎微"，就是要做到勿以善小而不为，勿以恶小而为之。刘少奇指出："即使在他个人独立工作、无人监督、有做各种坏事的可能的时候，他能够'慎独'，不做任何坏事。"② 习近平总书记指出："干部要想行得端、走得正，就必须涵养道德操守，明礼诚信，怀德自重，保持严肃的生活作风、培养健康的生活情趣，特别是要增强自制力，做到慎独慎微。"③ 作为领导干部，要善于明辨是非、美丑、善恶、真假、荣辱，内外兼修，慎独慎微，做到人前人后一个样，台上台下一个样，顺境逆境一个样，有无监督一个样，"八小时"内外一个样。

要慎友慎好。交际交友，人之常情；兴趣爱好，人皆有之。"益者三友，友直、友谅、友多闻；损者三友，友便辟、友善柔、友便佞。"邓小平曾告诫，"朋友还要交，但心中要有数。"江泽民同志也告诫，"每个党员领导干部都要严格要求自己，谨慎交往，洁身自好，培育浩然正气。"习近平总书记指出："用权讲官德，交往有原则。""对于领导干部而言，人情之中有原则，交往当中有政治。身为领导干部，一定要严格交友的原则，慎交友、交好友，哪些人该交，哪些人不该交，应该心中有杆秤。"④ 君子之交淡如水，为政之道清似茶。"好船者溺，好骑者堕，君子各以所好为祸。"古今中外，因交友不慎而身败名裂者大有人在。有些别有用心的人专门研究领导干部的兴趣爱好，把"投你所好"作为"攻克堡垒"敲门砖。从近年来查处的违纪违法案件来看，有

---

① 《在营造风清气正的政治生态中当好表率》，《人民日报》2018年3月12日。
② 《刘少奇选集》上卷，人民出版社1981年版，第133页。
③ 《习近平谈治国理政》第3卷，外文出版社2020年版，第521页。
④ 习近平：《用权讲官德，交往有原则》，《求是》2004年第19期。

些领导干部就是因为交友不慎而导致违纪违法，陷入犯罪泥潭。作为领导干部，要坚持党性原则，把握道德标准，慎重对待交际交往，择善而交、择贤而交、择廉而交，纯洁社交圈、净化生活圈、规矩工作圈、管住娱乐圈，多交益友、乐交诤友，管住自己的爱好习好，培养健康的生活情趣，保持高尚的精神追求。

第七章　谋事创业

谋事创业,既是衡量好领导的基本准则,又是成为好领导的基本途径。作为领导干部,要做到谋事要实、创业要实、做人要实,既要善于谋事,更要善于成事;既要高起点谋事,更要高标准干事;既要有想干事、真干事的自觉,更要有会干事、干成事的本领,创造出经得起实践、人民、历史检验的政绩。

谋事创业,既是衡量好领导的基本准则,也是成为好领导的基本途径。修身律己须从严,谋事创业须向实。习近平总书记强调:"领导干部要严以修身、严以用权、严以律己,谋事要实、创业要实、做人要实。这些要求是共产党人最基本的政治品格和做人准则,也是党员、干部的修身之本、为政之道、成事之要。"[1] "三严三实",既是领导干部的修身之本、为政之道,又是领导干部的创业之基、成事之要。习近平总书记强调:"领导干部不仅要有担当的宽肩膀,还得有成事的真本领。既要大胆讲政治,又要善于讲政治;既要矢志抓发展,又要善于抓发展;既要勇于抓改革,又要善于抓改革;既要敢于直面矛盾和问题,又要善于化解矛盾和问题;既要有想干事、真干事的自觉,又要有会干事、干成事的本领。"[2] "空谈误国,实干兴邦。"中国特色社会主义事业不是等得来、喊得来的,而是拼出来、干出来的。作为领导干部,既要

---

[1] 《习近平在党的群众路线教育实践活动总结大会上的讲话》,《人民日报》2014年10月9日。
[2] 《习近平:切实学懂弄通做实党的十九大精神　努力在新时代开启新征程续写新篇章》,《人民日报》2017年10月29日。

善于谋事，更要善于成事；既要高起点谋事，更要高标准干事；既要有想干事、真干事的自觉，更要有会干事、干成事的本领，做到谋事要实、创业要实、做人要实，创造出经得起实践、人民、历史检验的实绩。

第一节 谋事要实

谋事要实，既是衡量好领导的重要准则，也是成为好领导的重要前提。干事创业，谋事在先。"不谋全局者，不足以谋一域；不谋万世者，不足谋一时。""为一身谋则愚，而为天下谋则智。"习近平总书记强调："谋事要实，就是要从实际出发谋划事业和工作，使点子、政策、方案符合实际情况、符合客观规律、符合科学精神，不好高骛远，不脱离实际。"[①] 谋事，就是出思路、出主意、出对策、出方案、出建议。干事之基在于谋，成事之要在于实。推进工作要有谋划，干事创业要有谋略。毛泽东指出："领导者的责任，归结起来，主要地是出主意、用干部两件事。一切计划、决议、命令、指示等等，都属于'出主意'一类。"[②] "出主意"实质上包括谋对策、作决策、定政策。毛泽东强调："现在的中心问题是工作方法，要会做工作。多谋善断，单是谋不行，第一要多谋，第二还要能断。现在有些同志不多谋，也不善断，是少谋武断。""多谋，各方面的意见集中了，各方面的分析明确了，恰当了，然后才能得到善断。不晓得多谋善断，留有余地，这是个政治问题，这是个马克思主义的方法问题。"[③] 多谋善断，多谋是基础，多谋才能善断。善弈者谋势，不善弈者谋子。谋事创业，既要有谋略策略，又要讲方式方法；既要讲思想方法，又要讲工作方法。

谋事要实，既是为官从政的内在要求，也是干事创业的基本方法。

---

① 《习近平谈治国理政》，外文出版社 2014 年版，第 381 页。
② 《毛泽东选集》第 2 卷，人民出版社 1991 年版，第 527 页。
③ 《毛泽东年谱（一九四九——一九七六）》第 4 卷，中央文献出版社 2013 年版，第 8—9 页。

作为领导干部，要坚持实事求是、求真务实，做到审时度势、顺势而谋、深谋远虑，谋划好事关广大人民群众切身利益、根本利益、长远利益的事，谋划好事关深化改革、推动发展、维护稳定、促进和谐的事，使决策部署、政策措施符合实际情况、符合客观规律、符合科学精神。

一、符合实际

谋事要实，必须符合实际。从实际出发，是领导干部谋事干事基本前提和基本方法。《中国共产党章程》规定，党的思想路线是一切从实际出发，理论联系实际，实事求是，在实践中检验真理和发展真理。毛泽东指出："共产党员对任何事情都要问一个为什么，都要经过自己头脑的周密思考，想一想它是否合乎实际，是否真有道理，绝对不应盲从。"① 邓小平强调："按照实际情况决定工作方针，这是一切共产党员所必须牢牢记住的最基本的思想方法、工作方法。""我们领导干部的责任，就是要把中央的指示、上级的指示同本单位的实际情况结合起来，分析问题，解决问题，不能当'收发室'，简单地照抄照转。"② 作为领导干部，要坚持一切从实际出发的思想方法和工作方法，从我国社会主义初级阶段的国情出发，从我国现阶段改革发展面临的现实矛盾和问题出发，从国内外、省内外、县内外、区内外的实际情况出发，自觉把思想认识从那些不合时宜的观念、做法和体制中解放出来，既要尽力而为又要量力而行，既要蹄急步稳又要循序渐进，不提超越阶段的目标，不做不切实际的事情，使各项事业登得更高、走得更远。

二、符合规律

谋事要实，必须符合规律。"谋事在人，成事在天。""谋事"在人，说的是过程；"成事"在天，讲的是规律。规律亦称法则，是事物运动

---

① 《毛泽东选集》第 3 卷，人民出版社 1991 年版，第 827 页。
② 《邓小平文选》第 2 卷，人民出版社 1994 年版，第 114、118 页。

过程中固有的本质的必然的联系，决定着事物发展的必然趋向，其根本内容可分为自然规律、社会规律和思维规律。世界上的事物、现象千差万别，它们都有各自的互不相同的规律。规律是客观的，不以人的意志为转移，既不能创造，也不能消灭；不管人们承认不承认，规律总是以其铁的必然性起着作用。习近平总书记强调："各级领导干部特别是高级干部要围绕经济社会发展重大问题加强学习和调研，提高把握和运用市场经济规律、自然规律、社会发展规律能力，提高科学决策、民主决策能力，增强全球思维、战略思维能力，做到厚积薄发。"① 对领导干部来说，认识规律、把握规律、运用规律，既是为官从政的基本前提，也是谋事创业的必然要求。

（一）认识规律

只有认识规律才能把握规律。习近平总书记强调："摸着石头过河，是富有中国特色、符合中国国情的改革方法。摸着石头过河就是摸规律。实行改革开放，发展社会主义市场经济，我们的老祖宗没有讲过，其他社会主义国家也没有干过，只能通过实践、认识、再实践、再认识的反复过程，从实践中获得真知。摸着石头过河，符合人们对客观规律的认识过程，符合事物从量变到质变的辩证法。"② 科学发展是遵循规律的发展。作为领导干部，要深刻认识和把握共产党执政规律、社会主义建设规律、人类社会发展规律，在推进经济建设、政治建设、文化建设、社会建设、生态文明建设中，通过实践、认识、再实践、再认识的反复过程，研究分析和认识把握其发展规律，更加注重以人为本，更加注重统筹兼顾，更加注重全面协调可持续发展。

（二）把握规律

善于把握规律，才能运用规律。实践证明，只有把握规律、遵循规

---

① 《习近平关于社会主义经济建设论述摘编》，中央文献出版社 2017 年版，第 315—316 页。
② 《习近平主持政治局集体学习：以更大的政治勇气和智慧深化改革》，《人民日报》2013 年 1 月 2 日。

律，才能提出正确的思路和举措。现实中，有的领导干部因不按客观规律办事，导致很多"后遗症"，比如，有的抓工作"杀鸡取卵"，吃祖宗饭、断子孙路；有的抓工作一味标新立异、哗众取宠；有的热衷于垒典型、造盆景，甚至弄虚作假、玩数字游戏等，其结果劳民伤财，害莫大焉。作为领导干部，要善于用辩证唯物主义和历史唯物主义的观点方法认识问题、分析问题，用正确的方法做正确的事。

（三）运用规律

对客观规律的运用，是作出正确决策、制定正确政策的基本前提。作为领导干部，要善于运用规律，坚持"不唯上、不唯书、只唯实"，因势而谋，应势而动，顺势而为，改变"唯上不唯下，唯己不唯实"的思维，以"一张蓝图绘到底"的理念，以"功成不必在我"的胸襟谋划改革发展，做出科学的决策部署，制定正确的政策措施。

三、符合科学

谋事要实，必须符合科学。科学是关于自然界、社会和思维发展规律的知识体系，是在人们社会实践经验的总结。现代科学技术的发展正日益深刻地改变着人类的生产方式、生活方式和生存方式，成为经济社会发展的主要驱动力。习近平总书记指出："应该把科学普及放在与科技创新同等重要的位置，充分发挥教育在科学普及中的重要作用，在全社会、全人类进一步形成讲科学、爱科学、学科学、用科学的浓厚氛围和良好风尚。"[1] 实现经济社会可持续发展和人的全面发展，最根本的是要依靠科学科技的持续进步和创新。作为领导干部，直接参与领导和管理经济、政治、文化、社会各项事务，必须讲科学、学科学、用科学，用科学理念、思维、方法出谋划策，使政策、举措、方案符合科学精神、符合科学规律。

---

[1]《习近平出席国际天文学联合会第28届大会开幕式并致辞》，《人民日报》2012年8月22日。

（一）科学谋划

科学谋划，就要在科学分析、逻辑推理的基础上，对事态的发展及其走向作出准确的预测和判断。对领导干部来说，出谋划策要秉持科学态度、科学精神，科学分析、研判面临的良好机遇、积极因素、有利条件，科学把握面临的环境制约、条件限制、消极因素，做到调查研究要实、出谋划策要实、决策部署要实。

（二）科学决策

一分领导决策、九分调查研究。没有调查研究，既没有发言权，更没有决策权。领导决策是否科学、是否正确，直接决定着工作的得失成败，关系到事业的兴衰存亡。决策正确，是最大的政绩；决策失误，是最大的失误。作为领导干部，要深入调查研究，坚持民主集中制，做到科学决策、民主决策、依法决策。要坚持因时制宜、因地制宜，深入群众、深入实际，问政于民、问计于民，制定符合实际情况、符合客观规律、符合科学精神的政策、制度。要建立科学的决策程序，采用科学的决策技术，运用科学的思维方法进行判断决策，科学确定方向、目标、任务和措施，确定的任务要具体化、可操作，做到可督促、可检查、能问责。

（三）科学实施

谋划是前提，决策是重点，实施是关键。作为领导干部，既是谋划决策的责任主体，又是组织实施的责任主体；既要用科学理论武装头脑，掌握科学的世界观方法论，又要坚持理论联系实际，科学组织实施，确保政策、决策落到实处、见到实效。

第二节 创业要实

创业要实，既是衡量好领导的重要准则，也是成为好领导的根本途径。习近平总书记强调："创业要实，就是要脚踏实地、真抓实干，敢于担当责任，勇于直面矛盾，善于解决问题，努力创造经得起实践、人民、历史检验的实绩。"① 谋事要实，是干事创业、建功立业的前提；创业要实，是干事创业、建功立业的关键。习近平总书记强调："抓工作，要有雄心壮志，更要有科学态度。一是领导工作要实，做到谋划实、推进实、作风实，求真务实，真抓实干。二是任务责任要实，做到分工实、责任实、追责实，分工明确，责任明确，履责激励，失责追究。三是资金保障要实，做到投入实、资金实、到位实，精打细算，用活用好，用在关键，用出效益。四是督查验收要实，做到制度实、规则实、监督实，加强检查，严格验收，既不拖延，也不虚报。"② 作为领导干部，既要善思善谋，更要善行善为；既要做到谋事要实，更要做到创业要实；既要善于干事，更要干出实绩，创造出经得起实践、人民、历史检验的政绩。

一、善于干事

创业要实，就要善于干事。"空谈误国，实干兴邦。"决策部署作出之后，领导就要真抓实干。只有真抓实干，才能建功立业。对领导干部来说，想不想干事，能不能干事，会不会干事，敢不敢干事，善不善成事，能否不出事，既是领导意识、领导观念的综合反映，也是领导能力、领导作风的集中体现。作为领导干部，既要把心思用在谋事上，又要把精力用在干事上，更要把力量用在干成事上，把实事干好，把好事干实。

（一）要想干事

行随心愿，心想事成。思想是行动的先导。想干事是愿望所致，也是责任使然。只要想干事，哪怕事情再小，也能有所作为；如果不想干事，哪怕事业再大，也会无所作为。作为领导干部，要筑牢想干事的思

---

① 《习近平谈治国理政》，外文出版社2014年版，第381页。
② 《习近平关于社会主义经济建设论述摘编》，中央文献出版社2017年版，第233—234页。

想基础,保持想干事的意志激情,在其位、谋其政、履其职、尽其责。

(二)要学干事

"立身百行,以学为基。""知者行之始,行者知之成。""工欲善其事,必先利其器。"学习,既是谋事创业的前提,也是建功立业的基础。对领导干部来说,学习不学习不仅仅是自己的事情,本领大小也不仅仅是自己的事情,而是关乎党和国家事业发展的大事情。作为领导干部,要重视学习、勤于学习、善于学习,坚持学以增智、学以致用,在学中干、在干中学,把学习成效转化为谋事创业、建功立业的思路、对策和举措。

(三)要勤干事

"业精于勤,荒于嬉,而毁于随。""功崇惟志,业广惟勤。"只有勤于干事,才能善于成事。习近平总书记强调:"凡是有利于党和人民事业的,就坚决干、加油干、一刻不停歇地干;凡是不利于党和人民事业的,就坚决改、彻底改、一刻不耽误地改,不断开创事业发展新局面,不断开创马克思主义发展新境界。"[①] 作为领导干部,既要发扬"俯首甘为孺子牛"的"老黄牛"精神,又要发扬"不用扬鞭自奋蹄"的"千里马"精神,勤奋踏实工作,任劳任怨干事。

(四)要能干事

有了真本事,才能干成事。对领导干部来说,既要有想干事、勤干事的自觉,又要有能干事、干成事的本领。要增强"能力不足""本领恐慌"意识,强化"终身学习""勤学善学"理念,坚持向书本学习、向群众学习、向实践学习,坚持学思践悟、学以致用、学用相长,通过加强理论和业务学习,不断增强谋事创业、建功立业的能力本领。

(五)要会干事

能干事需要能力,会干事要讲究方法。想干事是干成事的基础,能

---

① 习近平:《在纪念朱德同志诞辰130周年座谈会上的讲话》,人民出版社2016年版,第10页。

干事是干成事的前提，会干事是干成事的关键。同样一件事情，会干与不会干，结果截然不同。会干事的人就能事半功倍，把实事办好，把好事办实；不会干事的人就会事倍功半，甚至事与愿违，把实事办虚，把好事办糟。作为领导干部，不仅要保持想干事的热情，练就能干事的本领，还要掌握会干事的方法，做到认识问题有高度、观察问题有宽度、分析问题有深度、解决问题有力度。

（六）要善干事

"苦干实干加巧干"，是我们党一贯倡导的工作方法和工作作风。对领导干部来说，既要正确决策，又要正确实施；既要"干正确的事"，又要"正确地干事"。苦干实干不可少，巧干善干更重要。巧干善干，不是投机取巧，而是讲究方法技巧，防止盲干蛮干。"天下大事必作于细，天下难事必作于易。"作为领导干部，既要坚持苦干实干，又要坚持巧干善干；既要善于"牵牛鼻子"，又要善于"弹钢琴"；既要善于抓住机遇，顺势而为，也要善于等待时机，逆势而上，出新出彩。

（七）要敢干事

世上无难事，只要敢干事。敢干事就要敢担当。习近平总书记强调："敢于担当，党的干部必须坚持原则、认真负责，面对大是大非敢于亮剑，面对矛盾敢于迎难而上，面对危机敢于挺身而出，面对失误敢于承担责任，面对歪风邪气敢于坚决斗争。"[①] 顺境逆境看胸襟，大事难事看担当。有多大的担当才能干多大的事业，尽多大的责任才会有多大的成就。作为领导干部，要以肩扛重担的责任感，以时不待我的紧迫感，以只争朝夕的使命感，以能干会干的真本领，以敢于担当的铁肩膀，担当起应该承担的责任。

（八）要好共事

团结就是力量，团结成就事业。只有团结好才能共事好，只有共好

[①] 《习近平谈治国理政》，外文出版社2014年版，第413页。

事才能干成事。对领导干部来说,既要善于团结志同道合的同志共事,更要善于团结同自己有不同意见的同志共事。懂团结是真聪明,会团结是真本领。在一个班子、一个团队中,团结合作共事,既是一种缘分,更是一种责任。习近平总书记指出:"领导干部在一个班子共事,要心往一处想、劲往一处使,大事讲原则、小事讲风格,勤沟通、多补台,一把尺子待人、一个标准行事,在党性原则基础上,不断增强能够掏心见胆、并肩奋斗的真正的团结。"① 只有思想同心,才能事业同干。作为领导干部,既要坚持集体领导,又要坚持个人分工负责;既要坚持团结和谐,又不能搞团团伙伙;既发挥个人领导才能,又要发挥集体领导智慧,力求 1+1＞2 的领导效能。

(九) 要干成事

习近平总书记曾强调,"要为民办实事,先要想办事,还要能办事、办成事。"② 对领导干部来说,不论身处什么层级,从事什么领导工作,既要保持想干事、敢干事的激情,更要坚持干好事、干成事的执着,把人民群众高兴不高兴、答应不答应、满意不满意作为衡量干成事的根本标准,真正把实事干好、好事干实,干成让人民群众满意的实事。

(十) 要不出事

对于领导干部而言,廉而不勤会误事、勤而不廉会出事、不廉不勤要坏事,只有做到勤而又廉才能确保既能干成事又能不出事。作为领导干部,无论在什么岗位、干什么工作、在什么时候、在什么情况下,既要踏踏实实干事、勤勤恳恳做事,又要清清白白做人、干干净净为官;既要开拓进取、改革创新、敢闯敢试、敢为人先,又要坚守法律底线、纪律底线、政策底线、道德底线,做到干净干事、干事干净,既要确保干成事,又要确保不出事。

金无足赤,人无完人。对领导干部来说,确保不出事不等于保证不

---

① 《习近平指导河北省委常委班子专题民主生活会》,《人民日报》2013 年 9 月 26 日。
② 习近平:《之江新语》,浙江人民出版社 2007 年版,第 246 页。

出错，干事创业难免出现缺点和错误。"人非圣贤，孰能无过。过而能改，善莫大焉。""君子之过也，如日月之食焉，过也，人皆见之，更也，人皆仰之。"马克思说："我随时都在准备着承认自己的错误。"列宁说："公开承认错误，揭露犯错误的原因，分析产生错误的环境，仔细讨论改正错误的方法——这才是一个郑重的党的标志，这才是党履行自己的义务。"① 毛泽东说过："我们有伟大的成绩，但是还有缺点和错误。如同一个成绩出现了接着又创造新的成绩一样，一个缺点或错误克服了，新的缺点或错误又可能产生，又有待于我们去克服。而成绩总是多于缺点，正确的地方总是多于错误的地方，缺点和错误总是要被克服的。好的领导者不在于不犯错误，而在于认真地对待错误。完全不犯错误的人在世界上是从来没有的。"② 对领导干部来说，有了缺点错误并不可怕，可怕的是掩饰错误，推卸责任。敢于承认错误并及时纠正错误，不仅无损于领导干部的形象和威信，反而会因其光明磊落赢得谅解和信任。作为领导干部，既要有不怕犯错、不怕失误的闯劲，又要有敢于担当、勇于改正的精神，在纠正错误、吸取教训中改进工作。

二、干出政绩

创业要实，就要干出政绩。群众对领导干部认可不认可、满意不满意，关键是看其能不能干出实绩、干出政绩。邓小平强调："取信于民，要干出实绩。""我们这个第二代，我算是个领班人，但我们还是一个集体。对我们这个集体，人民基本上是满意的，主要是因为我们搞了改革开放，提出了四个现代化的路线，而且真正干出了实绩。"③ 对领导干部来说，愿不愿干事，是态度问题；能不能干事，能力问题；能不能成事，是本领问题。但是，如果自恃能力出众，又不愿干自己能干的事，

---

① 《列宁选集》第4卷，人民出版社1995年版，第167页。
② 《毛泽东文集》第7卷，人民出版社1999年版，第20页。
③ 《邓小平文选》第3卷，人民出版社1993年版，第299页。

总想着干自己干不了的事，这就是价值观、政绩观问题。习近平总书记指出："什么叫政绩？顾名思义，就是为政之绩，即为政的成绩、功绩、实绩。我们做事情、干工作，如果做到了上有利于国家、下有利于人民；既符合国家和人民眼前利益的要求，又符合国家和人民长远利益的要求；既能促进经济社会发展，又能促进国家富强和人民幸福，那就做出了党和人民所需要的真正的政绩。"① 习近平总书记在党的十九大报告中强调："坚持说实话、谋实事、出实招、求实效，把雷厉风行和久久为功有机结合起来，勇于攻坚克难，以钉钉子精神做实做细做好各项工作。"作为领导干部，要牢固树立科学发展观和正确政绩观，做到重实际、察实情、出实招、办实事、求实效，创造出经得起实践、人民、历史检验的政绩。

（一）要重实际

只有注重实际，才能干出实绩。毛泽东指出："按照实际情况决定工作方针，这是一切共产党员所必须牢牢记住的最基本的工作方法。我们所犯的错误，研究其发生的原因，都是由于我们离开了当时当地的实际情况，主观地决定自己的工作方针。这一点，应当引为全体同志的教训。"② 作为领导干部，要坚持理论联系实际的学风，发扬一切从实际出发的作风，善于运用马克思列宁主义的立场观点方法认识、观察、分析和解决实际问题，树牢符合实际的思维、理念、观念，谋划切合实际的思路、对策、举措。

（二）要察实情

要深入调查察实情，深入研究谋对策，到群众最需要、意见最多、困难和矛盾集中的地方去，把人民群众当主人、当亲人、当老师，多与群众交流，多向群众请教，做群众的贴心人，了解掌握群众的所思、所想、所诉、所盼；全面了解客观实际情况，把客观事实搞清楚，把事物

---

① 习近平：《关键在于落实》，《求是》2011年第6期。
② 《毛泽东选集》第4卷，人民出版社1991年版，第1308页。

的内部和外部矛盾弄明白，研究推进改革发展、促进稳定和谐的思路和对策，探索解决问题、化解矛盾的措施和办法。要善于运用网络新媒体等多种形式和途径，及时掌握社情民意，了解群众利益诉求。

（三）要出实招

创造实绩，关键要有务实管用的举措和实招。习近平总书记强调："学习贯彻党的十九大精神，要把自己摆进去，把职责摆进去，把工作摆进去，学用结合，知行合一。抓落实来不得花拳绣腿，光喊口号、不行动不行，单单开会、发文件不够，必须落到实处。"[①] 开会发文是必要的领导方式，关键是要有务实管用的真招实招，防止出现以会议落实会议、以文件落实文件的形式主义现象。作为领导干部，要坚持因时制宜、因地制宜，深入群众、深入实际、深入基层，制定符合实际情况、符合客观规律、符合科学精神的政策、制度，拿出解决问题、化解矛盾的具体办法和措施。

（四）要办实事

各级领导干部的职责就是为人民群众办实事，帮助他们解决实际问题。战争年代，人民群众那样拥护共产党，是因为看到共产党在真心实意地为他们谋利益、办实事而不惜流血牺牲。社会主义制度的优越性也要靠各级领导干部为人民群众办实事体现出来。作为领导干部，要全心全意为人民服务，竭心尽力为人民谋利，解决好人民群众最关心、最现实、最迫切的实际问题，坚持一切从本地区、本部门、本单位的财力、物力、人力等实际出发，既要尽力而为又要量力而行，既要蹄疾步稳又要锐意进取，不提超越阶段的目标，把好事办实，把实事办好。

（五）要求实绩

创业实不实，关键看实绩。习近平总书记强调："功成不必在我并

---

① 《中共中央政治局召开民主生活会习近平主持并发表重要讲话》，《人民日报》2017年12月27日。

不是消极、怠政、不作为,而是要牢固树立正确政绩观,既要做让老百姓看得见、摸得着、得实惠的实事,也要做为后人作铺垫、打基础、利长远的好事,既要做显功,也要做潜功,不计较个人功名,追求人民群众的好口碑、历史沉淀之后真正的评价。"① 作为领导干部,既要树立"功成不必在我"的理念,又要固守"功成必定有我"的信念,扎扎实实为人民群众办实事、解难事、做好事,让人民群众得实惠。要把人民群众高兴不高兴、答应不答应、满意不满意作为衡量工作实效的根本标准,不贪"锦上添花"之功,多做"雪中送炭"的事,防止好高骛远、急功近利、好大喜功,不搞脱离实际、华而不实的"政绩工程""形象工程""面子工程",真正把实事办好、好事办实,干出实实在在的成效,创造实实在在的业绩。

第三节　做人要实

做人要实,既是衡量好领导的做人准则,也是成为好领导的从政要求。做人要实,既是为人处世之道,更是为官从政之要。习近平总书记强调:"做人要实,就是要对党、对组织、对人民、对同志忠诚老实,做老实人、说老实话、干老实事,襟怀坦白,公道正派。""要时刻用党章、用共产党员标准要求自己,要有'与人不求备,检身若不及'的精神,时刻自重自省自警自励,努力做到'心不动于微利之诱,目不眩于五色之惑',老老实实做人,踏踏实实干事,清清白白为官。"② 做人要实,是中华民族的优秀传统,是我们党的优良作风,也是领导干部必备的道德品行。习近平总书记强调:"中央政治局的同志必须带头树立正确政绩观,始终做老实人、说老实话、干老实事,自觉反对形式主义、

---

① 《习近平李克强王沪宁赵乐际韩正分别参加全国人大会议一些代表团审议》,《人民日报》2018年3月9日。

② 《习近平谈治国理政》,外文出版社2014年版,第381—382、416—417页。

官僚主义。中央政治局的同志不仅要带头不搞形式主义、官僚主义,而且要同形式主义、官僚主义的种种表现进行坚决斗争,聚焦突出问题,充分认识形式主义、官僚主义的多样性和变异性,摸清形式主义、官僚主义在不同时期、不同地区、不同部门的不同表现,紧密联系具体实际,既解决老问题,也察觉新问题;既解决显性问题,也解决隐性问题;既解决表层次问题,也解决深层次问题,抓出习惯,抓出长效。"[1]作为领导干部,要做到忠诚老实、襟怀坦白、公道正派,做老实人、说老实话、干老实事,尽职尽责为党工作,全心全意为民服务。

一、忠诚老实

忠诚老实,既是领导干部必须遵循的党性原则,也是领导干部必须具备的政治品质。"人之忠也,犹鱼之有渊。""天下至德,莫大乎忠。"忠诚老实,既是中华传统文化始终崇尚的道德品质,也是中国共产党人始终尊崇的道德价值。《中国共产党章程》规定,领导干部要"对党忠诚老实,言行一致"。邓小平指出:"忠诚与老实是一个共产党员必须具有的品质。忠诚就是将全部真情率直而老实地向党坦白出来,就是要忠实于党的事业,忠实于人民的事业。"[2]习近平总书记在党的十九大报告中强调:"弘扬忠诚老实、公道正派、实事求是、清正廉洁等价值观,坚决防止和反对个人主义、分散主义、自由主义、本位主义、好人主义,坚决防止和反对宗派主义、圈子文化、码头文化,坚决反对搞两面派、做两面人。"忠诚干净担当,作为衡量好领导的重要标准,"忠诚"是第一位的。习近平总书记强调:"对党忠诚,是共产党人首要的政治品质。我们党一路走来,经历了无数艰险和磨难,但任何困难都没有压垮我们,任何敌人都没能打倒我们,靠的就是千千万万党员的忠诚。对党忠诚,必须一心一意、一以贯之,必须表里如一、知行合一,任何时

---

[1] 《习近平谈治国理政》第3卷,外文出版社2020年版,第500—501页。
[2] 《邓小平年谱(一九〇四——一九七四)》(中),中央文献出版社2009年版,第842页。

候任何情况下都不改其心、不移其志、不毁其节。"① 作为领导干部，在任何时候、任何情况下，都要对党、对人民、对组织、对同志忠诚老实，做到说老实话、办老实事、做老实人。

二、诚实守信

诚实守信，是中华民族的传统美德，是领导干部为官从政的言行准则。人无信不立，党无信不兴，国无信不强。诚实守信，既是为人处世之要，也是为官从政之本，更是创业立业之基。做老实人、说老实话、干老实事，既是领导干部党性觉悟的内在要求，也是领导干部道德品行的外在表现；既是坚持实事求是的内在要求，也是贯彻求真务实的外在表现。邓小平指出："我们今后配备领导班子的时候，要选用什么人呢？要选那些艰苦朴素，实事求是，说老实话，办老实事，做老实人，作风正派的人；要选那些努力工作，联系群众，关心群众疾苦，有魄力，有实际经验，能够办事的人。"② 习近平总书记指出："老实做人、做老实人，是共产党员先进性的内在要求，是领导干部'官德'的外在表现，也是我们党的一贯主张。我们所说的'老实人'，就是思想务实、生活朴实、作风扎实的人，就是尊重科学、尊重实践、尊重规律的人，就是诚实守信、言行一致、表里如一的人，就是勤勤恳恳工作、努力进取创造、任劳任怨奉献的人。"③ 作为领导干部，无论在党内生活中还是在干事创业中，都要以诚信为本、以操守为重，做老实人、说老实话、干老实事。

三、襟怀坦白

襟怀坦白，就要做到光明磊落、公道正派、言行一致。毛泽东指

---

① 《立志做党光荣传统和优良作风的忠实传人 在新时代新征程中奋勇争先建功立业》，《人民日报》2021年3月2日。
② 《邓小平文选》第2卷，人民出版社1994年版，第75页。
③ 习近平：《领导干部要认认真真学习》，《学习时报》2008年5月26日。

出:"一个共产党员,应该是襟怀坦白,忠实,积极,以革命利益为第一生命,以个人利益服从革命利益;无论何时何地,坚持正确的原则,同一切不正确的思想和行为作不疲倦的斗争,用以巩固党的集体生活,巩固党和群众的联系;关心党和群众比关心个人为重,关心他人比关心自己为重。这样才算得是一个共产党员。"① 陈云指出:"我们共产党是言行一致的政党,而且只有共产党才能言行一致。我们共产党内也不允许有对党言行不一致的党员,不允许任何党员对党讲一句假话。"② 对领导干部来说,既要虚怀若谷,又要光明磊落;既坚持党性原则,又充满为民情怀;既要有容人容事的气度,又要有从善如流的品格。公道正派,是领导干部为人处世、为官从政的基本准则和行为规范。"大道之行,天下为公。"公道赢得人心,公正自得民意。公道正派,就是要求领导干部为人处世、为官从政要做到公平公正、言行一致。

做到襟怀坦白,就要做到公私分明、克己奉公。"政在去私,私不去则公道亡。"习近平总书记强调:"作为党的干部,就是要讲大公无私、公私分明、先公后私、公而忘私,只有一心为公、事事出于公心,才能坦荡做人、谨慎用权,才能光明正大、堂堂正正。领导干部必须时刻清楚这一点,做到公私分明、克己奉公、严格自律。"③ 解析领导干部腐败现象,本质上都可归结为一个公与私的问题,都是与公私不分、以权谋私、假公济私等相联系。领导干部作为人民的公仆,就要做到公私分开、先公后私、克己奉公、大公无私。

做到襟怀坦白,就要做到廉洁自律、廉洁从政。"公生明,廉生威。""恋亲不为亲徇私,念旧不为旧谋利,济亲不为亲撑腰。"《中国共产党廉洁自律准则》为领导干部处理"公与私""廉与腐""俭与奢""苦与乐"的关系,提出了"四条规范":坚持公私分明,先公后私,克

---

① 《毛泽东选集》第2卷,人民出版社1991年版,第361页。
② 《陈云文选》第1卷,人民出版社1995年版,第201页。
③ 《习近平谈治国理政》,外文出版社2014年版,第394页。

己奉公；坚持崇廉拒腐，清白做人，干净做事；坚持尚俭戒奢，艰苦朴素，勤俭节约；坚持吃苦在前，享受在后，甘于奉献。《中国共产党廉洁自律准则》为领导干部从政、用权、修身、齐家提出了五条要求：廉洁从政，自觉保持人民公仆本色；廉洁用权，自觉维护人民根本利益；廉洁修身，自觉提升思想道德境界；廉洁齐家，自觉带头树立良好家风。作为领导干部，要弘扬廉洁文化，倡导廉洁新风，做到公私分明、崇廉拒腐、尚俭戒奢、吃苦在前，做到廉洁修身、廉洁齐家、廉洁用权、廉洁从政，营造风清气正的从政环境，维护山清水秀的政治生态。

第八章　善学善用

善学者明，善思者智，善用者能。善学善用，就是要坚持学以致用、学用相长，做到学思用贯通、知信行统一。作为领导干部，要坚持善学善用，做到勤学好学、善思善悟、真学真用，不断提高学习能力和学习本领。

善学善用，既是衡量好领导的重要准则，也是成为好领导的基本途径。学习是文明传承之途、人生成长之梯、政党巩固之基、国家兴盛之要。重视学习、善于学习，是我们党的执政兴国的政治优势，也是推动党的事业发展的重要保证。我们党在每一个重大转折时期，面对新形势新任务，总是号召全党同志特别是领导干部加强学习，而每一次学习热潮，都推动了党和人民事业实现大发展大进步。习近平总书记在党的十九大报告中强调："要增强学习本领，在全党营造善于学习、勇于实践的浓厚氛围，建设马克思主义学习型政党，推动建设学习大国。"党的十九大以来，习近平总书记从治国理政的高度，深刻洞察到解决领导干部"知识欠缺""能力不足""本领恐慌"是全党面临的重大课题，把增强各级领导干部学习本领作为重要任务，从而推动学习型政党、学习型国家、学习型社会建设取得了新成效。

中国共产党依靠学习走到今天，也必然要依靠学习走向未来。学习的目的在于运用，善学才能上进，善用才长本领。毛泽东指出："读书是学习，使用也是学习，而且是更重要的学习。"[①] 习近平总书记强调：

---

① 《毛泽东选集》第1卷，人民出版社1991年版，第181页。

"学习的目的全在于运用。领导干部加强学习，根本目的是增强工作本领、提高解决实际问题的水平。领导干部要发扬理论联系实际的马克思主义学风，带着问题学，拜人民为师，做到干中学、学中干，学以致用、用以促学、学用相长。"① 但是，也必须清醒地看到，有的领导干部不思进取、碌碌无为，不愿学；有的领导干部热衷应酬、忙于事务，不勤学；有的领导干部装点门面、走走形式，不真学；有些领导干部心浮气躁、浅尝辄止，不深学；有的领导干部食而不化、学用脱节，不善学。国势之强由于人，人材之成出于学。习近平总书记强调："中国共产党人依靠学习走到今天，也必然要依靠学习走向未来。我们的干部要上进，我们的党要上进，我们的国家要上进，我们的民族要上进，就必须大兴学习之风，坚持学习、学习、再学习，坚持实践、实践、再实践。"②

善学善用，既是领导干部成长进步的阶梯，也是领导干部干事创业的前提。善学者明，善思者智，善用者能。习近平总书记强调："要坚持思想建党、理论强党，坚持学思用贯通、知信行统一，推动广大党员干部全面系统学、深入思考学、联系实际学，不断增强'四个意识'、坚定'四个自信'、做到'两个维护'，筑牢信仰之基、补足精神之钙、把稳思想之舵。"③ 善学善用，既是领导干部修身立德之基，又是领导干部干事创业之本。习近平总书记强调："广大干部特别是年轻干部要在常学常新中加强理论修养，在真学真信中坚定理想信念，在学思践悟中牢记初心使命，在细照笃行中不断修炼自我，在知行合一中主动担当作为，保持对党的忠诚心、对人民的感恩心、对事业的进取心、对法纪的敬畏心，做到信念坚、政治强、本领高、作风硬。"④ 作为领导干部，

---

① 《习近平谈治国理政》，外文出版社 2014 年版，第 407 页。
② 《习近平谈治国理政》，外文出版社 2014 年版，第 407 页。
③ 《习近平谈治国理政》第 3 卷，外文出版社 2020 年版，第 88 页。
④ 《习近平谈治国理政》第 3 卷，外文出版社 2020 年版，第 518 页。

要把学习作为一种责任使命、一种精神追求，坚持在学习中实践、在实践学习，做到学思用贯通、知信行统一，在学习和实践中坚定理想信念、锤炼道德操守、增强能力本领、践行初心使命。

第一节　勤学好学

勤学好学，是领导干部成长进步、干事创业的重要途径。"学者非必为仕，而仕者必为学。"习近平总书记指出："读书学习是领导干部加强党性修养、坚定理想信念、提升精神境界的一个重要途径。"① 读书学习，既是领导干部加强党性修养、坚定理想信念、提升精神境界的重要途径，也是领导干部提高领导能力、增强领导本领、提升领导水平的内在要求。习近平总书记强调："学习是进步的阶梯。干部要勤于学、敏于思，认真学习马克思主义理论特别是中国特色社会主义理论体系，掌握贯穿其中的立场、观点、方法，提高战略思维、创新思维、辩证思维、底线思维能力，正确判断形势，始终保持政治上的清醒和坚定。还要认真学习各方面知识，丰富知识储备，完善知识结构，打牢履职尽责的知识基础。"② "实践出真知，实践长真才。坚持在干中学、学中干是领导干部成长成才的必由之路。"③ 开创新事业需要新知识，实现新作为需要新本领。当今世界，科技进步日新月异，形势发展快速变化。对各级领导干部来说，只有认认真真地学习、与时俱进地学习、持之以恒地学习，才能适应新时代发展、跟上新时代潮流、担起新时代重任。作为领导干部，既要勤于学习，又要善于学习；既要好学乐学，又要学懂弄通，在常学常新中加强理论修养，在真学真信中坚定理想信念，在学

---

① 习近平：《领导干部要爱读书读好书善读书》，《学习时报》2009 年 11 月 16 日。
② 《习近平谈治国理政》，外文出版社 2014 年版，第 417 页。
③ 《习近平：信念坚定对党忠诚实事求是担当作为　努力成为可堪大用能担重任栋梁之才》，《人民日报》2021 年 9 月 1 日。

思践悟中牢记初心使命,在细照笃行中不断修炼自我。

一、好学乐学

好学乐学,既是一种学习态度,也是一种学习品质。"学而时习之,不亦说乎。""知之者不如好之者,好之者不如乐之者。"古往今来,凡是业有所成的人,都是好学乐学之人。王国维在《人间词话》中说,古今之成大事业、大学问者,必经过三种之境界:"昨夜西风凋碧树。独上高楼,望尽天涯路。"此第一境也。"衣带渐宽终不悔,为伊消得人憔悴。"此第二境也。"众里寻他千百度,蓦然回首,那人却在,灯火阑珊处。"此第三境也。习近平总书记指出:"领导干部要做到'勤奋好学、学以致用',就必须具有'望尽天涯路'那种志存高远的追求,耐得住'昨夜西风凋碧树'的清冷和寂寞,静下心来通读苦读;就必须勤奋努力,刻苦钻研,舍得付出,百折不挠,下真功夫、苦功夫、细功夫,即使是'衣带渐宽'也'终不悔','人憔悴'也心甘情愿;就必须学有所悟,用有所得,在学习和实践中领悟真谛。从而,以领导干部自身善学善思、善作善成的表率作用,扎实推动学习型政党的建设。"[①] 作为领导干部,面对当今知识加速折旧、信息日新月异、科技一日千里的新形势,要从好学起步,以善学成才,把学习贯穿于工作生活的全过程和各方面,做到工作学习化、学习工作化,在好学乐学中成长进步、谋事创业。

二、善学深学

善学深学,既是一种学习境界,也是一种学习追求。"学如逆水行舟,不进则退。""仕而优则学,学而优则仕。"善学者智,深学者强。习近平总书记强调:"在新的时代条件下,领导干部要不断提高自己、

[①] 习近平:《善学善思,善作善成》,《求是》2007年第9期。

完善自己，经受住各种考验，就要坚持在读书学习中把握人生道理、领悟人生真谛、体会人生价值、实践人生追求，努力使自己成为一个高尚的人，一个纯粹的人，一个有道德的人，一个脱离了低级趣味的人，一个有益于人民的人。"① 历史一再证明，个人因学习而成长、政党因学习而强大、国家因学习而富强、民族因学习而进步。作为领导干部，要树立"终身学习"的理念，既要好学乐学，更要善学深学；既要有勤奋学习的态度，更要有刻苦钻研的精神；既要讲求学习的广度，也要追求学习的深度，加快知识更新、优化知识结构，拓宽眼界视野、增强能力本领。

三、学懂弄通

勤学好学，既要加强业务知识学习，又要加强理论知识学习。对领导干部来说，只有加强理论学习、保持理论清醒，才能坚定理想信念、坚定思想政治。习近平总书记强调："在学习理论上，干部要舍得花精力，全面系统学，及时跟进学，深入思考学，联系实际学。学习新时代中国特色社会主义思想，要深刻认识和领会其时代意义、理论意义、实践意义、世界意义，深刻理解其核心要义、精神实质、丰富内涵、实践要求。要紧密结合新时代新实践，紧密结合思想和工作实际，有针对性地重点学习，多思多想、学深悟透，知其然又知其所以然。学习理论最有效的办法是读原著、学原文、悟原理，强读强记，常学常新，往深里走、往实里走、往心里走，把自己摆进去、把职责摆进去、把工作摆进去，做到学、思、用贯通，知、信、行统一。"② 深入学习贯彻习近平新时代中国特色社会主义思想和党的十九大精神，是全党面临的首要政治任务。作为领导干部，要把学习贯彻习近平新时代中国特色社会主义思想和党的十九大精神贯通起来，在学懂弄通做实上下功夫，在深化消化转化上下功夫，往心里走、往深里悟、往实里做，真正用党的十九大

---

① 习近平：《领导干部要爱读书读好书善读书》，《学习时报》2009年5月26日。
② 《习近平谈治国理政》第3卷，外文出版社2020年版，第519页。

精神统一思想、统一认识、统一行动，用习近平新时代中国特色社会主义思想武装头脑、指导实践、推动工作。

第二节　善思善悟

善思者智，善悟者得。好领导既是"学"出来的，也是"悟"出来的。"学"是增长知识、提升能力的阶梯；"悟"，是提高觉悟、增强本领的路径。"学而不思则罔，思而不学则殆。""博学之，审问之，慎思之，明辨之，笃行之。""智者虑事，虽处利地，必思所以害；虽处害地，必思所以利。"唯有善思善悟，才能自觉自悟。善思善悟，既是一种思维方式，也是一种思想方法。思维方式，是人们看待事物的角度、方式和方法；思想方法，是人们在一定世界观指导下观察、研究事物和现象所遵循的规则和程序。人的言论和行动是由人的思维方式和思想方法决定的。思路决定出路，思维决定命运；思考决定思想，思想决定言行。马克思主义认为，思想是人的一种意识现象，是客观存在的一种反映形式。恩格斯说，"地球上最美丽的花朵，是人类的智慧，是独立思考着的精神。人之所以为万物之灵，就在于人能够思维，进行创造性的思考和实践。""一个民族想要站在科学的最高峰，就一刻也不能没有理论思维。"学习与思考、学习与实践是辩证统一、相辅相成的。学习是思考的基础，思考是学习的升华。在学习的基础上思考，思考才能深入；在实践的基础上学习，学习才有成效。习近平总书记强调："辩证唯物主义是中国共产党人的世界观和方法论，必须不断接受马克思主义哲学智慧的滋养，更加自觉地坚持和运用辩证唯物主义世界观和方法论，增强辩证思维、战略思维能力，努力提高探索解决新时期基本问题的本领。"[①] 思维能力决定思想能力，思想能力决定行动能力。一个政

---

① 习近平：《辩证唯物主义是共产党人的世界观和方法论》，《求是》2019年第1期。

党要始终站在时代前列,就必须始终加强理论武装,强化理论思维。作为领导干部,既要勤于学习、善于学习,又要勤于思考、善于思考;既要善思善悟、能思会想,又要思其缘由、想其后果;既要学懂弄通、学思悟践,又要做到学以致用、知行合一;既要做到学思用贯通,又要做到知信行统一,不断提高学习本领和思想能力。

对领导干部来说,只有提高适应新形势、新任务的思想能力,才能不断增强敢于新担当、新作为的政治本领。习近平总书记在党的十九大报告中强调:"增强政治领导本领,坚持战略思维、创新思维、辩证思维、法治思维、底线思维,科学制定和坚决执行党的路线方针政策,把党总揽全局、协调各方落到实处。"习近平总书记强调:"在新时代的征程上,全党同志一定要适应新时代中国特色社会主义的发展要求,提高战略思维、创新思维、辩证思维、法治思维、底线思维能力,增强工作的原则性、系统性、预见性、创造性,更好把握国内外形势发展变化,更好贯彻党的理论和路线方针政策,更好贯彻党的十九大确定的大政方针、发展战略、政策措施,更好推进中国特色社会主义伟大事业和党的建设新的伟大工程,团结带领全国各族人民奋力谱写全面建成小康社会、全面建设社会主义现代化国家新篇章。"[①]

建设好我们这样的大党,领导好我们这样的大国,需要各级领导干部提高思想能力、强化理论思维,从历史和现实相贯通、国际和国内相关联、理论和实际相结合的宽广视角,对一些重大理论和实践问题进行系统思考和深刻把握,做到坚持和发展中国特色社会主义要一以贯之,推进党的建设新的伟大工程要一以贯之,增强忧患意识、防范风险挑战要一以贯之。习近平总书记强调:"领导干部要加强理论修养,深入学习马克思主义基本理论,学懂弄通做实新时代中国特色社会主义思想,掌握贯穿其中的辩证唯物主义的世界观和方法论,提高战略思维、历史

---

① 《习近平谈治国理政》第 3 卷,外文出版社 2020 年版,第 61—62 页。

思维、辩证思维、创新思维、法治思维、底线思维能力，善于从纷繁复杂的矛盾中把握规律，不断积累经验、增长才干。"①

作为领导干部，要深入学习马克思列宁主义、毛泽东思想、邓小平理论、"三个代表"重要思想、科学发展观的水平，带头学懂弄通做实习近平新时代中国特色社会主义思想，着力把握贯穿其中的思维方式、思想方法和工作方法，以战略思维谋全局，以创新思维增活力，以辩证思维解忧难，以法治思维图善治，以系统思维聚合力，以底线思维定边界，以精准思维打攻坚，提高攻坚克难、化解矛盾、驾驭复杂局面的思想能力，增强干事创业、改革创新、建功立业的政治本领。

第三节　真学真用

学习的目的在于运用。思想是行动的先导，理论是实践的指南。新时代提出新课题，新课题催生新理论，新理论引领新实践。理论创新每前进一步，理论武装就要跟进一步。习近平总书记强调："要坚持学而信、学而思、学而行，把学习成果转化为不可撼动的理想信念，转化为正确的世界观、人生观、价值观，用理想之光照亮奋斗之路，用信仰之力开创美好未来。"② 当前和今后一个时期，深入学习贯彻习近平新时代中国特色社会主义思想，是全党面临的首要政治任务。各级领导干部要带头引领学、及时跟进学、联系实际学，自觉用习近平新时代中国特色社会主义思想武装头脑、指导实践、推动工作。

党的十九大把习近平新时代中国特色社会主义思想确立为我们党必须长期坚持的指导思想，实现了党的指导思想的又一次与时俱进。习近平新时代中国特色社会主义思想深刻回答了我们党在新时代举什么旗、走什么路、以什么样的精神状态、担负什么样的历史使命、实现什么样

---

① 《习近平谈治国理政》第 3 卷，外文出版社 2020 年版，第 223 页。
② 《习近平谈治国理政》第 2 卷，外文出版社 2017 年版，第 50 页。

的奋斗目标等重大政治问题，系统回答了新时代坚持和发展什么样的中国特色社会主义、怎样坚持和发展中国特色社会主义这个重大时代课题，科学回答了新时代坚持和发展中国特色社会主义的总目标、总任务、总体布局、战略布局和发展方向等基本问题，是对马克思列宁主义、毛泽东思想、邓小平理论、"三个代表"重要思想、科学发展观的继承和发展，是马克思主义中国化最新成果，是党和人民实践经验和集体智慧的结晶，是中国特色社会主义理论体系的重要组成部分，是全党全国人民为实现中华民族伟大复兴而奋斗的行动指南，必须长期坚持并不断发展。作为领导干部，要深刻把握习近平新时代中国特色社会主义思想的深邃理论源泉、深厚文化底蕴、丰富实践基础、强大真理和人格力量，在真学真懂中融会贯通、武装头脑，在真信真用中指导实践、推动工作。

学习的最大敌人是自我满足，要学有所得、学有所成，就必须永不自满、持之以恒，做到学思用贯通、知信行统一，在真学真懂上下更大的功夫，在真信真用上花更大的气力。

要做到真学真懂。坚持读原著、学原文、悟原理，认真学习、深刻领会习近平新时代中国特色社会主义思想的政治意义、理论意义、实践意义和世界意义，准确掌握其科学内涵、基本原理、精神实质和思想精髓，既要知其表更要知其里，既要知其然更要知其所以然，既要在理解与领会原理上弄通弄懂，更要在理论与实践的结合上融会贯通。作为领导干部，要坚持理论联系实际，把自己摆进去、把思想摆进去、把工作摆进去，往深里学、往心里学、往实里学，做到入脑入心、入精入髓、真信笃信，增进政治认同、思想认同、理论认同，增强政治自觉、思想自觉和行动自觉，在思想上政治上行动上同以习近平同志为核心的党中央保持高度一致。

要做到真信真用。学习要坚持学以致用、知行合一。"知之愈明，则行之愈笃；行之愈笃，则知之益明。二者皆不可偏废。"毛泽东强调，学习马克思主义就是"要能够精通它","精通的目的全在于应用"。邓小平强调:"学马列要精,要管用的。"① 中国共产党人正是坚持学以致用、真学真用,把马克思主义付诸中国革命、建设和改革实践,从而实现了坚持马克思主义基本原理同推进马克思主义中国化的有机统一,既让马克思主义焕发出强大生机活力,又使中国特色社会主义道路越走越宽广。习近平总书记强调:"要加强马克思主义特别是新时代中国特色社会主义思想的理论武装,使各级党组织和广大党员、干部特别是领导干部掌握马克思主义理论武器,提高马克思主义理论水平和运用能力,共同把党的创新理论转化为推进新时代中国特色社会主义伟大事业的实践力量。"② 作为领导干部,要深入学习马克思主义特别是习近平新时代中国特色社会主义思想,坚持学以致用、真学真用,坚持内化于心、外化于行,把习近平新时代中国特色社会主义思想转化为治国理政的思想理念、工作思路、政策措施,增强工作的预见性、原则性、系统性、创造性、实效性。

---

① 《邓小平文选》第3卷,人民出版社1993年版,第382页。
② 习近平:《贯彻落实新时代党的组织路线　不断把党建设得更加坚强有力》,《人民日报》2020年7月1日。

第九章　德才兼备

德才兼备、以德为先，既是衡量好领导的基本标准，又是成为好领导的根本遵循。作为领导干部，要坚持德才兼修、德行兼炼，既要修炼安身立命的"精气神"，又要修炼为官从政的"好德行"；既要炼就干事创业的"硬能力"，又要炼就担当作为的"真本领"。

德才兼备、以德为先，既是我们党培养教育、选拔任用领导干部的基本准则，也是领导干部为官从政、干事创业的根本遵循。2021年7月1日，习近平总书记在庆祝中国共产党成立100周年大会上的讲话中强调："着力建设德才兼备的高素质干部队伍。"德才兼备，是古今中外推崇的选人用人重要原则。"德者，才之帅也；才者，德之资也。""为政以德，譬如北辰，居其所而众星共之。""德不厚者，不可使民；官德不彰，民心不聚。""德不称其任，其祸必酷；能不称其位，其殃必大。""德才兼备，方堪重任。""德不配位，必有灾殃。""才不堪任，必有祸患。"对领导干部来说，"德"，即道德品行，包括从政品德、公民道德、社会公德、职业道德、家庭美德等；"才"，即能力本领，包括思想能力、政治能力、组织能力、专业能力等。我们党历来高度重视党的干部队伍建设，始终把培养教育、选拔任用干部工作作为关系党和国家事业发展的关键问题。汲取历史经验，适应时代发展，我们党形成了"德才兼备、以德为先"的选人用人思想，在坚持德才兼备的同时，更加突出以德为先，把德放在选人用人的首要位置。习近平总书记强调："好干部的标准，大的方面说，就是德才兼备。"①"德才兼备，方堪重任。我们党历来强调德才兼备，并强调以德为先。德包括政治品德、职业道德、社会公德、家庭美德等，干部在这些方面都要过硬，最重要的是政治品德要过得硬。"② 对各级领导干部来说，只有坚持内修外炼、德才兼修，才能锤炼成为德才兼备、德行兼优的好领导。

中国共产党的百年历史，是党团结带领人民不断把中国革命、建设、改革事业推向前进的历史，其所经历的艰难险阻世所罕见，其所取得的辉煌成就举世瞩目。100年来，中国共产党人在披荆斩棘、破浪前行中炼就了德才兼备、德能兼优的出众能力、高强本领。正是这种出众的领导能力和高强的领导本领，才使得我们党团结带领中国人民"踏平坎坷成大道，斗罢艰险又出发"，不断朝着中华民族伟大复兴的宏伟目标奋勇前进。

在新时代的征程上，我们党面临的"四大考验"具有长期性和复杂性，面临的"四大风险"具有尖锐性和严峻性。对各级领导干部来说，既面临执政考验、改革开放考验、市场经济考验、外部环境考验，又面临精神懈怠、能力不足、脱离群众、消极腐败的危险，只有加强学习和实践锻炼，不断提高能力本领，才能经受住各种风险的考验，推动各项事业发展。作为领导干部，既要消除"精神懈怠、能力不足"的危险，又要克服"脱离群众、消极腐败"的危险；既要经受住"四大考验"，又要顶得住"四大风险"；既要在党内政治生活中修炼，又要在改革发展实践中锤炼；既要炼好安身立命的"精气神"，又要炼就为官从政的"好德行"；既要炼就干事创业的"真功夫"，又要炼就担当作为的"真本领"，使自己的领导能力与担任的领导职务相匹配，使自己的领导本领与肩负的领导任务相适应，履行好领导职责，完成好领导任务。

---

① 《习近平谈治国理政》，外文出版社2014年版，第412页。
② 习近平：《严把标准公正用人拓宽视野激励干部 造就忠诚干净担当的高素质干部队伍》，《人民日报》2018年11月27日。

第一节　炼好德行

锤炼成为好领导,既要炼就信念坚定的"精气神",更炼好德才兼备的"好德行"。习近平总书记在党的十九大报告中强调:"要提高人民思想觉悟、道德水准、文明素养,提高全社会文明程度。深入实施公民道德建设工程,推进社会公德、职业道德、家庭美德、个人品德建设,激励人们向上向善、孝老爱亲,忠于祖国、忠于人民。"对领导干部来说,既要"讲道德",又要"重品行";既要修炼道德,践行从政品德、公民道德、社会公德、职业道德、家庭美德,又要修炼品行,坚持以德立身、以德立言、以德立业、以德立功。习近平总书记强调:"在党史学习教育中做到学史崇德,就是要引导广大党员、干部传承红色基因,涵养高尚的道德品质。一要崇尚对党忠诚的大德,广大党员、干部永远不能忘记入党时所作的对党忠诚、永不叛党的誓言,做到始终忠于党、忠于党的事业,做到铁心跟党走、九死而不悔。二要崇尚造福人民的公德,广大党员、干部要站稳人民立场,始终同人民风雨同舟、生死与共,勇于担当、积极作为,切实把造福人民作为最根本的职责。三要崇尚严于律己的品德,广大党员、干部要慎微慎独,清清白白做人、干干净净做事,努力做一个高尚的人、一个纯粹的人、一个有道德的人、一个脱离了低级趣味的人、一个有益于人民的人。"①

作为领导干部,要把"讲道德、有品行"作为终身常修课、必修课,既要身心兼修、德行兼炼,坚守道德操守,又要德纪兼修、德法兼炼,坚守法纪底线;既要内修道德实现自我升华,又要外修品行作出行为世范;既要传承中华民族的传统美德,又要弘扬我们党的优良作风;既要模范践行社会主义核心价值观,又要带头践行共产主义思想道德;

---

① 习近平:《坚持以人民为中心深化改革开放　深入推进青藏高原生态保护和高质量发展》,《人民日报》2021年6月10日。

既要炼就良好的道德品行,又要炼就过硬的能力本领;既要以身作则弘扬真善美,又要率先垂范传播正能量;既要以高尚道德风尚引领人,又要以时代品行标杆示范人;既要以道德品行风尚赢得人心民意,又要以道德品行力量推动事业发展;既要以精神动力推进干事创业,又要以道德品行奠基建功立业,锤炼成为新时代品行端正、德行兼优的好领导。

一、锤炼道德

人无德不立,国无德不兴。讲道德,既是衡量好领导的道德标准,也是炼成好领导的基本遵循。一个民族、一个国家、一个政党,要同心同德前进,必须有共同的思想道德作为精神支撑。人们常说,没有知识的人是愚蠢的,没有勇气的人是可悲的,没有体魄的人是可怜的,没有品德的人则是危险的。古往今来,为官从政"不患无位,而患德之不修""不患位之不尊,而患德之不崇"。在历史的长河中,那些帝国的崩溃、王朝的覆灭、执政党的下台,无不与其当政者不立德、不修德、不践德有关,无不与其当权者作风不正、腐败盛行、丧失人心有关。作为领导干部,要提高道德认识、夯实道德基础,加强道德修养、陶冶道德情操,锤炼道德品格、提升道德境界,弘扬中华传统美德,传承共产党人的道德精神,自觉锤炼和践行从政品德、公民道德、社会公德、职业道德、生态道德和家庭美德,把社会主义核心价值观内化于心、外化于行,以良好的道德品行凝聚人心、汇聚力量。

领导干部的从政品德,是社会道德建设的风向标。习近平总书记强调:"领导干部要讲政德。立政德,就要明大德、守公德、严私德。"① 作为领导干部,既要修炼道德操守、身体力行,更要修炼精神品质、行为世范;既要讲道德、明道德,更要守道德、行道德;既要明大德、行政德,又要守公德、严私德;既要加强道德修养,更要注重道德实践;

---

① 《领导干部要讲政德立政德养政德》,《学习时报》2018年3月21日。

既要仰望天空、志存高远，更要立足本职、守德行德，做到时时讲道德、处处守道德、事事行道德；既要做中华民族优秀道德的传承者，又要做社会主义先进道德的先行者，更要做共产主义高尚道德的示范者，引领全社会形成崇德向善、见贤思齐、德行天下的浓厚氛围。

二、修炼品行

内心守住道德，外在才有品行。品行，是指人的品德和行为。品行，既是道德规范的范畴，又是行为规范的范畴；既是安身立命之本，又是建功立业之基。道德源于对人格品行的磨砺，品行要在道德践行中体现。我们党历来坚持德才兼备、以德为先的育人选人用人原则，既注重领导干部的道德修养，也注重领导干部的品行修炼。只有品行高尚，才能为人师表。我们党成立 100 年来，在革命、建设、改革开放各个历史时期，积极传承和弘扬中华民族优秀传统道德，培育和锻造了中国共产党人对党忠诚、服务人民、无私奉献、敢于创新等政治品质，为激励和引领中国人民夺取中国革命和建设的胜利，开创改革开放和中国特色社会主义崭新局面，提供了强大精神动力。

习近平总书记强调："各级领导干部要加强思想道德修养，注重培养健康的生活情趣，正确选择个人爱好，慎重对待朋友交往，明辨是非，克己慎行，讲操守，重品行，时刻检点自己生活的方方面面，始终保持共产党人的政治本色。"[①] 对领导干部来说，既要讲道德，遵守道德规范，更要行道德，践行道德标准；既要带头践行私德、公德，做到身体力行、品行端正，更要自觉践行政德、大德，做到以身作则、品行高尚；既要做一个好人、好公民，更要做一个好干部、好领导，成为道德品行风尚的示范者、引领者。

修炼品行，既是对领导干部的品德行为要求，也是领导干部引领社

---

① 习近平：《之江新语》，浙江人民出版社 2007 年版，第 261—262 页。

会风尚的具体要求。《中国共产党章程》规定，领导干部要"加强道德修养，讲党性、重品行、作表率，做到自重、自省、自警、自励，反对形式主义、官僚主义、享乐主义和奢靡之风，反对任何滥用职权、谋求私利的行为"。"官德彰则民风淳，官德毁则世风降。"党风引领民风，政风影响社风。对领导干部来说，只有加强道德品行修养，带头践行社会主义核心价值观，才能发挥道德示范作用，引领良好的政风民风。有德才能立身，厚德才能载物。作为领导干部，既要内修品德固牢立身之本，又要外修品行做出行为世范；既要修炼内在精气神，又要修炼外化好品行；既要讲品行重品行，更要守品行践品行；既要弘扬真善美，传播正能量，又要贬斥假丑恶，抵制陋习气，激励和引领人民群众崇德向善、见贤思齐，形成积善成德、明德惟馨的社会风尚。

三、炼好人格

坚持德才兼备、以德为先，既要修炼道德品行，又要锤炼人格力量。马克思主义是颠扑不破的真理，自诞生以来已经受住了历史的检验。1999年，英国广播公司（BBC）组织的"千年来最伟大的人物"民意测验，马克思名列第一，被评为千年来最伟大的思想家。马克思之所以长驻人们心间，并具有崇高的地位，是因为他"为人类工作""为真理献身"的人格魅力，以及这种人格魅力的结晶——马克思主义这一科学真理的力量。邓小平说，"共产党人干事业，一靠真理的力量，二靠人格的力量。"所谓人格力量，是指依靠人的信仰、气质、品德、才智等汇聚而成的感召力、影响力、带动力。习近平总书记强调："人格是一个人精神修养的集中体现。光明磊落、坦荡无私，是共产党人的光辉品格，也是干部应该锤炼的品质修养。"[①] 领导干部的人格品行，是由理想信念、政治信仰、道德品质、务实作风等汇聚凝练而成。习近平

---

① 《习近平谈治国理政》第 3 卷，外文出版社 2020 年版，第 521 页。

总书记指出:"人格魅力是领导干部人品、气质、能力的综合反映,也是党的干部所应具备的公正无私、以身作则、言行一致优良品质的外在表现。"① 人格魅力是领导干部的立身之本、权威之源、形象之魂、效能之基。领导干部拥有人格力量,才能赢得民意民心。习近平总书记强调:"我们党作为马克思主义执政党,不但要有强大的真理力量,而且要有强大的人格力量;真理力量集中体现为我们党的正确理论,人格力量集中体现为我们党的优良作风。"②"共产党人拥有人格力量,才能赢得民心。全党同志都要明大德、守公德、严私德,清清白白做人、干干净净做事,做到克己奉公、以俭修身,永葆清正廉洁的政治本色。"③ 对领导干部来说,只有修炼好自身的品德魅力、思想魅力、才华魅力、情怀魅力,才能增强自己的政治领导力、思想引领力、群众组织力、社会号召力。作为领导干部,要严以修身、严以用权、严以律己,既要修炼"富贵不能淫"的精神气节,更要炼就"威武不能屈"的德行品格,以人格力量吸引人、感染人、凝聚人、带动人,带领群众不忘初心、牢记使命、砥砺前行。

四、坚守正道

坚守正道,是领导干部为官从政、干事创业的内在要求。"守正行权真事业,平矜节欲大工夫。""古来多少英雄辈,得道多助失道亡。"谋事创业要走正道,建功立业要走正路。习近平总书记指出:"营造良好从政环境,要从人抓起,从人做起,也就是要从各级领导干部首先是高级干部做起,坚守正道、弘扬正气。"④ 现实中,有的领导干部"三观"扭曲、精神迷失,藐视法纪、泯灭良知,毫无敬畏和底线,胆大妄

---

① 习近平:《之江新语》,浙江人民出版社2007年版,第114页。
② 《打铁还需自身硬》,《人民日报》2014年7月16日。
③ 习近平:《在"七一勋章"颁授仪式上的讲话》,《人民日报》2021年6月30日。
④ 《习近平主持中共中央政治局第一次集体学习》,《人民日报》2012年11月18日。

为、为所欲为、胡作非为，背离了人间正道，走上了歪门邪道，其结果只能是堕入深渊。作为领导干部，要正心修身、修炼人格，坚守正道、弘扬正气。

五、弘扬正气

做人做事要坚守正道，立身立德要弘扬正气。"政者，正也。子帅以正，孰敢不正。""天地有正气，杂然赋流形，于人曰浩然，沛乎塞苍冥。"中国传统文化最讲礼义廉耻，崇尚浩然正气，推崇匡扶正义，褒扬新风正气。从弘扬古代先贤"人生自古谁无死，留取丹心照汗青"的"正气歌"，到高唱当今共产党人"全心全意为人民服务"的"正气歌"，始终历久弥新。我们党历来重视培育和弘扬新风正气。刘少奇指出："共产党就是代表人类正气的。我们要发扬和提高这种无产阶级的正气，克服一切的邪气。"[①] 江泽民同志指出，中国共产党人要始终坚持"讲学习、讲政治、讲正气"，"保持蓬勃朝气、昂扬锐气、浩然正气，保持这样一种精神面貌，正是党的根本宗旨和先进性的重要表现。"习近平总书记指出，"未来中国，是一群正知、正念、正能量人的天下。谁的福报越多，谁的能量越大。与智者为伍，与善良者同行，心怀苍生，大爱无疆。"但是，现实中，党内仍然存在形式主义、官僚主义、享乐主义和奢靡之风等问题，引起人民群众的极大不满。作为领导干部，要保持高尚的精神追求和健康的生活情趣，做到心正身正行正，明是非、辨善恶、知廉耻，怀德自重、洁身自好、清廉自守，立正标杆、作出示范，唱好正气歌，传播正能量，永葆共产党人的浩然正气。

第二节　炼好能力

锤炼成为好领导，既要政治过硬，又要能力过硬。"将帅有能，统

[①] 《刘少奇选集》上卷，人民出版社1981年版，第147页。

领三军；将帅无能，累死三军。"领导干部为官从政、干事创业，既要炼好德行，又要炼好能力。一个人的能力总是和人的具体实践联系在一起的，离开了具体实践既不能表现人的能力，也不能发展人的能力。列宁指出："能力不是自行产生的，而是在历史上生长起来的。"① 领导能力，既是领导干部思想素质、政治素质、业务素质的综合表现，又是领导干部思想能力、政治能力、组织能力的综合体现。习近平总书记强调："必须做到政治过硬，牢固树立'四个意识'，在思想政治上讲政治立场、政治方向、政治原则、政治道路，在行动实践上讲维护党中央权威、执行党的政治路线、严格遵守党的政治纪律和政治规矩；必须做到能力过硬，不断掌握新知识、熟悉新领域、开拓新视野，全面提高领导能力和执政水平。"② 作为领导干部，既要加强思想淬炼、政治历练，又要加强实践锻炼、专业训练；既要提高自我净化、自我完善、自我革新、自我提高能力，又要提高外在教化、外在改造、外在管束、外在监督能力，不断提高思想能力、政治能力、组织能力，使自己的领导能力与担负的领导职务相匹配、与担当的领导任务相适应。

一、提高思想能力

提高领导能力，前提是提高思想能力。思想能力，是人们运用一定思维方式、思想方法，观察、认识、分析和解决问题的综合能力。主要表现为人们对思想价值观的理性识辨、选择和坚守。思维能力，是对感性材料进行加工并转化为理性认识及解决问题的能力。思维能力是思想能力的核心，思想能力是思维能力的升华。思想是行动的先导，理论是实践的指南。我们党历来高度重视思想建党、理论强党，一贯注重培养提高领导干部的思维能力、思想能力。早在 1929 年 12 月，毛泽东在古田会议上就确立了在思想上建党的原则。无论在革命时期还是建设时

---

① 《列宁选集》第 4 卷，人民出版社 1995 年版，第 13 页。
② 《习近平谈治国理政》第 3 卷，外文出版社 2020 年版，第 72 页。

期，毛泽东都要求各级领导干部通过提高思想能力，藉以提高政治能力、组织能力；通过解决思想问题，藉以解决政治问题、组织问题。毛泽东强调："掌握思想领导是掌握一切领导的第一位。"①"掌握思想教育，是团结全党进行伟大政治斗争的中心环节。如果这个任务不解决，党的一切政治任务是不能完成的。"② 刘少奇指出："无论是参加革命不久的共产党员，或者是参加革命很久的共产党员，要变成为很好的政治上成熟的革命家，都必须经过长期革命斗争的锻炼，必须在广大群众的革命斗争中，在各种艰难困苦的境遇中，去锻炼自己，总结实践的经验，加紧自己的修养，提高自己的思想能力，不要使自己失去对于新事物的知觉，这样才能使自己变成品质优良、政治坚强的革命家。"③ 邓小平强调："我们共产党有一条，就是要把工作做好，必须先从思想上解决问题。"④ "我们一定要把思想政治工作放在非常重要的地位，切实认真做好，不能放松。这项工作，各级党委要做，各级领导干部要做，每个党员都要做。要做得有针对性、细致深入和为群众所乐于接受。最重要的条件，就是凡是需要动员群众做的，每个党员，特别是担负领导职务的党员，必须首先从自己做起。因此，为了做好思想政治工作，也要求改善党的领导，改善党的领导制度。""改善党的领导，其中最主要的，就是加强思想政治工作。"⑤ 2021年4月，中共中央、国务院印发的《关于新时代加强和改进思想政治工作的意见》强调，思想政治工作是党的优良传统、鲜明特色和突出政治优势，是一切工作的生命线。加强和改进思想政治工作，事关党的前途命运，事关国家长治久安，事关民族凝聚力和向心力。

新时代，是一个需要思想而且一定能够产生思想的时代，是一个需

---

① 《毛泽东文集》第2卷，人民出版社1993年版，第435页。
② 《毛泽东选集》第3卷，人民出版社1991年版，第1094页。
③ 《刘少奇选集》上卷，人民出版社1981年版，第100—101页。
④ 《邓小平文选》第1卷，人民出版社1994年版，第184页。
⑤ 《邓小平文选》第2卷，人民出版社1994年版，第342、365页。

要理论而且一定能够产生理论的时代。这就要求各级领导干部提高思维能力和思想能力，加强和改进新时代思想政治工作，发挥思想先导引领作用。

习近平总书记强调："思想就是力量。一个民族要走在时代前列，就一刻不能没有理论思维，一刻不能没有思想指引。在近代中国最危急的时刻，中国共产党人找到了马克思列宁主义，并坚持把马克思列宁主义同中国实际相结合，用马克思主义真理的力量激活了中华民族历经几千年创造的伟大文明，使中华文明再次迸发出强大精神力量。实践证明，马克思主义是我们认识世界、把握规律、追求真理、改造世界的强大思想武器，是我们党和国家必须始终遵循的指导思想。"① 对领导干部来说，必须学习和掌握马克思主义立场、观点、方法，坚持用习近平新时代中国特色社会主义思想武装头脑、指导实践、推动工作，不断锤炼思维能力，切实提高思想能力。

提高思想能力，是领导干部为官从政的内在要求，也是领导干部干事创业的现实需要。习近平总书记强调："领导干部要加强理论修养，深入学习马克思主义基本理论，学懂弄通做实新时代中国特色社会主义思想，掌握贯穿其中的辩证唯物主义的世界观和方法论，提高战略思维、历史思维、辩证思维、创新思维、法治思维、底线思维能力，善于从纷繁复杂的矛盾中把握规律，不断积累经验、增长才干。"② 对领导干部来说，只有不断加强理论学习，强化理论思维，才能增强思维能力，提高思想能力。习近平总书记在党的十九届一中全会上强调："在新时代的征程上，全党同志一定要适应新时代中国特色社会主义的发展要求，提高战略思维、创新思维、辩证思维、法治思维、底线思维能力，增强工作的原则性、系统性、预见性、创造性，更好把握国内外形势发展变化，更好贯彻党的理论和路线方针政策，更好贯彻党的十九大

---

① 《习近平在党史学习教育动员大会上的讲话》，《人民日报》2021年2月21日。
② 《习近平谈治国理政》第3卷，外文出版社2020年版，第223页。

确定的大政方针、发展战略、政策措施，更好推进中国特色社会主义伟大事业和党的建设新的伟大工程，团结带领全国各族人民奋力谱写全面建成小康社会、全面建设社会主义现代化国家新篇章。"

思想是行动的先导，思维能力决定思想能力，思想方法决定工作方法。作为领导干部，要深入学习马克思列宁主义、毛泽东思想、邓小平理论、"三个代表"重要思想、科学发展观，带头贯彻落实习近平新时代中国特色社会主义思想，坚持用马克思主义的立场、观点、方法分析和解决实际问题，不断提高战略思维能力、历史思维能力、辩证思维能力、创新思维能力、法治思维能力、底线思维能力、精准思维能力、理论思维能力、互联网思维能力。

（一）提高战略思维能力

战略思维能力，是指从全局视角和长远眼光把握事物发展总体趋势和方向、客观辩证地思考和处理问题的思维能力。"不谋万世者，不足谋一时；不谋全局者，不足谋一域。"战略思维是研究发展全局规律的政治思维，是围绕全局性、长期性、根本性的重大问题进行筹划、设计与指导的思维方式。战略决定战争胜负，战略决定事业成败。我们党历来重视战略问题和战略思维，无论在革命战争时期，还是在改革开放和现代化建设时期都是如此。毛泽东指出："战略问题是研究战争全局的规律的东西。""要求战役指挥员和战术指挥员了解某种程度的战略上的规律，何以成为必要呢？因为懂得了全局性的东西，就更会使用局部性的东西，因为局部性的东西是隶属于全局性的东西的。说战略胜利取决于战术胜利的这种意见是错误的，因为这种意见没有看见战争的胜败的主要和首先的问题，是对于全局和各阶段的关照得好或关照得不好。说'一着不慎，满盘皆输'，乃是说的带全局性的，即对全局有决定意义的一着，而不是那种带局部性的即对全局无决定意义的一着。"[①] 战争的

---

① 《毛泽东选集》第 1 卷，人民出版社 1991 年版，第 175 页。

战略问题是如此,其他各领域的战略问题也是如此。习近平总书记强调:"战略问题是一个政党、一个国家的根本性问题。战略上判断得准确,战略上谋划得科学,战略上赢得主动,党和人民事业就大有希望。""要提高战略思维能力,不断增强工作的原则性、系统性、预见性、创造性。"①战略思维对于谋划和规划各领域的工作极其重要。对各级领导干部来说,提高战略思维能力,是把握国内外形势发展变化的客观要求,是适应新时代中国特色社会主义发展要求的现实需要,是全面贯彻党的路线方针政策的重要保证。

习近平总书记强调:"善于观大势、谋大事,站在国内国际两个大局、党和国家工作大局、全面深化改革全局来思考和研究问题。"②观大势、谋全局是战略思维的具体体现。观大势,就是观察和认识人类历史发展规律和潮流的大势、国内外形势发展变化的大势、潜在的不利因素发展变化的大势;谋全局,就是谋长远、谋全面、谋整体、谋关键。对各级领导干部来说,坚持战略思维,就要善于站在时代前沿和全局的战略高度分析研判形势、观察思考问题,正确把握事物的发展趋势和发展方向,正确处理好当前与长远、局部与全局、现象与本质的关系,从现实前瞻长远、从局部把握全局、从现象透视本质,放眼全局谋一域,把握大势谋大事,增强工作的原则性、系统性、预见性、创造性。

作为领导干部,要善于观大势、谋大事,既要着眼当前又要放眼长远,既要着眼局部又要放眼全局,既要在解决突出问题中力求实现战略突破,又要在把握战略全局中推进各项工作。要因势而谋、顺势而谋,既要从战略高度认识发展趋势,从全局角度分析矛盾问题,又要在全局中把好前进方向,从宏观上、微观上的结合上认识事物的本质特点,把握事物的内在联系,作出准确的战略性判断,提出相应的战略对策,自

---

① 《习近平谈治国理政》第2卷,外文出版社2017年版,第10页。
② 《习近平主持召开中央全面深化改革领导小组第一次会议》,《人民日报》2014年1月23日。

觉在大局下想问题、做工作，牢牢把握工作主动权。

（二）提高历史思维能力

历史思维能力，是指运用马克思主义唯物史观从历史视野和发展规律中思考分析问题、把握前进方向、指导现实工作的思维能力。历史是最好的"教科书"，也是最好的"营养剂"。历史思维可以"看成败、鉴得失、知兴替"。我们党历来重视学习历史、研究历史、借鉴历史。习近平总书记强调："我们回顾历史，不是为了从成功中寻求慰藉，更不是为了躺在功劳簿上、为回避今天面临的困难和问题寻找借口，而是为了总结历史经验、把握历史规律，增强开拓前进的勇气和力量。"① 历史是过去的现实，现实是未来的历史。不忘历史才能开辟未来，善于继承才能开拓创新。

作为领导干部，要把学习党史、新中国史、改革开放史、社会主义发展史作为必修课，在对历史的深入学习思考中汲取前行的智慧、养分和力量，在现实工作中照好历史这面镜子，既要善于总结和汲取历史上的经验教训，做到以史为鉴、更好走向未来，又要善于总结和汲取工作中的经验教训，做到修正错误、更好前进发展，做到学史明理、学史增信、学史崇德、学史力行，不断提高历史思维能力。

（三）提高辩证思维能力

辩证思维能力，就是运用唯物辩证法认识问题、分析问题、解决问题的思维能力。唯物辩证法是马克思主义哲学的核心方法，是中国共产党人的世界观和方法论。毛泽东强调："全党都要学习辩证法，提倡照辩证法办事。"② 习近平总书记强调："辩证思维能力就是承认矛盾、分析矛盾、解决矛盾，善于抓住关键、找准重点、洞察事物发展规律的能力。""学习掌握唯物辩证法的根本方法，不断增强辩证思维能力，提高驾驭复杂局面、处理复杂问题的本领。我们的事业越是向纵深发展，就

---

① 《习近平在庆祝中国共产党成立 95 周年大会上的讲话》，《人民日报》2016 年 7 月 2 日。
② 《毛泽东年谱（一九四九——一九七六）》第 3 卷，中央文献出版社 2013 年版，第 71 页。

越要不断增强辩证思维能力。"① 坚持辩证思维，必须坚决反对主观主义、形式主义、机械主义、教条主义、经验主义等形而上学的思想方法。对各级领导干部来说，要透过复杂现象把握本质，善于从复杂矛盾中把握规律，既要善于分析事情发生的历史背景和深层次原因，从偶然性的事件中找出其发展的必然性，从苗头性的问题中察觉其带出的倾向性，从动态性的情况中把握其变化的规律性，进而使我们的认识得到深化和升华，总结出具有普遍指导性、启示性的经验；又要分析事物之间存在的并列关系或对比关系，比较这些事物的先后顺序和因果关系，在比较中鉴别，在鉴别中借鉴，从而获得更深刻的认识，不断提高辩证思维能力。

作为领导干部，在推进改革发展稳定中，要坚持运用辩证思维处理和解决改革、发展、稳定面临的各种矛盾和问题。在推进改革中，既要养血润燥、化痰行血，又要固本培元、壮筋续骨；既要抓主要矛盾和矛盾的主要方面，又要兼顾次要矛盾和其他矛盾，在关键点和症结点上出实招、出妙招，多打"歼灭战"，少打"运动战"，慎用"游击战"，使各项改革相得益彰，发挥最大改革效能。在推进发展中，既要看到有利条件，也要看到不利因素；既要看到自身的优势，也要看到自身的短板。要具有开放的胸怀和宽广的眼光，科学把握事物之间的联系，科学把握本地区、本部门、本单位与全国的联系、与其他地区的联系，在深刻理解各个行业、各种要素间联系的基础上谋发展、定战略、作决策。要坚持用发展的眼光看问题，在继承与创新的有机统一中谋划发展，多干打基础、管长远的事，多添砖加瓦而少另起炉灶，积跬步以至千里，不做涸泽而渔、焚林而猎的事。在维护稳定中，把改善人民生活作为正确处理改革发展稳定关系的结合点，既要看到发展的机遇，也要看到存在的风险与挑战，扬长避短、化危为机；既要扬长比较优势，也要补齐

---

① 《习近平在中共中央政治局第二十次集体学习时强调　坚持运用辩证唯物主义世界观方法论提高解决我国改革发展基本问题》，《人民日报》2015年1月25日。

明显短板,不能让前任的"政绩"变成后任的"包袱",留下不稳定因素。

(四)提高创新思维能力

创新思维能力,是指突破常规思维界限,以新颖独创的方法分析和解决问题的思维能力。习近平总书记强调:"创新是一个民族进步的灵魂,是一个国家兴旺发达的不竭动力,也是中华民族最深沉的民族禀赋。在激烈的国际竞争中,惟创新者进,惟创新者强,惟创新者胜。"[①]"我们必须把创新作为引领发展的第一动力,把人才作为支撑发展的第一资源,把创新摆在国家发展全局的核心位置,不断推进理论创新、制度创新、科技创新、文化创新等各方面创新,让创新贯穿党和国家一切工作,让创新在全社会蔚然成风。"[②] 只有具备创新思维,才能敢于创新实践。习近平总书记在党的十九大报告中强调:"创新是引领发展的第一动力,是建设现代化经济体系的战略支撑。要瞄准世界科技前沿,强化基础研究,实现前瞻性基础研究、引领性原创成果重大突破。"对各级领导干部来说,要保持锐意创新的勇气、敢为人先的锐气,破除迷信、超越陈规,转变思维习惯、突破思维定式,强化问题导向,不断推进理念创新、思路创新、制度创新和方式创新,不断研究新情况、解决新问题、创造新经验、开创新局面。

提高创新思维能力,必须贯彻新发展理念。习近平总书记在党的十九大报告中强调:"坚持新发展理念。发展是解决我国一切问题的基础和关键,发展必须是科学发展,必须坚定不移贯彻创新、协调、绿色、开放、共享的发展理念。"贯彻新发展理念,是关系我国发展全局的一场深刻变革。习近平总书记强调:"新发展理念要落地生根、变成普遍实践,关键在各级领导干部的认识和行动。""各级领导干部要结合历史学,多维比较学,联系实际学,真正做到崇尚创新、注重协调、倡导绿

[①] 《习近平谈治国理政》,外文出版社2014年版,第59页。
[②] 《习近平谈治国理政》第2卷,外文出版社2017年版,第198页。

色、厚植开放、推进共享。"①

作为领导干部，要牢固树立和自觉践行创新、协调、绿色、开放、共享发展理念，把握改革创新的整体性、关联性、开放性、时序性和层次结构性、动态平衡性等特征，深入研究各领域改革创新的关联性和各项改革创新举措的耦合性，做到"堵"与"疏"结合，"破"与"立"并举，使各项改革创新举措在政策取向上相互配合、在实施过程中相互促进、在实际成效上相得益彰。

（五）提高法治思维能力

法治思维能力，是以法治为价值追求、以法治为基本遵循来思考问题、指导行动的思维能力。习近平总书记强调："依法治国是党领导人民治理国家的基本方略，法治是治国理政的基本方式，要更加注重发挥法治在国家治理和社会管理中的重要作用，全面推进依法治国，加快建设社会主义法治国家。""各级党组织和党员领导干部要带头厉行法治，不断提高依法执政能力和水平，不断推进各项治国理政活动的制度化、法律化。各级领导干部要提高运用法治思维和法治方式深化改革、推动发展、化解矛盾、维护稳定能力，努力推动形成办事依法、遇事找法、解决问题用法、化解矛盾靠法的良好法治环境，在法治轨道上推动各项工作。"②

作为领导干部，要弘扬法治精神，自觉履行法定义务，善于运用法治思维和法治方式深化改革、推动发展、化解矛盾、维护稳定。要坚持依法行政，无论是作决策还是抓执行，都要审视行政行为的目的、权限、内容、手段、程序是否合法，自觉做到有法可依、有法必依、执法必严、违法必究。

（六）提高底线思维能力

底线思维能力，是指客观地设定最低目标，争取最大期望值的思维能力。底线是不可逾越的警戒线、是事物质变的临界点。一旦突破底

---

① 《习近平谈治国理政》第 2 卷，外文出版社 2017 年版，第 219 页。
② 《习近平谈治国理政》，外文出版社 2014 年版，第 138—142 页。

线,就会产生无法接受的结果。"人无远虑,必有近忧。""安而不忘危,存而不忘亡,治而不忘乱。"毛泽东作为一个伟大的战略家,无论是在革命战争年代还是和平建设时期,都始终坚持底线思维,凡事从最困难、最坏处准备,努力去争取最好的结果,这样一个思维方法、工作方法和领导方法。毛泽东多次强调:"不论任何工作,我们都要从最坏的可能性来想,来部署。""要在最坏的可能性上建立我们的政策。""我们的事业之所以伟大,就在于经历世所罕见的艰难而不断取得成功。"习近平总书记多次强调:"领导干部要善于运用底线思维的方法,凡事从坏处准备,努力争取最好的结果,做到有备无患、遇事不慌,牢牢把握主动权。"实践一再证明,只有坚持底线思维,随时做好应对各种复杂形势和最坏局面的准备,才能在风险挑战面前处变不惊,沉着应对,从而抢占先机,赢得主动。

作为领导干部,要居安思危、有备无患,坚守法律底线、纪律底线、政策底线、道德底线,在思考问题、策划方案、作出决策、制定政策时,不回避矛盾,不掩盖问题,估算可能出现的最坏情况,认真进行风险评估,做好最坏的准备,争取最好的结果,牢牢把握工作主动权。

(七)提高理论思维能力

理论思维能力,是指以科学的原理、概念为基础来解决问题的思维能力。只有理论上清醒才能有政治上清醒,只有理论上坚定才能有政治上坚定。理论思维是源于现实又引领现实的思想力量。任何重大理论问题都源于重大现实问题,任何重大现实问题都蕴含着重大理论问题。恩格斯说:"一个民族要想站在科学的最高峰,就一刻也不能没有理论思维。"中华民族要实现伟大复兴,也同样一刻不能没有理论思维。习近平总书记强调:"马克思主义始终是我们党和国家的指导思想,是我们认识世界、把握规律、追求真理、改造世界的强大思想武器。"[1] 中国

---

[1] 《习近平在纪念马克思诞辰200周年大会上的讲话》,《人民日报》2018年5月5日。

共产党历经百年风雨，之所以能够从小到大、由弱到强，从建党时50多名党员，发展成为今天已经拥有9500多万名党员、领导着14亿多人口大国、具有重大全球影响力的世界第一大执政党，就在于始终把马克思主义这一科学理论作为自己的行动指南，并坚持在实践中不断丰富和发展马克思主义。实践充分证明，马克思主义为中国革命、建设、改革提供了强大思想武器，使中国这个古老的东方大国创造了人类历史上前所未有的发展奇迹。马克思主义是科学的理论，创造性地揭示了人类社会发展规律；是人民的理论，第一次创立了人民实现自身解放的思想体系；是实践的理论，指引着人民改造世界的行动；是不断发展的开放的理论，始终站在时代前沿。

理论思维能力是领导干部综合素质的核心内容。领导干部谋事创业不能没有理论思维的支撑。学习马克思主义理论，是各级领导干部的常修课、必修课。习近平总书记指出："要深入学、持久学、刻苦学，带着问题学、联系实际学，更好把科学思想理论转化为认识世界、改造世界的强大物质力量。共产党人要把读马克思主义经典、悟马克思主义原理当作一种生活习惯、当作一种精神追求，用经典涵养正气、淬炼思想、升华境界、指导实践。"① 对领导干部来说，掌握马克思主义理论的深度，决定着思想敏感的程度、思维视野的广度、思想境界的高度。习近平总书记强调："我们要赢得优势、赢得主动、赢得未来，战胜前进道路上各种各样的拦路虎、绊脚石，必须把马克思主义作为看家本领，以更宽广的视野、更长远的眼光来思考把握未来发展面临的一系列重大问题，不断提高全党运用马克思主义分析和解决实际问题的能力，不断提高运用科学理论指导我们应对重大挑战、抵御重大风险、克服重大阻力、解决重大矛盾的能力。"② 作为领导干部，要坚持以与时俱进

---

① 《习近平在纪念马克思诞辰200周年大会上的讲话》，《人民日报》2018年5月5日。
② 《习近平：深刻认识马克思主义时代意义和现实意义　继续推进马克思主义中国化时代化大众化》，《人民日报》2017年9月30日。

的态度学习和运用马克思主义理论，在学思践悟中融会贯通，在真信真用中指导实践，在学以致用中汲取智慧和营养，把马克思主义的立场观点方法转化为改造思想、改变世界的精神力量。

（八）提高互联网思维能力

互联网思维能力，是指运用互联网、信息化、大数据、云计算等科技手段解决问题的思维能力。习近平总书记在党的十九大报告中强调："善于运用互联网技术和信息化手段开展工作。"当今世界，互联网和信息化技术不仅改变了人们的思维、思考、思想方法，同时也改变了人们的学习、工作、生活方式。习近平总书记强调："各级领导干部特别是高级干部要主动适应信息化要求、强化互联网思维，不断提高对互联网规律的把握能力、对网络舆论的引导能力、对信息化发展的驾驭能力、对网络安全的保障能力。"[1]

党的十八大以来，习近平总书记从维护网络安全、掌握核心技术、汇聚网络人才、清朗网络空间、加强国际合作等方面多次部署网络强国建设。习近平总书记指出："各级领导干部特别是高级干部，如果不懂互联网、不善于运用互联网，就无法有效开展工作。各级领导干部要学网、懂网、用网，积极谋划、推动、引导互联网发展。"[2]

随着互联网和信息化迅速发展，互联网空间已经成为一个国家继陆、海、空、天之外的第五大主权空间。网络安全事关国家安全。习近平总书记强调："网络安全和信息化是事关国家安全和国家发展、事关广大人民群众工作生活的重大战略问题，要从国际国内大势出发，总体布局，统筹各方，创新发展，努力把我国建设成为网络强国。""没有网络安全就没有国家安全，没有信息化就没有现代化。建设网络强国，要有自己的技术，有过硬的技术；要有丰富全面的信息服务，繁荣发展的

---

[1]《习近平：敏锐抓住信息化发展历史机遇 自主创新推进网络强国建设》，《人民日报》2018年4月22日。

[2]《习近平谈治国理政》第3卷，外文出版社2020年版，第308—309页。

网络文化；要有良好的信息基础设施，形成实力雄厚的信息经济；要有高素质的网络安全和信息化人才队伍；要积极开展双边、多边的互联网国际交流合作。"①互联网空间已成为国际舆论斗争的主战场，过不了互联网这一关，就过不了长期执政这一关，必须坚决打赢网上舆论斗争。要坚持正能量是总要求、管得住是硬道理，正确处理安全和发展、开放和自主、管理和服务的关系，建设良好网络生态。

互联网是推进国家治理体系与治理能力现代化的必要工具。习近平总书记指出："网民来自老百姓，老百姓上了网，民意也就上了网。群众在哪儿，我们的领导干部就要到哪儿去，不然怎么联系群众呢？各级党政机关和领导干部要学会通过网络走群众路线，经常上网看看，了解群众所思所愿，收集好想法好建议，积极回应网民关切、解疑释惑。善于运用网络了解民意、开展工作，是新形势下领导干部做好工作的基本功。各级干部特别是领导干部一定要不断提高这项本领。"②

互联网和信息化技术进步日新月异，万物互联已是大势所趋。当今时代，以信息技术为核心的新一轮科技革命正在孕育兴起，互联网日益成为创新驱动发展的先导力量，深刻改变着人们的生产生活，有力推动着社会发展。网络信息数据跨国界流动日益加快，信息流引领技术流、资金流、人才流，信息资源日益成为重要生产要素和社会财富，信息掌握的多寡成为国家软实力和竞争力的重要标志。

作为领导干部，要强化互联网思维，积极运用互联网技术和信息化手段，推动各种要素、资源互联互通、共用共享，推动大众创业、万众创新，推动社会经济发展。要充分发挥互联网媒体作用，加快推动媒体融合发展，增强主流媒体的传播力、引导力、影响力、公信力。

（九）提高精准思维能力

精准思维能力，是指思想认识准确、决策部署精准、推进落实精准

---

① 《习近平谈治国理政》，外文出版社 2014 年版，第 197—198 页。
② 《习近平谈治国理政》第 2 卷，外文出版社 2017 年版，第 335—336 页。

的思维能力。习近平总书记强调:"要坚持精准扶贫、精准脱贫,重在提高脱贫攻坚成效。关键是要找准路子、构建好的体制机制,在精准施策上出实招、在精准推进上下实功、在精准落地上见实效。"① 精准思维,既是一种科学的思维方法,又是一种务实的思想方法。精准思维,强调决策、部署、举措的针对性和准确性,防止大而化之、笼而统之作决策、抓落实。作为领导干部,无论是作决策、定方案,还是作部署、抓落实,都要坚持精准思维,做到精准谋划、精准规划、精准部署、精准落实、精准检验,力求政策理论要精通、措施办法要精准、执行落实要精到,在精准施策上出实招、在精准推进上下实功、在精准落地上见实效。

二、提高政治能力

提高领导能力,核心是提高政治能力。政治能力,是领导干部把握方向、把握大势、把握全局的能力,辨别政治是非、保持政治定力、驾驭政治局面、防范政治风险的能力。毛泽东强调:"政治工作是一切经济工作的生命线。在社会经济制度发生根本变革的时期,尤其是这样。"②"没有正确的政治观点,就等于没有灵魂。""政治和经济的统一,政治和技术的统一,这是毫无疑义的,年年如此,永远如此。不注意思想和政治,成天忙于事务,那会成为迷失方向的经济家和技术家,很危险。思想工作和政治工作,是完成经济工作和技术工作的保证,它们是为经济基础服务的。思想和政治又是统帅,是灵魂。"③

政治能力是领导干部的核心能力。习近平总书记在党的十九大报告中强调:"全党同志特别是高级干部要加强党性锻炼,不断提高政

---

① 《习近平谈治国理政》第2卷,外文出版社2017年版,第84页。
② 《毛泽东文集》第6卷,人民出版社1999年版,第449页。
③ 《毛泽东文集》第7卷,人民出版社1999年版,第226、351页。

治觉悟和政治能力,把对党忠诚、为党分忧、为党尽职、为民造福作为根本政治担当,永葆共产党人政治本色。"抉择政治方向要靠思想能力,坚持政治方向要靠政治能力。习近平总书记强调:"党的高级干部要注重提高政治能力,牢固树立政治理想,正确把握政治方向,坚定站稳政治立场,严格遵守政治纪律,加强政治历练,积累政治经验,自觉把讲政治贯穿于党性锻炼全过程,使自己的政治能力与担任的领导职责相匹配。"[①] 树立政治理想,是提高政治能力的核心;把握政治方向,是提高政治能力的关键;站稳政治立场,是提高政治能力的基石;严守政治纪律,是提高政治能力的保证;加强政治历练,是提高政治能力的路径;积累政治经验,是提高政治能力的结晶。

对各级领导干部来说,讲政治,既有一个要不要讲、敢不敢讲的态度和觉悟问题,也有一个能不能讲、会不会讲的能力和水平问题。习近平总书记强调:"我们党要始终做到不忘初心、牢记使命,把党和人民事业长长久久推进下去,必须增强政治意识,善于从政治上看问题,善于把握政治大局,不断提高政治判断力、政治领悟力、政治执行力。""讲政治必须提高政治判断力。要以国家政治安全为大、以人民为重、以坚持和发展中国特色社会主义为本,增强科学把握形势变化、精准识别现象本质、清醒明辨行为是非、有效抵御风险挑战的能力。""讲政治必须提高政治领悟力。领导干部特别是高级领导干部担的是政治责任,必须对党中央精神深入学习、融会贯通,坚持用党中央精神分析形势、推动工作,始终同党中央保持高度一致。""讲政治必须提高政治执行力。领导干部特别是高级干部要经常同党中央精神对表对标,切实做到党中央提倡的坚决响应,党中央决定的坚决执行,党中央禁止的坚决不做,坚决维护党中央权威和集中统一领导,做到不掉队、不走偏,不折

[①] 《习近平:以解决突出问题为突破口和主抓手 推动党的十八届六中全会精神落到实处》,《人民日报》2017年2月14日。

不扣抓好党中央精神贯彻落实。"① 提高政治判断力，是提高政治能力的前提。科学判断形势，是领导干部想问题、作决策、定政策的前提和依据。提高政治领悟力，是提高政治能力的关键。只有具备政治领悟力，才能增强政治判断力。领导干部只有深刻领会、科学把握党中央的决策部署、施政纲领，才能根据实际情况，优化调整思路，作出正确决策、制定科学对策。提高政治执行力，是提高政治能力的目的。政治执行力就是保证党的路线方针政策、党中央决策部署的执行落实能力。作为领导干部，要履行好领导职责、担当起领导重任，就要坚守政治理想、坚定政治方向、站稳政治立场、强化政治担当、加强政治历练、严守政治纪律，炼就忠诚干净担当的政治品格，不断提高政治判断力、政治领悟力、政治执行力。

（一）坚守政治理想

政治理想，是领导干部的政治信仰和政治灵魂。政治理想事关一个政党的前途命运和兴衰成败。中国共产党始终坚持把马克思主义作为指导思想，把实现共产主义为最高理想和最终目标。正是由于始终坚守了这一崇高的政治理想，中国共产党才取得了一个又一个胜利，创造了一个又一个奇迹。正如邓小平所指出："为什么我们过去能在非常困难的情况下奋斗出来，战胜千难万险使革命胜利呢？就是因为我们有理想，有马克思主义信念，有共产主义信念。"② 对领导干部来说，只有把政治理想内化于心、外化于行，才能坚持政治原则毫不动摇，面对大是大非旗帜鲜明，面对大风大浪无所畏惧，面对各种诱惑立场坚定，面对利益得失保持定力。作为领导干部，要牢固树立政治理想，坚定共产主义远大理想和中国特色社会主义共同理想，把中国特色社会主义道路自信、理论自信、制度自信、文化自信融入灵魂和血脉，做马克思主义的

---

① 《加强政治建设提高政治能力坚守人民情怀　不断提高政治判断力政治领悟力政治执行力》，《人民日报》2020年12月26日。
② 《邓小平文选》第3卷，人民出版社1993年版，第110页。

坚定信仰者和忠实实践者。

（二）坚定政治方向

政治方向是思想认识、政治立场的根本指向，是政治觉悟、政治能力的实践遵循。方向决定道路，道路决定命运。毛泽东指出："共产党历来提倡坚定正确的政治方向，这种坚定正确的政治方向，是与艰苦奋斗的工作作风不能脱离的，没有坚定正确的政治方向，就不能激发艰苦奋斗的工作作风；没有艰苦奋斗的工作作风，也就不能执行坚定正确的政治方向。"① 习近平总书记强调："政治方向是党生存发展第一位的问题，事关党的前途命运和事业兴衰成败。我们所要坚守的政治方向，就是共产主义远大理想和中国特色社会主义共同理想、'两个一百年'奋斗目标，就是党的基本理论、基本路线、基本方略。"② 实践反复证明，只有牢牢把握政治方向，才能在波谲云诡的形势面前廓清迷雾、心明眼亮，才能在重大政治原则和大是大非问题上毫不含糊、毫不动摇。如果政治方向上出了偏差，就会犯颠覆性错误。习近平总书记强调："提高政治能力，首先要把握正确政治方向，坚持中国共产党领导和我国社会主义制度。在这个问题上，决不能有任何迷糊和动摇！这次抗击新冠肺炎疫情斗争的实践再次证明，中国共产党是风雨来袭时中国人民最可靠的主心骨，我国社会主义制度是抵御风险挑战的最有力制度保证。"③ 作为领导干部，要始终坚定正确的政治方向，发挥政治指南针作用，在思想上政治上行动上同党中央保持高度一致，把坚持正确政治方向贯彻到谋划重大战略、制定重大政策、部署重大任务、推进重大工作的实践中去，做到政治上同向、思想上同心、步调上同频、行动上同力。

---

① 《毛泽东著作专题摘编》（下），中央文献出版社2003年版，第2133页。
② 《习近平谈治国理政》第3卷，外文出版社2020年版，第93页。
③ 《年轻干部要提高解决实际问题能力　想干事能干事干成事》，《人民日报》2020年10月11日。

(三) 站稳政治立场

只有坚定正确的政治方向,才能站稳正确的政治立场。习近平总书记强调:"人民立场是中国共产党的根本政治立场,是马克思主义政党区别于其他政党的显著标志。"① 政治立场归根到底就是代表谁、为了谁、服务谁、依靠谁。这是检验一个政党、一个政权性质的试金石,也是衡量一个领导干部政治立场、政治能力的试金石。习近平总书记强调:"加强党的政治建设,要紧扣民心这个最大的政治,把赢得民心民意、汇集民智民力作为重要着力点。要站稳人民立场,贯彻党的群众路线,同人民想在一起、干在一起,坚决反对'四风'特别是形式主义、官僚主义,始终保持党同人民群众的血肉联系。"② 作为领导干部,必须旗帜鲜明讲政治,始终站稳党性立场和人民立场,以党的旗帜为旗帜、以党的方向为方向、以党的意志为意志,始终做到在党言党、在党忧党、在党为党,任何时候都同党同心同德。要坚持以人民为中心,立党为公、执政为民,践行全心全意为人民服务的根本宗旨,始终相信人民,紧紧依靠人民,把人民对美好生活的向往作为奋斗目标。要把对党负责和对人民负责高度统一起来,想问题、作决策、办事情都从人民利益出发,把心思精力用在稳增长、促改革、调结构、惠民生、防风险、保稳定上,着力解决人民群众最关心最直接最现实的利益问题,让人民群众有更多获得感、幸福感、安全感。

(四) 强化政治担当

讲政治就要敢担当。政治上有没有担当、敢不敢担当、能不能担当,是检验领导干部政治素质、政治操守、政治品格、政治能力的试金石。面对敌对势力加紧对我国实施西化、分化战略,面对意识形态领域的尖锐较量,面对激烈的国际政治斗争,面对艰巨繁重的改革发展稳定任务,都需要各级领导干部强化政治担当、增强斗争精神,敢于亮剑、

---

① 《习近平在庆祝中国共产党成立 95 周年大会上的讲话》,《人民日报》2016 年 7 月 2 日。
② 《习近平谈治国理政》第 3 卷,外文出版社 2020 年版,第 95 页。

敢于碰硬、敢于攻坚、敢战能胜。各级领导干部要牢固树立"四个意识",把对党忠诚、为党分忧、为党尽职、为民造福作为根本政治担当,善于从政治上观察问题、分析问题、解决问题,善于从政治上谋划、部署、推动工作。

(五)加强政治历练

领导干部的政治能力不是与生俱来的,也不是随着党龄增加或职务升迁自发形成的。领导干部的政治能力是在党内政治生活中锤炼而成的,是在改革发展实践中磨炼出来的。各级领导干部要加强理论修养和政治历练,提高辨别政治是非、保持政治定力、防范政治风险的能力。习近平总书记强调:"理论修养是干部综合素质的核心,理论上的成熟是政治上成熟的基础,政治上的坚定源于理论上的清醒。从一定意义上说,掌握马克思主义理论的深度,决定着政治敏感的程度、思维视野的广度、思想境界的高度。"① 各级领导干部要在坚持理论学习中加强政治历练,把学习和掌握马克思主义基本理论作为看家本领,特别是深入学习贯彻习近平新时代中国特色社会主义思想,牢固树立马克思主义世界观、人生观、价值观,树立正确的权力观、地位观、利益观,增强政治信念的坚定性、政治立场的原则性、政治鉴别的敏锐性、政治忠诚的可靠性。要在党内政治生活中坚持政治历练。毛泽东强调:"我们的目标,是想造成一个又有集中又有民主,又有纪律又有自由,又有统一意志、又有个人心情舒畅、生动活泼,那样一种政治局面。"② 各级领导干部要在严肃认真的党内政治生活中,修炼觉悟、锤炼党性,认真开展批评和自我批评,永葆共产党人政治本色。习近平总书记强调:"检验一名党员干部理想信念是否坚定,主要看其在重大政治考验面前有没有政治定力。"③ 各级领导干部要站稳政治立场,增强政治定力,既要保

---

① 《习近平关于全面从严治党论述摘编》,中央文献出版社2016年版,第67—68页。
② 《毛泽东著作专题摘编》(下),中央文献出版社2003年版,第1060页。
③ 《习近平谈治国理政》,外文出版社2014年版,第417页。

持"乱云飞渡仍从容"的定力,又要保持"任凭风浪起,稳坐钓鱼船"的定力,做到聚精会神搞建设、一心一意谋发展。

(六)锤炼政治品格

《中国共产党章程》规定,各级领导干部必须做到忠诚干净担当。习近平总书记强调,贯彻新时代党的组织路线,建设忠诚干净担当的高素质干部队伍是关键。忠诚、干净、担当,是领导干部为官从政之基、干事创业之要。忠诚是为政之魂,干净是立身之本,担当是成事之要,三者相辅相成、有机统一,共同铸就新时代领导干部的道德品行和精神风范。习近平总书记指出:"坚持对党绝对忠诚,必须把牢政治方向、严守政治纪律。要始终同党中央保持高度一致,增强党性立场和政治意识,提高政治敏锐性和政治鉴别力,在大是大非面前头脑清醒、旗帜鲜明,经得起大风大浪考验,决不能在政治方向上走岔了、走歪了,更不能走错了。"① 对领导干部来说,做到忠诚、干净、担当,既听其言、更观其行,既察其表、更析其里,既要看政治忠诚、看政治定力,又要看政治担当、看政治自律。各级领导干部既要在党内政治生活中修炼,又要在改革发展稳定中磨炼,炼就忠诚干净担当的政治品格。

(七)严守政治纪律

组织严密、纪律严明,是我们党的优良传统和政治优势,也是我们党的力量所在。毛泽东强调:"加强纪律性,革命无不胜。"② 邓小平强调:"我们这么大一个国家,怎样才能团结起来、组织起来呢?一靠理想,二靠纪律。"③ 习近平总书记强调:"提高政治能力必须对党的政治纪律和政治规矩怀有敬畏之心。"④ 政治纪律,是党的组织和党员在政

---

① 《办公厅要做到"五个坚持"——习近平同志在同中央办公厅各单位班子成员和干部职工代表座谈时的讲话》,《秘书工作》2014年第6期。
② 《毛泽东文集》第5卷,人民出版社1996年版,第194页。
③ 《邓小平文选》第3卷,人民出版社1993年版,第111页。
④ 《年轻干部要提高解决实际问题能力 想干事能干事干成事》,《人民日报》2020年10月11日。

治言论、政治行动方面同党的路线方针政策保持高度一致的规范,是维护党的性质、宗旨以及指导思想的原则和规定,是维护党的政治方向、政治原则和政治路线的行为规范,是约束党的各级组织和全体党员政治言论、政治行动、政治立场的行为规则。习近平总书记强调:"严明党的纪律,首要的就是严明政治纪律。党的纪律是多方面的,但政治纪律是最重要、最根本、最关键的纪律,遵守党的政治纪律是遵守党的全部纪律的重要基础。政治纪律是各级党组织和全体党员在政治方向、政治立场、政治言论、政治行为方面必须遵守的规矩,是维护党的团结统一的根本保证。"[①] 遵守党的政治纪律,是遵守党的全部纪律的基础,最核心、最关键的是做到坚决维护党中央权威和集中统一领导,在思想上政治上行动上同党中央保持高度一致。作为领导干部,要自觉遵守政治纪律,在政治方向、政治立场、政治观点、政治原则上同党中央保持高度一致,在贯彻党的路线、方针、政策时要坚定不移,确保在任何时候、任何情况下执行政治纪律不犹豫、不含糊、不动摇。

三、提高组织能力

提高领导能力,关键是提高组织能力。组织能力,是领导干部运用组织体系、组织结构来配置、管理、统合组织资源,开展组织工作的能力。我们党是由中央组织、地方组织、基层组织上下贯通、纵横一体、执行有力的严密组织体系,具有强大的组织能力。《中国共产党章程》规定,党的各级领导干部必须"有强烈的革命事业心和政治责任感,有实践经验,有胜任领导工作的组织能力、文化水平和专业知识"。组织能力,既是领导干部思想能力、政治能力的外在表现,又是领导干部管理能力、业务能力的内在要素。

---

① 《十八大以来重要文献选编》(上),中央文献出版社 2014 年版,第 131—132 页。

"党的力量来自组织,组织能使力量倍增。"我们党是根据党的纲领和章程、按照民主集中制原则组织起来的统一整体。组织严密是我们党的光荣传统和独特优势,是维护党的团结统一、确保党发挥总揽全局、协调各方作用的组织保障。周恩来指出:"有了政治路线,组织工作就决定一切。"① 邓小平强调:"组织起来就有力量。"② 习近平总书记强调:"党的领导,体现在党的科学理论和正确路线方针政策上,体现在党的执政能力和执政水平上,同时也体现在党的严密组织体系和强大组织能力上。"③ 我们党在革命、建设、改革各个时期都高度重视组织能力建设,着力锻炼提高各级领导干部的组织能力,从而彰显了我们党无坚不摧的领导能力。

贯彻新时代党的组织路线,关键是建设忠诚干净担当的高素质干部队伍;加强党的组织建设,关键是提高各级党组织和领导干部的组织能力。习近平总书记强调:"每个党员特别是领导干部都要强化党的意识和组织观念,自觉做到思想上认同组织、政治上依靠组织、工作上服从组织、感情上信赖组织。"④ 当前,各级领导干部要适应新发展阶段、贯彻新发展理念、服务新发展格局、促进高质量发展,必须不断提高深化改革、推动发展、维护稳定的组织领导能力。对各级领导干部来说,提高组织能力的关键是提高解决实际问题的能力。习近平总书记强调:"提高解决实际问题能力是应对当前复杂形势、完成艰巨任务的迫切需要,也是年轻干部成长的必然要求。面对复杂形势和艰巨任务,我们要在危机中育先机、于变局中开新局,干部特别是年轻干部要提高政治能力、调查研究能力、科学决策能力、改革攻坚能力、应急处突能力、群众工作能力、抓落实能力,勇于直面问题,想干事、能干事、干成事,

---

① 《周恩来选集》上卷,人民出版社1980年版,第130页。
② 《邓小平文选》第3卷,人民出版社1993年版,第111页。
③ 《十八大以来重要文献选编》(上),中央文献出版社2014年版,第766页。
④ 《习近平:切实贯彻落实新时代党的组织路线 全党努力把党建设得更加坚强有力》,《人民日报》2018年7月5日。

不断解决问题、破解难题。"① 作为领导干部，既要加强思想淬炼、政治历练，又要加强实践锻炼、专业训练；既要提高政治判断、政治领悟、政治执行能力，又要提高统揽全局、统筹兼顾、统筹治理能力；既要提高解决思想、政治、组织问题能力，又要提高解决改革、发展、稳定问题能力；既要提高科学决策、制定政策能力，又要提高科学管理、执行落实能力，不断提高解决实际问题、推动科学发展的组织能力。

（一）提高统揽全局能力

统揽全局能力，是指领导干部洞察全局、思考全局、谋划全局、指导全局、配合全局的组织能力。提高统揽全局的能力，既是我们党提高执政能力和领导水平的客观要求，也是各级领导干部提高组织能力和领导水平的现实需要。毛泽东强调："要提倡顾全大局。每一个党员，每一种局部工作，每一项言论或行动，都必须以全党利益为出发点，绝对不许可违反这个原则。"② "共产党员必须懂得以局部需要服从全局需要这一个道理。如果某项意见在局部的情形看来是可行的，而在全局的情形看来是不可行的，就应以局部服从全局。反之也是一样，在局部的情形看来是不可行的，而在全局的情形看来是可行的，也应以局部服从全局。这就是照顾全局的观点。"③ 邓小平强调："要从大局看问题，放眼世界，放眼未来，也放眼当前，放眼一切方面。"④ 习近平总书记强调："坚持党的领导，发挥党总揽全局、协调各方的领导核心作用，是我国社会主义市场经济体制的一个重要特征。"⑤ 全局涉及根本、决定长远。我们党要发挥总揽全局的领导作用，关键是提高各级领导干部统揽全局

---

① 《习近平：年轻干部要提高解决实际问题能力 想干事能干事干成事》，《人民日报》2020年10月11日。
② 《毛泽东选集》第3卷，人民出版社1991年版，第821页。
③ 《毛泽东选集》第2卷，人民出版社1991年版，第525页。
④ 《邓小平文选》第3卷，人民出版社1993年版，第300页。
⑤ 《习近平关于社会主义经济建设论述摘编》，中央文献出版社2017年版，第61页。

能力。习近平总书记强调："必须牢固树立高度自觉的大局意识，自觉从大局看问题，把工作放到大局中去思考、定位、摆布，做到正确认识大局、自觉服从大局、坚决维护大局。"① 历史证明，重视并善于从全局整体上考虑问题，做到着眼全局、把握全局、服从全局、服务全局，是我们党夺取革命、建设和改革胜利的根本保证。作为领导干部，要增强全局观念，强化大局意识，谋全局、观大势、把方向、议大事，自觉站在党和国家大局上想问题、看问题，出主意、想办法，正确认识和处理局部与全局的关系，把本单位本部门的工作与党和国家的事业联系起来，摆正本单位、本部门在全局中所处的位置，服从全党工作大局抓贯彻，围绕中央决策部署抓落实。

全局是一个整体，需要各个局部的配合。全局固然要照顾局部，但局部必须无条件地服从全局。只有胸怀大局、把握全局，才能统筹谋划、统筹兼顾。对各级领导干部来说，要自觉服从"五位一体"总体布局和"四个全面"战略布局，统筹国内国际两个大局，统筹发展安全两件大事，把握好稳中有进总基调，以新发展理念引领改革、发展、稳定各项工作。要处理好中央与地方、局部与全局、当前与长远的关系，做到顺大势、识大体、顾大局，凡是有利于大局的事情要尽力办好，凡是不利于大局的事情坚决不做，防止急功近利、竭泽而渔的短期行为。要从全局上认清主要矛盾，在大局中权衡利弊得失，把本地区本部门的工作放到大局中去审视，把本职工作放在大局中谋划，不局限在一时一地，做到心中有全局、手中有办法。作为领导干部，不论身处中央还是地方，不论身在机关还是基层，都要把本地区、本部门、本单位工作放到全党工作大局中去思考、去把握、去谋划，站得高一点、看得远一点、想得深一点、谋得实一点，在统揽全局中把握工作重点、难点，在谋划长远中破解现实难题。

---

① 《办公厅要做到"五个坚持"——习近平同志在同中央办公厅各单位班子成员和干部职工代表座谈时的讲话》，《秘书工作》2014年第6期。

（二）提高统筹兼顾能力

统筹兼顾，是我们党长期执政过程中的一条重要历史经验，也是领导干部必须长期坚持的工作方针和领导方法。毛泽东强调："统筹兼顾，各得其所。这是我们历来的方针。"[①] 毛泽东把统筹兼顾的领导方法形象地比喻为"弹钢琴"。他指出："弹钢琴要十个指头都动作，不能有的动，有的不动。但是，十个指头同时都按下去，那也不成调子。要产生好的音乐，十个指头的动作要有节奏，要互相配合。党委要抓紧中心工作，又要围绕中心工作而同时开展其他方面的工作。我们现在管的方面很多，各地、各军、各部门的工作，都要照顾到，不能只注意一部分问题而把别的丢掉。凡是有问题的地方都要点一下，这个方法我们一定要学会。……党委的同志必须学好'弹钢琴'。"[②] 胡锦涛同志在党的十七大报告中指出："科学发展观，根本方法是统筹兼顾。深入贯彻落实科学发展观，必须坚持统筹兼顾。要正确认识和妥善处理中国特色社会主义事业中的重大关系，统筹城乡发展、区域发展、经济社会发展、人与自然和谐发展、国内发展和对外开放，统筹中央和地方关系，统筹个人利益和集体利益、局部利益和整体利益、当前利益和长远利益，充分调动各方面积极性。统筹国内国际两个大局，树立世界眼光，加强战略思维，善于从国际形势发展变化中把握发展机遇、应对风险挑战，营造良好国际环境。"习近平总书记强调："提高统筹兼顾的能力，善于运用唯物辩证法认识和处理问题，既统揽全局、统筹规划，又在重点突破中推动工作协调发展。"[③] 作为领导干部，要学习和掌握统筹兼顾的领导方法，既要总揽全局、统筹谋划、整体推进，又要突出重点、兼顾各方、协调发展；既要抓好重点又要兼顾一般，既要整体推进又要重点突破，不断提高统筹兼顾能力。

[①] 《毛泽东文集》第7卷，人民出版社1999年版，第186页。
[②] 《毛泽东选集》第4卷，人民出版社1991年版，第1442页。
[③] 《习近平：领导干部要加强党性修养 提高综合素质》，《人民日报》2009年3月2日。

(三)提高统筹治理能力

《中共中央关于坚持和完善中国特色社会主义制度,推进国家治理体系和治理能力现代化若干重大问题的决定》指出,要构建系统完备、科学规范、运行有效的制度体系,加强系统治理、依法治理、综合治理、源头治理,把我国制度优势更好转化为国家治理效能,提高推进"五位一体"总体布局和"四个全面"战略布局等各项工作能力和水平。习近平总书记强调:"把提高治理能力作为新时代干部队伍建设的重大任务。通过加强思想淬炼、政治历练、实践锻炼、专业训练,推动广大干部严格按照制度履行职责、行使权力、开展工作。"① 对各级领导干部来说,治理能力既体现在管理国家和社会日常事务中,更体现在处置各类紧急突发事件时。作为领导干部,要切实加强思想淬炼、政治历练、专业训练和实践锻炼,强化系统治理、依法治理、综合治理、源头治理的思维和理念,既要懂治理、敢治理,又要能治理、善治理,不断提高统筹治理能力。

(四)提高调查研究能力

调查研究,既是领导干部谋事创业之基,又是领导干部干事成事之道。习近平总书记强调:"年轻干部要提高调查研究能力。调查研究是做好工作的基本功。一定要学会调查研究,在调查研究中提高工作本领。"② 调查研究,是我们党在革命、建设、改革各个历史时期做好领导工作的传家宝。毛泽东指出:"大兴调查研究之风,一切从实际出发,没有把握就不要下决心。调查研究极为重要,要教会所有的省委书记加上省委常委、省的各个部门的负责同志地委书记、县委书记、公社党委书记做调查研究。"③ 对领导干部来说,没有调查研究,既没有发言权,

---

① 《习近平:贯彻落实新时代党的组织路线 不断把党建设得更加坚强有力》,《求是》2020年第7期。

② 《年轻干部要提高解决实际问题能力 想干事能干事干成事》,《人民日报》2020年10月11日。

③ 《毛泽东年谱(一九四九——一九七六)》第4卷,中央文献出版社2013年版,第523页。

更没有决策权。只有深入调查研究，才能确保作出正确决策，制定正确政策，防止和减少工作中的失策失误，即使发生了失误也能迅速得到纠正。

调查研究，目的是发现问题、解决问题。毛泽东指出："我的经验历来如此，凡是忧愁没有办法的时候，就去调查研究，一经调查研究，办法就出来了，问题就解决了。没有具体政策，是不能解决问题的。正确的策略只能从实践经验中产生，只能来源于调查研究。"[1] 习近平总书记指出："要有强烈的问题意识，以重大问题为导向，抓住重大问题、关键问题进一步研究思考，找出答案，着力推动解决我国发展面临的一系列突出矛盾和问题。"[2] 各级领导干部要紧紧围绕贯彻落实党的路线方针政策和中央重大决策部署，深入研究构建新发展格局、推动高质量发展面临的突出问题，深入研究人民群众反映强烈的热点、难点问题，深入研究党的建设面临的重大理论和实际问题，深入研究事关改革发展稳定大局的重点问题，全面了解各种新情况，认真总结群众创造的新经验，探索和把握本行业、本领域改革发展的特点和规律，积极提出解决矛盾问题的思路、建议和对策。

调查研究，既是谋划工作、科学决策的重要依据，也是制定政策、抓好落实的根本保证。作决策、定政策、抓落实，刻舟求剑不行，闭门造车不行，异想天开更不行，必须进行深入调查研究，找准主要问题在何处，找准问题的根源在哪里。正确的决策离不开调查研究，正确的贯彻落实同样也离不开调查研究。经过充分研究、比较成熟的调研成果，要及时上升为决策部署，转化为具体措施；对尚未研究透彻的调研成果，要深入研究、加以完善后付诸实施；对已经实施的政策措施，要及

---

[1] 《毛泽东年谱（一九四九——一九七六）》第4卷，中央文献出版社2013年版，第566—567页。

[2] 《中共中央召开党外人士座谈会 习近平主持并发表重要讲话》，《人民日报》2013年11月14日。

时跟踪评估、调整优化。作为领导干部，要把调查研究过程作为认识问题、解决问题的过程，既要坚持目标导向，又要坚持结果导向，从问题出发、向目标靠近、求结果最佳，形成调研、决策、落实的良性循环，确保决策执行、政策落实，取得实实在在的效果。

（五）提高科学决策能力

科学决策是领导工作的重要一环。领导引导，决策为要。领导决策正确与否，直接关系人民群众的切身利益，关系各项事业兴衰成败。习近平总书记强调："年轻干部要提高科学决策能力。做到科学决策，首先要有战略眼光，看得远、想得深。领导干部想问题、作决策，一定要对国之大者心中有数，多打大算盘、算大账，少打小算盘、算小账，善于把地区和部门的工作融入党和国家事业大棋局，做到既为一域争光、更为全局添彩。"[①] 作为领导干部，要树立战略思维和大局意识，善于把本地区、本部门的工作融入党和国家事业大棋局，顾全大局、深谋远虑，站得高一点、看得远一点、想得深一点、谋得全一点，把科学决策、民主决策、依法决策有机结合起来，统筹兼顾、综合评判、科学决断，使各项决策符合实际情况、符合客观规律、符合科学精神，增强工作的原则性、系统性、预见性、创造性。

（六）提高改革攻坚能力

全面深化改革的根本目的，是要让国家变得更加富强、让社会变得更加公平正义、让人民生活得更加美好。当前，全面深化改革已进入深水区、攻坚期，面临的矛盾和问题更加复杂，对改革顶层设计、建章立制的要求更高，推动高质量发展、构建新发展格局的任务更重。习近平总书记强调："年轻干部要提高改革攻坚能力。面向未来，我们要全面推进党和国家各项工作，尤其是贯彻新发展理念、推动高质量发展、构建新发展格局，继续走在时代前列，仍然要以全面深化改革添动力、求

[①] 《年轻干部要提高解决实际能力 想干事能干事干成事》，《人民日报》2020 年 10 月 11 日。

突破。"① 发展面临的新问题，需要深化改革来解决；改革遇到的新问题，也需要通过发展来化解。对那些盘根错节的复杂问题、年代久远的遗留问题、长期形成的惯性问题，也要通过改革攻坚加以解决。习近平总书记强调："当前，很多重大改革已经进入推进落实的关键时期，改革任务越是繁重，越要把稳方向、突出实效、全力攻坚，通过改革有效解决困扰基层的形式主义问题，继续把增强人民群众获得感、幸福感、安全感放到突出位置来抓，坚定不移推动落实重大改革举措。"② 深化改革、化解难题，既要涉险滩、过暗礁，也要求突破、闯新路。作为领导干部，要适应新发展阶段、贯彻新发展理念，冲破思想观念的障碍，突破利益固化的藩篱，围绕推动高质量发展、构建新发展格局，把增强人民群众获得感、幸福感、安全感作为突破口和着力点，破解民生难题，补齐民生短板，多谋民生之利、多解民生之忧，在幼有所育、学有所教、劳有所得、病有所医、老有所养、住有所居、弱有所扶上不断取得新进展。

（七）提高应急处突能力

怎样应对紧急情况、怎样处置突发事件，既是对领导干部思想能力、政治能力的重要检验，也是对领导干部组织能力、专业能力的重要检验。习近平总书记强调："年轻干部要提高应急处突能力。预判风险是防范风险的前提，把握风险走向是谋求战略主动的关键。要增强风险意识，下好先手棋、打好主动仗，做好随时应对各种风险挑战的准备。努力成为所在工作领域的行家里手，不断提高应急处突的见识和胆识，对可能发生的各种风险挑战，要做到心中有数、分类施策、精准拆弹、有效掌控局势、化解危机。"③ 面对危机风险，只要化解有术、应对有

---

① 《年轻干部要提高解决实际问题能力　想干事能干事干成事》，《人民日报》2020年10月11日。

② 《习近平：把稳方向突出实效全力攻坚　坚定不移推动落实重大改革举措》，《人民日报》2019年3月20日。

③ 《年轻干部要提高解决实际问题能力　想干事能干事干成事》，《人民日报》2020年10月11日。

方，就能化危为机、化险为夷。2020年以来，在应对新冠肺炎疫情的过程中，许多行业、企业逆势增长，许多新技术、新业态脱颖而出，一些新型消费、升级消费异军突起。事实证明，只要顺时应势、顺势而为，就能在危机中育新机，在变局中开新局。作为领导干部，要增强风险意识，克服麻痹思想，坚持底线思维，做到居安思危、有备无患，凡事从最坏处着眼，做最充分的准备，朝好的方向努力，争取最好的结果。要准确预判风险，查找风险隐患，找准隐患的根源在哪里、表现形式是什么、发展趋势会怎样，及时堵塞风险漏洞，把风险隐患化解在萌芽状态。要果断处置风险，对已经发生的应急突发事件，要迅速反应、果断决策、付诸行动，做到心中有数、分类施策、精准拆弹、果断处置。要总结经验教训，完善防控机制，堵塞风险漏洞，为应对新的风险挑战提供借鉴。

（八）提高知人善任能力

人是生产力的基本要素，人才是成就事业的关键因素。"为政之要，莫先于用人。""历览古今兴衰事，成败得失在用人。"识别人才、用好人才，是领导干部必备的能力素质，也是领导干部的重要职责。邓小平强调："善于发现人才，团结人才，使用人才，是领导者成熟的主要标志之一。"[1] 当今社会，人才是最宝贵的资源。为政之要，唯在得人；事业兴衰，唯在用人。习近平总书记强调："要提高知人善任的能力，善于发现人才，正确识别人才，科学评价人才，合理使用人才，把各方面优秀人才汇聚到党和国家事业中来。"[2] 对领导干部来说，要培养知人识才的慧眼、提升知人善任的能力、增强惜人爱才的感情、掌握留人聚才的方法、强化教人育才的传统、养成容人助才的习惯，把各方面人才汇聚到党和国家事业中来。作为领导干部，要坚持正确的用人导向，善于发现人才，正确识别人才，科学评价人才，合理使用人才，把各类

---

[1] 《邓小平文选》第3卷，人民出版社1993年版，第109页。
[2] 《领导干部要加强党性修养　提高综合素质》，《人民日报》2009年3月2日。

人才用到合适的岗位,发挥各类人才的作用,营造用一贤人则群贤毕至的良好风尚。

(九)提高科学管理能力

科学管理能力是领导干部合理配置、有效利用人、财、物等各种资源的能力。科学管理,是开展领导工作的重要手段和基本途径。领导与管理既密切联系,又相互区别。领导,是领导者指导、带领、引导和激励下属实现组织目标的过程。管理,是管理者主持或负责某项工作,通过对人、财、物等各类资源合理配置、有效利用实现组织目标的过程。领导者常常具有双重身份,既担负领导工作也承担管理工作,对上级则以管理者的身份出现,对下级则以领导者的身份出现。

管理,既是一门科学,也是一门艺术,是领导工作永恒的主题。对领导干部来说,科学管理就是合理配置、高效利用人财物等各类资源,做到人尽其才、财尽其效、物尽其用,充分发挥人财物资源的效能效益。管人是管理的核心要素。从根本上说,一切管理工作都是管人的工作,对各种财和物的管理都可以通过对人的管理来实现。作为领导干部,要革新管理理念,推进管理革命,运用互联网思维、大数据分析等信息技术手段,不断提高科学管理能力。要坚持以人为本的管理理念,突出管人这个关键因素,坚持激励与约束并重,充分调动干部和群众的积极性、主动性、创造性;要强化依法依规管理思维和理念,运用法治思维和法治方式管人管钱管物;要善于运用信息化、大数据、人工智能等科技管理手段,确保管出高质量、高效率、高效能、高效益。

(十)提高制度执行能力

制度执行能力是领导干部通过制定和执行制度管理人财物等各种资源的能力。"经国序民,正其制度。"制度,是一个组织、政党、国家构成和运行的根本基础,也是衡量一个组织、政党、国家是否先进的根本标志。制度在治国理政中起根本性、全局性、长远性作用。邓小平指出:"我们过去发生的各种错误,固然与某些领导人的思想、作风有关,但是组织制度、工作制度方面的问题更重要。这方面的制度好可以使坏人无法任意横行，制度不好可以使好人无法充分做好事，甚至会走向反面。不是说个人没有责任，而是说领导制度、组织制度问题更带有根本性、全局性、稳定性和长期性。"① 习近平总书记强调："制度的生命力在于执行。要强化制度执行力，加强制度执行的监督，切实把我国制度优势转化为治理效能。各级党委和政府以及领导干部要增强制度意识，善于在制度的轨道上推进各项事业。广大党员、干部要做制度执行的表率，引领全社会增强制度意识，自觉维护制度权威。"② 制度既是开展领导工作的基本依据和基本前提，又是完成领导任务的基本手段和基本保障。

制定执行制度，领导干部是关键。制定制度，在于切合实际，务实管用；执行制度，在于落地落实，见到实效。各级领导干部既是制度的构建者，又是制度的执行者；既要负责制度的设计、制定和供给，确保制度行得通、真管用、有效率；又要负责制度的执行、落实和运用，必须按制度、按规则履行职责、行使权力、开展工作。制度本身并不会自动落实，制度优势也不会自然实现。制度威力要靠人来执行落实才发挥作用。好的制度要落实，首先需要人们理解制度、尊重制度，自觉在制度框架内做事。同时要因地制宜，根据不同环境、条件、时机采用不同执行方式，以达到良好执行效果。各项制度能不能在改革发展实践中取得实效，关键看领导干部执行得怎么样。各级领导干部只有带头遵守和执行制度，要求下级做到的，上级必须首先做到；要求别人做到的，自己必须首先做到，才能引领广大干部和群众自觉执行落实制度，发挥制度的影响力，彰显制度的生命力。

制度既是行使权力的依据，又是行使权力的保障。作为领导干部，

---

① 《邓小平文选》第 2 卷，人民出版社 1994 年版，第 333 页。
② 《习近平：继续沿着党和人民开辟的正确道路前进　不断推进国家治理体系和治理能力现代化》，《人民日报》2019 年 9 月 25 日。

要增强执行制度的思想自觉、行动自觉，用制度规则管人管财管物，按制度作决策、办事情、抓落实。要完善发展制度，着力固根基、扬优势、补短板、强弱项，及时把实践探索中成熟的经验和做法，以制度形式固化下来，推进制度创新。要坚决维护制度，加强制度监督检查，做到"制度面前人人平等、执行制度没有例外"，防止在制度执行上作选择、搞变通、打折扣的现象，确保制度时时生威、处处有效。

第三节　炼好本领

锤炼成为好领导，既要炼就过硬能力，又要炼就高强本领。习近平总书记在党的十九大报告中强调："领导十三亿多人的社会主义大国，我们党既要政治过硬，也要本领高强。"习近平总书记在党的十九届一中全会上又强调："领导干部不仅要有担当的宽肩膀，还要有成事的真本领。既要大胆讲政治，又要善于讲政治；既要矢志抓发展，又要善于抓发展；既要勇于抓改革，又要善于抓改革；既要敢于直面矛盾和问题，又要善于化解矛盾和问题；既要有想干事、真干事的自觉，又要有会干事、干成事的本领。""我们要适应党和国家工作的新进展，努力增强各方面本领，包括学习本领、政治领导本领、改革创新本领、科学发展本领、依法执政本领、群众工作本领、狠抓落实本领、驾驭风险本领。"

干事创业、建功立业既需要过硬能力，更需要高强本领。当前，面对改革发展稳定的新情况、新矛盾、新问题，有些领导干部虽然有做好工作的真诚愿望，但是由于缺乏做好工作的能力本领，习惯于用老思路老套路来应对，导致新办法不会用、老办法不管用、硬办法不敢用、软办法不顶用，结果事与愿违，甚至南辕北辙。治党治国治军，需要培养造就、选拔任用大批德行好、能力强、本领高、专业精的领导干部。习近平总书记强调："好干部除了要加强学习，还要加强实践。干部要深入基层、深入实际、深入群众，在改革发展的主战场、维护稳定的第一线、服务群众的最前沿砥砺品质、提高本领。"[1] 领导干部的能力本领不是与生俱来、自然生成的，而是通过善于学习、勇于实践锤炼而成的。实践才能出真知，能力本领靠磨砺。作为领导干部，既要增强消除"能力不足"的紧迫感，又要增强消除"本领恐慌"的紧迫感；既要在党内政治生活中修炼，又要在改革发展实践中磨炼，不断增强学习本领、政治领导本领、改革创新本领、科学发展本领、依法执政本领、群众工作本领、狠抓落实本领、驾驭风险本领，炼就践行初心使命、担当时代重任的真本事、真本领。

一、增强学习本领

中国共产党依靠学习走到今天，也必然要依靠学习走向未来。习近平总书记在党的十九大报告中强调："增强学习本领，在全党营造善于学习、勇于实践的浓厚氛围，建设马克思主义学习型政党，推动建设学习大国。"一个政党，只有善于学习、勇于实践，才能保持生机、充满活力；一个国家，只有善于学习、勇于实践，才能发展进步、繁荣昌盛。我们党历来高度重视抓好领导干部的学习培训，把提高领导干部学习本领，作为推动党和人民事业发展的根本途径。毛泽东早就指出："我们队伍里边有一种恐慌，不是经济恐慌，也不是政治恐慌，而是本领恐慌。过去学的本领只有一点点，今天用一些，明天用一些，渐渐告罄了。好像一个铺子，本来东西不多，一卖就完，空空如也，再开下去就不成了，再开就一定要进货。我们干部的'进货'，就是学习本领，这是我们许多干部所迫切需要的。"[2] 领导干部学习不学习，学习本领强不强，不仅仅是自己的事情，而是关乎党和国家事业发展的大事情。增强学习本领，首先要端正学风。毛泽东强调："学风问题是领导机关、

---

[1] 《习近平谈治国理政》，外文出版社2014年版，第417页。
[2] 《毛泽东文集》第2卷，人民出版社1993年版，第178页。

全体干部、全体党员的思想方法问题,是我们对待马克思列宁主义的态度问题,是全党同志的工作态度问题。既然是这样,学风问题就是一个非常重要的问题,就是第一个重要的问题。"① 习近平总书记在党的十九大报告中把增强学习本领作为全面提高执政本领的首要任务,足见其重要性、紧迫性。作为领导干部,要增强学习的责任感、紧迫感,发扬理论联系实际的学风,坚持勤于学习、善于学习,解决本领不足、本领恐慌、本领落后问题,学出新思维、新思想、新境界,体现时代性、把握规律性、富于创造性。

习近平总书记强调:"高度重视学习、善于进行学习,是我们党的优良传统和政治优势,是我们党保持和发展先进性、始终走在时代前列的重要保证,也是领导干部健康成长、提高素质、增强本领、不断进步的重要途径。特别是在当今国际国内形势不断发展变化的情况下,领导干部只有认认真真地学习、与时俱进地学习、持之以恒地学习,才能始终跟上时代进步的潮流,才能担当起领导重任。"② 学习本身既是一种能力和本领,也是提升能力和本领的根本有效途径和方法。只有做到学有所成,才能确保事业有成。作为领导干部,既要把学习作为一种精神追求,又要把学习作为一种责任使命;既要坚持学以致用、提高学习能力,又要坚持知行并重、增强学习本领,在学习和实践中认识新情况、把握新矛盾、解决新问题。

增强学习本领,关键是加强理论学习。政治上的坚定源于理论上的清醒。马克思主义理论,是指导革命、建设、改革的理论基础和看家本领。毛泽东早就指出:"在担负主要领导责任的观点上说,如果我们党有一百个至二百个系统地而不是零碎地、实际地而不是空洞地学会了马克思列宁主义的同志,就会大大地提高我们党的战斗力量。"③ 习近平

---

① 《毛泽东选集》第3卷,人民出版社1991年版,第813页。
② 习近平:《领导干部要认真学习》,《学习时报》2008年5月26日。
③ 《毛泽东选集》第2卷,人民出版社1991年版,第533页。

总书记强调："首先要认真学习马克思主义理论，这是我们做好一切工作的看家本领，也是领导干部必须普遍掌握的工作制胜的看家本领。"①"我们要赢得优势、赢得主动、赢得未来，战胜前进道路上各种各样的拦路虎、绊脚石，必须把马克思主义作为看家本领，以更宽广的视野、更长远的眼光来思考把握未来发展面临的一系列重大问题，不断提高全党运用马克思主义分析和解决实际问题的能力，不断提高运用科学理论指导我们应对重大挑战、抵御重大风险、克服重大阻力、解决重大矛盾的能力。"② 马克思主义是我们党的理论基础和指导思想。对领导干部来说，学习马克思主义经典著作，掌握马克思主义基本原理，学会用马克思主义的立场、观点和方法观察问题、分析问题、解决问题，是增强自身政治领导本领、改革创新本领、科学发展本领、依法执政本领、群众工作本领、狠抓落实本领、驾驭风险本领的基本前提和根本途径。

理论创新每前进一步，理论武装就要跟进一步。当前和今后一个时期，学习贯彻党的十九大精神和习近平新时代中国特色社会主义思想是全党面临的首要政治任务。作为领导干部，要深入学习贯彻习近平新时代中国特色社会主义思想，联系实际学、带着问题学、及时跟进学，做到学而信、学而思、学而行，在常学常新中坚定理想信念，在学思践悟中增强能力本领，在知行合一中践行初心使命，自觉运用习近平新时代中国特色社会主义思想武装头脑、指导实践、推动工作。

二、增强政治领导本领

中国共产党的领导，是中国特色社会主义最本质特征，是中国特色社会主义制度的最大优势。习近平总书记在党的十九大报告中强调："党政军民学、东西南北中，党是领导一切的。""党的领导是最高政治领导。"政治领导，是党的领导的基本方式和重要内容，事关政治立场、

---

① 《习近平谈治国理政》，外文出版社 2014 年版，第 404 页。
② 《习近平谈治国理政》第 2 卷，外文出版社 2017 年版，第 67 页。

政治方向、政治原则、政治道路。加强政治领导,就是要保证全党服从党中央集中统一领导,坚定执行党的政治路线,在政治立场、政治方向、政治原则、政治道路上同党中央保持高度一致。加强政治领导,始终是我们党立于不败之地的重要保障,是我们党推进事业发展的重要经验。习近平总书记强调:"坚持正确的政治路线、政治立场、政治方向、政治道路,是坚持党的领导、坚持社会主义制度的头等大事,也是政治局的头等大事。"① 加强党的政治领导,关键是增强各级领导干部的政治领导本领。习近平总书记在党的十九大报告中强调:"增强政治领导本领,坚持战略思维、创新思维、辩证思维、法治思维、底线思维,科学制定和坚决执行党的路线方针政策,把党总揽全局、协调各方落到实处。"我们党要发挥总揽全局、协调各方的领导核心作用,必须增强各级领导干部的政治领导本领。习近平总书记强调:"党的政治建设落实到干部队伍建设上就要不断提高各级领导干部特别是高级干部把握方向、把握大势、把握全局的能力,辨别政治是非、保持政治定力、驾驭政治局面、防范政治风险的能力,善于从政治上分析问题、解决问题。"② 作为领导干部,要加强政治理论学习,坚持政治能力训练,强化政治实践历练,切实提高把握方向、把握大势、把握全局的能力,努力提高辨别政治是非、保持政治定力、驾驭政治局面、防范政治风险的能力,不断增强政治领导本领。

增强政治领导本领,必须强化政治意识。讲政治,是中国共产党矢志不渝的政治本色、一以贯之的鲜明特色、贯穿始终的实践逻辑。我们党的根本优势在于政治坚强,面临的根本危险就是政治变质。邓小平强调:"到什么时候都得讲政治。"③ 习近平总书记强调:"作为党的干部,

---

① 《中共中央政治局召开专门会议习近平主持会议并发表重要讲话》,《人民日报》2013年6月26日。

② 《习近平:把党的政治建设作为党的根本性建设 为党不断从胜利走向胜利提供重要保证》,《人民日报》2018年6月29日。

③ 《邓小平文选》第3卷,人民出版社1993年版,第166页。

不论在什么地方、在哪个岗位上工作,都要增强党性立场和政治意识,经得起风浪考验,不能在政治方向上走岔了、走偏了。要严守政治纪律,在政治方向、政治立场、政治言论、政治行为方面守好规矩,自觉坚持党的领导,自觉同党中央保持高度一致,自觉维护党中央权威。"①作为领导干部,要切实增强政治意识,坚持政治方向,坚定政治立场,善于从政治上观察、分析、解决问题,不断提高把握方向、把握大势能力,提高辨别政治是非、防范政治风险能力,确保政治方向不偏、政治信仰不变、政治立场不移。

增强政治领导本领,必须强化政治思维。强化政治思维,是增强工作的原则性、系统性、预见性、创造性的重要前提。在新时代新征程上,我们党面临的"四大考验""四大危险"更加尖锐复杂,需要各级领导干部强化政治思维、提高政治能力。作为领导干部,要始终牢记自己的政治身份、政治面貌,既要政治思想合格,更要政治能力过硬,用好马克思主义哲学这个"望远镜"和"显微镜",站在政治高度想问题、谋对策,运用政治思维作决策、定政策,不断提高政治判断力、政治领悟力、政治执行力,确保党的路线方针政策和党中央决策部署的贯彻落实。

三、增强改革创新本领

改革创新,是保持国家兴旺发达的不竭源泉,是推动党的各项事业发展的根本动力。"唯改革者进,唯创新者强,唯改革创新者胜。"习近平总书记在党的十九大报告中强调:"增强改革创新本领,保持锐意进取的精神风貌,善于结合实际创造性推动工作,善于运用互联网技术和信息化手段开展工作。"邓小平强调:"改革是中国的第二次革命。"②"革命是解放生产力,改革也是解放生产力。""不坚持社会主义,不改

---

① 《习近平谈治国理政》第2卷,外文出版社2017年版,第143页。
② 《邓小平文选》第3卷,人民出版社1993年版,第113页。

革开放，不发展经济，不改善人民生活，只能是死路一条。"① 习近平总书记强调："改革开放是当代中国最鲜明的特色，是我们党在新的历史时期最鲜明的旗帜。改革开放是决定当代中国命运的关键抉择，是党和人民事业大踏步赶上时代的重要法宝。"② 改革开放是决定当代中国命运的关键一招，也是实现中华民族伟大复兴中国梦的关键一招。我国40多年的改革开放，取得了举世瞩目的伟大成就，实现了从站起来、富起来到强起来的伟大飞跃。习近平总书记强调："改革开放是当代中国发展进步的必由之路，是实现中国梦的必由之路。"③ 改革创新，是推进党和国家各项事业发展的关键一招，是建设社会主义现代化强国的根本动力。习近平总书记强调："创新是一个民族进步的灵魂，是一个国家兴旺发达的不竭源泉，也是中华民族最鲜明的民族禀赋。"④ 抓改革，就是抓发展；谋创新，就是谋未来。作为领导干部，要牢固树立改革创新理念，保持改革创新精神，增强改革创新本领，深化政治体制、经济体制、文化体制、社会体制等各方面改革，推进理论创新、制度创新、科技创新、文化创新等各方面创新。

（一）强化改革创新意识

唯有改革才有出路，唯有创新才有新路。实践发展永无止境，解放思想永无止境，改革创新也永无止境。作为领导干部，要进一步解放思想、求真务实、与时俱进，既要勇于冲破思想观念的障碍，又要勇于打破利益固化的藩篱；既要打破阻碍发展的思想观念、思维定势、思维模式，又要突破阻碍发展的体制机制、利益格局、路径依赖，敢于啃硬骨头，敢于涉险滩，更加尊重市场规律，更好发挥政府作用，以改革创新的思想理念谋求更大发展空间。

---

① 《邓小平文选》第3卷，人民出版社1993年版，第370页。
② 《习近平谈治国理政》第2卷，外文出版社2017年版，第39页。
③ 《习近平主席新年贺词（2004—2018）》，人民出版社2018年版，第4页。
④ 《习近平会见嫦娥三号任务参研参试人员代表》，《人民日报》2014年1月7日。

（二）弘扬改革创新精神

改革创新，是当代中国最鲜明的时代特征，是推动时代发展的永恒力量。人总是要有精神的，精神的力量是无穷的。习近平总书记强调："要弘扬改革创新精神，推动思想再解放改革再深入工作再抓实，凝聚起全面深化改革的强大力量，在新起点上实现新突破。"① 实现伟大梦想，需要伟大精神。习近平总书记强调："实现中国梦必须弘扬中国精神。这就是以爱国主义为核心的民族精神，以改革创新为核心的时代精神。这种精神是凝心聚力的兴国之魂、强国之魂。爱国主义始终是把中华民族坚强团结在一起的精神力量，改革创新始终是鞭策我们在改革开放中与时俱进的精神力量。"② 作为领导干部，要弘扬改革创新精神，坚持解放思想、实事求是、求真务实、与时俱进，始终保持永不停滞、永不僵化的思想观念，始终保持锐意进取、改革创新的精神状态。

（三）提高改革创新能力

中国特色社会主义进入新时代，我国社会主要矛盾已经转化为人民日益增长的美好生活需要和不平衡不充分的发展之间的矛盾。这是关系我国发展全局的历史性变化，对党和国家各项工作提出了许多新要求，也对领导干部提出了更高要求。对领导干部来说，着力解决发展不平衡不充分的矛盾和问题，就要贯彻新发展理念，服务新发展格局，提高改革创新能力，推动高质量发展，更好满足人民群众美好生活的需要。作为领导干部，要坚持以人民为中心的发展思想，把人民对美好生活的向往作为奋斗目标，把人民拥护不拥护、赞成不赞成、高兴不高兴、答应不答应作为衡量改革创新成败的根本标准，既要加强顶层设计、搞好总体规划、科学制定改革措施，又要摸着石头过河、大胆探索创新；既当

---

① 《习近平：思想再解放改革再深入工作再抓实 推动全面深化改革在新起点上实现新突破》，《人民日报》2018年1月24日。

② 《习近平在第十二届全国人民代表大会第一次会议上的讲话》，《人民日报》2013年3月17日。

改革创新的促进派,又当改革创新的实干家,善于结合实际创造性推动工作,善于运用互联网技术和信息化手段开展工作。

四、增强科学发展本领

发展才是硬道理,发展要靠真本领。发展是我们党执政兴国的第一要务。习近平总书记在党的十九大报告中强调:"发展是解决我国一切问题的基础和关键,发展必须是科学发展,必须坚定不移贯彻创新、协调、绿色、开放、共享的发展理念。""增强科学发展本领,善于贯彻新发展理念,不断开创发展新局面。"理念是行动的先导,发展实践需要发展理念引领。科学发展,功在当代,利在千秋。坚持科学发展,必须贯彻落实新发展理念,崇尚创新、注重协调、倡导绿色、厚植开放、推进共享。我国经济已由高速增长阶段转向高质量发展阶段,正处在转变发展方式、优化经济结构、转换增长动力的攻关期,迫切需要新发展理念的引领。习近平总书记强调:"新发展理念是一个整体,坚持创新发展、协调发展、绿色发展、开放发展、共享发展,全党全国要统一思想、协调行动、开拓前进。无论是中央层面还是部门层面,无论是省级层面还是省以下各级层面,在贯彻落实中都要完整把握、准确理解、全面落实,把新发展理念贯彻到经济社会发展全过程和各领域。"① 新发展理念是一个系统的理论体系,回答了关于发展的目的、动力、方式、路径等一系列理论和实践问题,阐明了我们党关于发展的政治立场、价值导向、发展模式、发展道路等重大政治问题。作为领导干部,要适应新发展阶段、贯彻新发展理念、服务新发展格局,更加注重科学发展,更加注重高质量发展,更加注重共同富裕,不断增强科学发展本领。

(一)坚持创新发展

坚持创新发展,是推进科学发展的内在动力。抓创新就是抓发展,

---

① 《完整准确全面贯彻新发展理念 确保"十四五"时期我国发展开好局起好步》,《人民日报》2021年1月30日。

谋创新就是谋未来。习近平总书记强调:"我们必须把创新作为引领发展的第一动力,把人才作为支撑发展的第一资源,把创新摆在国家发展全局的核心位置。"①"坚持创新发展,是我们分析近代以来世界发展历程特别是总结我国改革开放成功实践得出的结论,是我们应对发展环境变化、增强发展动力、把握发展主动权,更好引领新常态的根本之策。"② 创新发展,是牵动经济社会发展的"牛鼻子",是推动科学发展的根本动力。作为领导干部,要牢固树立和自觉践行创新发展理念,让创新贯穿于一切实际工作,不断推进理论创新、制度创新、科技创新、文化创新等各方面创新。

(二) 坚持协调发展

坚持协调发展,是推进科学发展的内在要求。只有坚持协调发展,才能解决发展不平衡问题。习近平总书记强调:"我们必须牢牢把握中国特色社会主义事业总体布局,正确处理发展中的重大关系,不断增强发展整体性。"③"协调既是发展手段又是发展目标,同时还是评价发展的标准和尺度,是发展两点论和重点论的统一,是发展平衡和不平衡的统一,是发展短板和潜力的统一。"④ 推进全国"一盘棋"的科学发展,协调发展是制胜要诀。我国发展不协调问题是一个长期存在的问题,突出表现在区域、城乡、经济和社会、物质文明和精神文明、经济建设和国防建设等关系上。推进协调发展,必须牢牢把握"五位一体"总体布局、"四个全面"战略布局,正确处理发展中的重大关系,促进城乡区域协调发展,促进经济社会协调发展,促进新型工业化、信息化、城镇化、农业现代化同步发展。作为领导干部,要牢固树立和自觉践行协调发展理念,强化协调发展思维,坚持两点论和重点论的统一,既要注重

---

① 《习近平谈治国理政》第2卷,外文出版社2017年版,第198页。
② 《习近平谈治国理政》第2卷,外文出版社2017年版,第201页。
③ 《习近平谈治国理政》第2卷,外文出版社2017年版,第198页。
④ 《习近平谈治国理政》第2卷,外文出版社2017年版,第205—206页。

巩固现有优势,又要着力破解难题、补齐短板,使两方面相辅相成、相得益彰,推动实现高质量、高水平发展。要坚持平衡性和不平衡的统一,既要注重发展机会公平,又不能搞平均主义;既要注重资源配置均衡,更要注重资源的效率效益。要坚持补齐短板和挖掘潜力的统一,既要在找出短板、补齐短板上多用力,又要通过补齐短板挖掘发展潜力、增强发展后劲。

(三)坚持绿色发展

坚持绿色发展,是推进科学发展的必要条件。绿色发展既是实现中华民族永续发展的客观需要,也是人民追求美好生活的重要体现。只有坚持绿色发展,才能解决人与自然和谐问题。习近平总书记在党的十九大报告中强调:"建设生态文明是中华民族永续发展的千年大计。必须树立和践行绿水青山就是金山银山的理念,坚持节约资源和保护环境的基本国策,像对待生命一样对待生态环境,统筹山水林田湖草系统治理,实行最严格的生态环境保护制度,形成绿色发展方式和生活方式。"生态环境没有替代品,用之不觉,失之难存。要像保护眼睛一样保护生态环境,像对待生命一样对待生态环境,推动形成绿色发展方式和生活方式。习近平总书记强调:"我们必须坚持节约资源和保护环境的基本国策,坚定走生产发展、生活富裕、生态良好的文明发展道路,加快建设资源节约型、环境友好型社会,推进美丽中国建设。"① 人类发展活动必须尊重自然、顺应自然、保护自然,否则就会遭到大自然的报复,这个规律谁也无法抗拒。我国资源约束趋紧、环境污染严重、生态系统退化的问题十分严峻,人民群众对清新空气、干净饮水、安全食品、优美环境越来越期盼,要求越来越强烈。作为领导干部,要牢固树立和自觉践行绿色发展理念,培育生态文明道德,落实节约资源和保护环境的基本国策,推进能源资源消费革命,在衣、吃、住、行、用等各个方

---

① 《习近平谈治国理政》第2卷,外文出版社2017年版,第199页。

面,积极营造绿色环保居住环境,养成节能减排、低碳环保的文明习惯,养成绿色低碳、文明健康的生产生活方式,为推进美丽中国建设贡献智慧和力量。

(四)坚持开放发展

坚持开放发展,是实现民族复兴、国家富强的必由之路。只有坚持开放发展,才能解决发展内外联动问题。习近平总书记强调:"我们必须坚持对外开放的基本国策,奉行互利共赢的开放战略,深化人文交流,完善对外开放区域布局、对外贸易布局、投资布局,形成对外开放新体制,发展更高层次的开放型经济,以扩大开放带动创新、推动改革、促进发展。"① 开放带来进步,封闭必然落后,开放已经成为当代中国的鲜明标识。只有坚持对外开放,主动顺应经济全球化潮流,充分运用人类社会创造的先进科学技术成果和有益管理经验,才能保证党和国家事业不断发展壮大。过去40多年中国经济发展是在开放条件下取得的,未来中国经济实现高质量发展也必须在更加开放的条件下进行。作为领导干部,要牢固树立和自觉践行开放发展理念,顺应我国经济深度融入世界经济的趋势,把握世界多极化、经济全球化规律,奉行互利共赢的开放战略,学习、借鉴和运用国外先进科学技术成果和有益管理经验,立足国内大循环、畅通国内国际双循环,用好国际国内两个市场、两种资源,坚持内外需协调、进出口平衡、引进来和走出去并重、引资和引技引智并举,推进高层次、高质量的开放发展,推动形成国内国际双循环发展新格局。

(五)坚持共享发展

坚持共享发展,是实现共同富裕、人民幸福的现实途径。只有坚持共享发展,才能解决社会公平正义问题。习近平总书记在党的十九大报告中强调:"必须多谋民生之利、多解民生之忧,在发展中补齐民生短

---

① 《习近平谈治国理政》第2卷,外文出版社2017年版,第199页。

板、促进社会公平正义，在幼有所育、学有所教、劳有所得、病有所医、老有所养、住有所居、弱有所扶上不断取得新进展，深入开展脱贫攻坚，保证全体人民在共建共享发展中有更多获得感，不断促进人的全面发展、全体人民共同富裕。"共享发展，是中国特色社会主义的本质要求，是走向共同富裕的现实途径。习近平总书记强调："我们必须坚持发展为了人民、发展依靠人民、发展成果由人民共享，作出更有效的制度安排，朝着共同富裕方向稳步前进，绝不能出现'富者累巨万，而贫者食糟糠'的现象。"[①] 共享发展是全民共享，即共享发展是人人享有、各得其所，不是少数人共享、一部分人共享；共享发展是全面共享，即共享国家经济、政治、文化、社会、生态文明各方面建设成果，全面保障人民在各方面的合法权益；共享发展是共建共享，即只有共建才能共享，共建的过程也是共享的过程；共享发展是渐进共享，即共享发展必将有一个从低级到高级、从不均衡到均衡的过程，即使达到很高的水平也会有差别。

坚持共享发展，必须坚持共同富裕。2021年8月17日，习近平总书记在中央财经委员会第十次会议上强调，共同富裕是社会主义的本质要求，是中国式现代化的重要特征，要坚持以人民为中心的发展思想，在高质量发展中促进共同富裕。促进共同富裕，既是现实任务，也是长期任务，必须从现在做起，持之以恒、久久为功。作为领导干部，要牢固树立和自觉践行共享发展理念，坚持发展为了人民、发展依靠人民、发展成果由人民共享，坚持在发展中保障和改善民生，自觉主动解决地区差距、城乡差距、收入差距等问题，统筹做好就业、收入分配、教育、社保、医疗、住房、养老、扶幼等各方面工作，更加注重向农村、基层、欠发达地区倾斜，向困难群众倾斜，让发展成果更多更公平惠及全体人民，使全体人民有更多获得感、安全感、幸福感。

---

① 《习近平谈治国理政》第 2 卷，外文出版社 2017 年版，第 200 页。

五、增强依法执政本领

依法治国,是治国理政的基本方略;依法执政,是治国理政的基本方式。习近平总书记在党的十九大报告中强调:"增强依法执政本领,加快形成覆盖党的领导和党的建设各方面的党内法规制度体系,加强和改善对国家政权机关的领导。""各级党组织和全体党员要带头尊法学法守法用法,任何组织和个人都不得有超越宪法法律的特权,绝不允许以言代法、以权压法、逐利违法、徇私枉法。"坚持依法执政,必须坚持科学立法、严格执法、公正司法、全民守法,推进依法行政,建设法治政府,以法治保障善治,以法治促进发展。

依法执政、依法行政,关键在于各级领导干部善于运用法治思维、法治方式推进改革、推动发展、维护稳定。习近平总书记强调:"领导干部要做尊法的模范,带头尊崇法治、敬畏法律;做学法的模范,带头了解法律、掌握法律;做守法的模范,带头遵纪守法、捍卫法治;做用法的模范,带头厉行法治、依法办事。"[①] 作为领导干部,要带头尊法、学法、守法、用法,善于运用法治思维和法治方式谋划科学发展、破解改革难题、维护社会稳定、保障人民权利,不断增强依法执政、依法行政、依法办事能力本领。

(一)做到尊法敬法

尊法敬法,是增强依法执政本领的前提。奉法者强则国强,奉法者弱则国弱。习近平总书记强调:"领导干部要把对法治的尊崇、对法律的敬畏转化成思维方式和行为方式。"[②] 只有内心尊崇敬畏法治,才能自觉遵守法律。法律敬畏意识来源于内心深处对法律的坚定信仰。只有信仰法律才会敬重法律。现实中,有的领导干部法治观念淡薄、法律知识缺乏,不习惯、不善于运用法治思维、法治手段推动工作、解决问

---

① 《习近平谈治国理政》第 2 卷,外文出版社 2017 年版,第 127 页。
② 《习近平谈治国理政》第 2 卷,外文出版社 2017 年版,第 127 页。

题。心有敬畏，行有所止。作为领导干部，要强化法律底线思维，牢固树立宪法法律至上、法律面前人人平等、权由法定、权依法使等法律法治观念，自觉在宪法法律范围内想问题、作决策、办事情。

（二）做到学法懂法

学法懂法，是增强依法执政本领的基础。习近平总书记强调："各级领导干部尤其要弄明白法律规定我们怎么用权，什么事能干、什么事不能干，心中高悬法律的明镜，手中紧握法律的戒尺，知晓为官做事的尺度。"[①] 现实中，一些领导干部不学法、不知法、不懂法，有法不依、执法不严，损害了政治、经济、文化、社会、生态文明领域的正常秩序。有的甚至知法犯法、执法犯法、徇私枉法，违法行为触目惊心，严重损害了党和国家的形象和威信。作为领导干部，要深入学习宪法法律，领会和把握法的原则、法的原理、法的价值、法的精神，掌握和精通履行领导职责所必备的法律法规知识。

（三）做到守法用法

守法用法，是增强依法执政本领的关键。习近平总书记强调："领导干部要牢记法律红线不可逾越、法律底线不可触碰，带头遵守法律、执行法律，带头营造办事依法、遇事找法、解决问题用法、化解矛盾靠法的法治环境。"[②] 作为领导干部，要把法治精神、法治理念转化为法治思维、工作方式，做到在法治之下、而不是法治之外、更不是法治之上想问题、作决策、办事情。要严格依法履职，坚持权由法定、权依法使、依法办事，做到法定职责必须为、法无授权不可为、违法失职必追究。

六、增强群众工作本领

人民是国家的主人，干部是人民的公仆。"政之所兴在顺民心，政

---

① 《习近平谈治国理政》第2卷，外文出版社2017年版，第127页。
② 《习近平谈治国理政》第2卷，外文出版社2017年版，第127页。

之所废在逆民心"。人民群众是历史的创造者,是决定党和国家前途命运的根本力量。习近平总书记在党的十九大报告中强调:"增强群众工作本领,创新群众工作体制机制和方式方法,推动工会、共青团、妇联等群团组织增强政治性、先进性、群众性,发挥联系群众的桥梁纽带作用,组织动员广大人民群众坚定不移跟党走。"作为领导干部,要坚持人民立场,践行群众路线,改进工作方法,不断提高为民服务能力,增强群众工作本领,凝聚同心共筑中国梦的磅礴力量,团结带领全国各族人民为建设社会主义现代化强国、实现中华民族伟大复兴不懈奋斗。

(一)坚持人民立场

我们党的最大优势是密切联系群众,面临的最大危险是脱离人民群众。习近平总书记强调:"人民立场是中国共产党的根本政治立场,是马克思主义政党区别于其他政党的显著标志。""全党同志要把人民放在心中最高位置,坚持全心全意为人民服务的根本宗旨,实现好、维护好、发展好最广大人民根本利益,把人民拥护不拥护、赞成不赞成、高兴不高兴、答应不答应作为衡量一切工作得失的根本标准,使我们党始终拥有不竭的力量源泉。"① 我们党之所以能在100年的历史征程中,战胜各种艰难险阻和风险挑战,不断取得革命、建设和改革的一个又一个胜利,就在于始终保持同人民的血肉联系,与人民风雨同舟、生死与共。

习近平总书记强调:"我们要牢记人民对美好生活的向往就是我们的奋斗目标,坚持以人民为中心的发展思想,努力抓好保障和改善民生各项工作,不断增强人民的获得感、幸福感、安全感,不断推进全体人民共同富裕。"② 我们党的根基在人民、血脉在人民、力量在人民,如果失去人民拥护和支持,会失去根基、失去血脉、失去力量。作为领导干部,要始终坚持人民立场,始终保持同人民群众的血肉联系,把为人

---

① 《习近平谈治国理政》第2卷,外文出版社2017年版,第40页。
② 《习近平谈治国理政》第2卷,外文出版社2020年版,第66页。

民谋幸福作为根本职责，时刻把群众安危冷暖放在心上，及时准确了解群众所思、所盼、所忧、所急，把群众工作做实、做深、做细、做透。

（二）坚持以人为本

"民为邦本，本固邦宁。"胡锦涛同志强调，"科学发展观，第一要义是发展，核心是以人为本，基本要求是全面协调可持续，根本方法是统筹兼顾。"坚持以人为本，就要坚持以人民为中心的发展思想，把实现好、维护好、发展好最广大人民根本利益作为党和国家一切工作的出发点和落脚点。习近平总书记强调："要以有效举措落实以人民为中心的发展思想，把就业、收入分配、教育、社保、医疗、住房、养老、托育、食品安全、社会治安等问题统筹解决好，妥善处理生态和民生的关系，实现生态保护和民生保障相协调。"[①] 作为领导干部，要以人民利益为重、以人民期盼为念，真诚倾听群众呼声，真实反映群众愿望，真情关心群众疾苦，做到知民情、解民忧、纾民怨、暖民心，统筹解决好人民群众的就业、收入分配、教育、社保、医疗、住房、养老、托育、食品安全、社会治安等问题。

（三）坚持为民服务

坚持全心全意为人民服务，是我们党的根本宗旨。民心民意是最大的政治，脱离群众是最大的危险。习近平总书记在党的十九大报告中强调："党的一切工作必须以最广大人民根本利益为最高标准。我们要坚持把人民群众的小事当作自己的大事，从人民群众关心的事情做起，从让人民群众满意的事情做起，带领人民不断创造美好生活。"作为领导干部，不论从事什么职业，不论身居何位，都要把为人民服务作为行为准则，在思想上尊重群众，在认识上相信群众，在感情上贴近群众，在工作中依靠群众，把民生疾苦放在心上，把人民幸福牵挂心上，把群众高兴不高兴、满意不满意、答应不答应作为检验一切工作的根本标准，

[①] 《坚持以人民为中心深化改革开放　深入推进青藏高原生态保护和高质量发展》，《人民日报》2021年6月10日。

做到心为民想、情为民系、权为民用、利为民谋，让人民群众有更多获得感、安全感、幸福感。

（四）改进工作方法

江泽民同志强调："善于做群众的思想工作，提高群众的觉悟，激励群众为实现自己的根本利益而奋斗，是我们党的传家宝，任何时候都不能丢。"① 作为领导干部，深入研究新时代群众工作的新情况、新特点，创新群众工作思路，创新群众工作载体，创新工作方式方法，充分利用一切现代化手段和形式，深入基层、深入群众，问计于民、问需于民、问效于民，知群众之所需、急群众之所急、解群众之所难，增强群众工作时代性、时效性。要切实做好新时代群团工作，增强推动工会、共青团、妇联等群团组织政治性、先进性、群众性，发挥工青妇组织联系群众、服务群众的桥梁纽带作用。

七、增强狠抓落实本领

崇尚实干、狠抓落实，既是为官从政之道，也是干事创业之要。习近平总书记在党的十九大报告中强调："增强狠抓落实本领，坚持说实话、谋实事、出实招、求实效，把雷厉风行和久久为功有机结合起来，勇于攻坚克难，以钉钉子精神做实做细做好各项工作。"规划蓝图、大政方针、决策部署，只有靠领导干部的狠抓落实，才能落地生根、开花结果。习近平总书记强调："抓落实是党的政治路线、思想路线、群众路线的根本要求，也是衡量领导干部党性和政绩观的重要标志。"② 作为领导干部，要把继承传统和改革创新结合起来、制定目标和狠抓落实结合起来、分类指导和统筹协调结合起来、典型引导和全面提高结合起来、当前工作和长治长效结合起来，增强领导工作系统性、预见性、创

---

① 《十四大以来重要文献选编》（上），中央文献出版社2011年版，第654页。
② 《中共中央政治局召开民主生活会 习近平主持并发表重要讲话》，《人民日报》2017年12月27日。

造性、实效性，以真抓的实劲，以敢抓的狠劲，以善抓的巧劲，以常抓的韧劲，确保党的路线方针政策和党中央的决策部署落到实处、见到实效。要坚持目标导向、问题导向和结果导向，把吃透上情与摸清下情结合起来，把汇众人之智与聚用众人之力结合起来，着力解决好人民群众反映强烈的突出问题。要坚持说实话、谋实事、出实招、求实效，以雷厉风行的作风、久久为功的精神，以抓铁有痕、踏石留印的劲头，聚焦、聚神、聚力抓落实，抓得紧之又紧、细之又细、实之又实，抓出实实在在的成效。

八、增强驾驭风险本领

在新时代的征程上，机遇与挑战并存，希望与风险同在。"居安思危，思则有备，有备无患。"风险，是事物客观矛盾的反映，不以人们的主观愿望为转移。习近平总书记在党的十九大报告中强调："增强驾驭风险本领，健全各方面风险防控机制，善于处理各种复杂矛盾，勇于战胜前进道路上的各种艰难险阻，牢牢把握工作主动权。"我们这个14亿多人口的发展中国家，用几十年时间走过了西方发达国家几百年才走完的路程，在前进道路上战胜了许多风险。当前，我国仍处于重要战略机遇期，发展机遇前所未有，但是，面临的风险挑战也前所未有，既面临政治、经济、社会、金融等风险，也面临意识形态、国家安全、生态环境等风险。面对波谲云诡的国际形势、复杂敏感的周边环境、艰巨繁重的改革发展稳定任务，我们既要高度警惕"黑天鹅"事件，也要注重防范"灰犀牛"事件；既要有防范风险挑战的先手，也要有化解风险挑战的高招；既要打好防范和抵御风险的有准备之战，也要打好化险为夷、转危为机的战略主动战。习近平总书记强调："要强化风险意识，常观大势、常思大局，科学预见形势发展走势和隐藏其中的风险挑战，做到未雨绸缪。要提高风险化解能力，透过复杂现象把握本质，抓住要害、找准原因，果断决策，善于引导群众、组织群众，善于整合各方力量、科学排兵布阵,有效予以处理。"① 作为领导干部,要树立防范风险意识,提高驾驭风险能力,及时洞察、准确把握、有效应对各种风险挑战,善于处理各种复杂矛盾,勇于战胜前进道路上的各种艰难险阻。

(一)强化防范风险意识

"居安而念危,则终不危;操治而虑乱,则终不乱。"我们党在内忧外患中诞生,在磨难挫折中成长,在战胜风险挑战中壮大,始终抱有强烈的忧患意识、风险意识、危机意识。习近平总书记在党的十九大报告中强调:"增强忧患意识,做到居安思危,是我们党治国理政的一个重大原则。"对各级领导干部来说,在实际工作中,许多风险和挑战是难以意料的,但是,做任何工作都要坚持底线思维,做好防范风险的思想准备,从最坏的可能性来谋划对策、作出部署。邓小平强调:"我们要把工作的基点放在出现较大的风险上,准备好对策。这样,即使出现了大的风险,天也不会塌下来。"② 习近平总书记强调:"我们共产党人的忧患意识,就是忧党、忧国、忧民意识,这是一种责任,更是一种担当。要深刻认识党面临的执政考验、改革开放考验、市场经济考验、外部环境考验的长期性和复杂性,深刻认识党面临的精神懈怠危险、能力不足危险、脱离群众危险、消极腐败危险的尖锐性和严峻性,深刻认识增强自我净化、自我完善、自我革新、自我提高能力的重要性和紧迫性,坚持底线思维,做到居安思危。"③ 作为领导干部,要树立强烈的忧患意识,常观大势、常思大局,增强防范风险的敏锐性,科学预见形势发展走势和隐藏其中的风险挑战,既要居安思危,又要知危图安;既要及早发现风险的蛛丝马迹,将风险消灭在萌芽状态;又要避免麻痹大意、让风险坐大而陷入被动、遭风险伏击;既要看到发展变化带来的风险,也要看到发展变化带来的机遇;既要从最坏处着眼、做充分的准

---

① 《习近平谈治国理政》第3卷,外文出版社2020年版,第233页。
② 《邓小平文选》第3卷,人民出版社1993年版,第267页。
③ 《习近平关于全面从严治党论述摘编》,中央文献出版社2016年版,第5—6页。

备；又要争取主动、朝最好的方向努力，为治理风险赢得先机，把风险的不确定性降到最低，把风险的可控性做到最大，争取最好的结果，推动各项事业持续健康发展。

（二）增强防范风险观念

忘记忧患是最大的忧患，忘记风险是最大的风险。"人无远虑，必有近忧。""君子安而不忘危，存而不忘亡，治而不忘乱，是以身安而国家可保也。"防患于未然，是防范风险、预防危机的最好办法。习近平总书记强调："前进的道路不可能一帆风顺，越是前景光明，越是要增强忧患意识，做到居安思危，全面认识和有力应对一些重大风险挑战。要聚焦重点，抓纲带目，着力防范各类风险挑战内外联动、累积叠加，不断提高国家安全能力。"[①] 改革发展不会一帆风顺，必然会有艰难险阻甚至惊涛骇浪。面对各种风险和挑战，必须坚定信心，迎难而上，化危为机。作为领导干部，要贯彻落实国家总体安全观，深刻认识防范风险与确保安全的关系，坚持以国家利益至上，以人民安全为宗旨，以政治安全为根本，统筹外部安全和内部安全、国土安全和国民安全、传统安全和非传统安全、自身安全和共同安全，把风险治理理念转化为确保一方平安的实际行动，做到居安思危、未雨绸缪，坚决避免发生系统性风险或颠覆性风险，全面防范和化解在经济、政治、文化、社会等领域和自然界出现的重大风险。

（三）正确判断各类风险

"明者远见于未萌，而智者避危于未形。"最大的风险在于看不见风险。只有正确预判风险，才能防范化解风险。防范化解各类风险，先要解决"怎么看"的问题，然后解决"怎么办"的问题。如果看不到、看不全、看不透风险，就难以应对化解风险。对领导干部来说，要坚持常观大势、常思大局，看到风险在哪，认清现状如何，把握趋势怎样，正

---

① 《习近平谈治国理政》第3卷，外文出版社2020年版，第217页。

确认识各类风险中的主要风险是什么，在主要风险中哪些是主要矛盾，才能做到心中有数、未雨绸缪、应对有方。"看"清风险，要坚持唯物论和辩证法，一切从实际出发，从矛盾问题入手，客观分析、正确认识经济社会发展面临的各类风险。要坚持"两点论"和"重点论"相统一，分清主次、区别对待，既看到事物主要矛盾和矛盾的主要方面，又看到次要矛盾和矛盾的次要方面；既看到主流，又看到支流，找准重点、抓住关键、精准施策；既要避免主次不分、重点不明，"眉毛胡子一把抓"的问题，又要避免抓住一点、不计其余，"按下葫芦浮起瓢"的问题。要对可能出现的风险进行评估，从风险的来源是内部还是外部、风险的作用机理是自然的还是社会的等维度，科学评价和判断经济效益风险、技术安全风险、环境影响风险、社会稳定风险。

（四）提高驾驭风险能力

习近平总书记强调："必须积极主动、未雨绸缪、见微知著、防微杜渐，下好先手棋，打好主动仗，做好应对任何形式的矛盾风险挑战的准备，做好经济上、政治上、文化上、社会上、外交上、军事上各种斗争的准备，层层负责、人人担当。"① 作为领导干部，既要善于识别风险、判断风险，又要善于应对风险、处置风险。在全面深化改革进程中，要及时预测在"深水区"可能遇到的暗礁险滩，有针对性地做好防范风险的应急处置预案，做到心中有数、从容应对，把风险化解在萌芽状态。在全面从严治党进程中，要提高预防腐败能力，勇于直面问题，敢于刮骨疗毒，严肃的党内政治生活，防止脱离群众的危险、作风不正的危险、纪律涣散的危险、消极腐败的危险，坚决抵制一切损害党的先进性和纯洁性的影响因素，深入推进反腐败斗争，保持党同人民群众的血肉联系。在确保政治安全方面，要持续巩固壮大主流舆论强势，加大舆论引导力度，增强道路、理论、制度、文化自信。在确保经济安全方

---

① 《习近平在省部级主要领导干部学习贯彻党的十八届五中全会精神专题研讨班上的讲话》，《人民日报》2016年5月10日。

面，要未雨绸缪，精准研判、妥善应对经济领域可能出现的各类风险，做好稳就业、稳金融、稳外贸、稳外资、稳投资、稳预期工作，保持经济运行在合理区间。在确保社会安全方面，要切实维护社会大局稳定，解决好人民群众切身利益问题，全面做好就业、教育、社会保障、医药卫生、食品安全、安全生产、社会治安、住房市场调控等各方面工作。

在新时代的征程上，没有平坦的大道可走，还有许多"雪山""草地"需要跨越，还有许多"娄山关""腊子口"需要征服。风险是客观存在，几乎难以回避；挑战无处不在，处处可能有风险。"暮色苍茫看劲松，乱云飞渡仍从容。"作为领导干部，既要提升应对挑战的能力，又要掌握驾驭风险的本领；既要善于应对各种挑战，又要善于化解各种风险；既要居安思危、锐意进取，下好防范风险挑战的"先手棋"，也要临危不乱、化危为机，当好化解风险挑战的"当头炮"；既要打好应对挑战、抵御风险的预备战，也要打好化险为夷、转危为机的主动战，做到"兵来将挡、水来土掩"，能防则防、能除则除、能减则减、能缓则缓；要发扬斗争精神，增强斗争本领，以"踏平坎坷成大道，斗罢艰险又出发"的勇气，应对改革发展稳定中的风险挑战，战胜前进道路上的艰难险阻。

第十章　善领善导

"善行者远，善领者众。"善学善思能谋事，善言善语能善事，善写善算能明事，善行善领能成事。作为领导干部，要坚持善领善导，做到善言善语、善写善算、善行善领，开动脑筋有思路，张口说话有条理，动手写作有逻辑，算账理财有章法，带领队伍有真招，切实发挥领导作用。

善领善导，是衡量好领导的基本准则，也是成为好领导的基本途径。领导，顾名思义，既要"领"又要"导"。领导，作为名词，即领导者，是指在正式的社会组织中经合法程序而担任一定领导职务、履行特定领导职能、掌握一定权力、肩负某种领导责任的个人或组织。领导，作为动词，即领导活动，是指领导者运用个人影响力或组织赋予的权威，为完成公共使命而在特定情境下制定战略、作出决策、提高绩效、实现目标的行为和过程。毛泽东指出："什么叫做领导？领导和预见有什么关系？预见就是预先看到前途趋向。如果没有预见，叫不叫领导？我说不叫领导。斯大林说：没有预见就不叫领导，为着领导必须预见。""坐在指挥台上，如果什么也看不见，就不能叫领导。坐在指挥台上，只看见地平线上已经出现的大量的普遍的东西，那是平平常常的，也不能算领导。只有当着还没有出现大量的明显的东西的时候，当桅杆顶刚刚露出的时候，就能看出这是要发展成为大量的普遍的东西，并能掌握住它，这才叫领导。"[①]

[①] 《毛泽东文集》第3卷，人民出版社1996年版，第394—395页。

邓小平指出："什么叫领导，领导就是服务。"① 没有预见就没有领导，没有服务也没有领导。对领导干部来说，只有德才兼备、以身作则，才能做到善领善导，带好班子、领好队伍，实现领导与服务共同推进。作为领导干部，既要善于预见，又要善于服务；既要在预见中领导、在领导中预见，又要在服务中领导、在领导中服务；既要以身作则带好班子，又要率先垂范领好队伍，团结带领群众完成好各项工作任务。

任何一个领导者开展工作都是在一个组织、系统中进行的。领导干部既要善于作决策、定政策，又要善于交任务、交方法。毛泽东指出："党委书记要善于当'班长'。党的委员会有一二十个人，像军队的一个班，书记好比是'班长'。领导工作不仅要决定方针政策，还要制定正确的工作方法。有了正确的方针政策，如果在工作方法上疏忽了，还是要发生问题。党委要完成自己的领导任务，就必须依靠党委这'一班人'，充分发挥他们的作用。"② 毛泽东还强调，党委书记要完成自己的领导任务，必须当好"班长"、学会"弹钢琴"，才能依靠这"一班人"，充分发挥他们的作用，带领千百万人去工作。毛泽东强调："学会'弹钢琴'。弹钢琴要十个指头都动作，不能有的动，有的不动。但是，十个指头同时都按下去，那也不成调子。要产生好的音乐，十个指头的动作要有节奏，要互相配合。钢琴有人弹得好，有人弹得不好，这两种人弹出来的调子差别很大。党委的同志必须学好'弹钢琴'。"③ 一个杰出的领导就像一个出色的乐队指挥，既要把握主旋律、主音调，又要明了每位乐手的演奏情况，发挥每个乐队成员的作用。只有这样，才能使整个乐队协调配合，奏出和谐自然、优美动听的乐章。

领导活动的本质是人与人之间的一种互动过程，是领导者发挥职能职权带领被领导者实现既定目标的行为或过程。领导的对象是人而不是

---

① 《邓小平文选》第3卷，人民出版社1993年版，第121页。
② 《毛泽东选集》第4卷，人民出版社1991年版，第1440页。
③ 《毛泽东选集》第4卷，人民出版社1991年版，第1442页。

物,一切领导活动都与人密切相关。任何领导工作都是由领导者组织、带领群众为完成既定目标任务的行为和过程。对领导干部来说,要组织和带领群众完成既定的目标任务,既要具备与领导职务相适应的素质能力,又要掌握与领导任务相匹配的领导方法。毛泽东指出:"我们不但要提出任务,而且要解决完成任务的方法问题。我们的任务是过河,但是没有桥或没有船就不能过。不解决桥或船的问题,过河就是一句空话。不解决方法问题,任务也只是瞎说一顿。"[1] 习近平总书记的系列重要讲话始终贯穿着科学领导方法论,既讲清楚是什么、怎么看的问题,又讲清楚怎么办、怎么干的问题;既部署"过河"的任务,又指导解决"桥或船"的方法。学习习近平新时代中国特色社会主义思想,就要注重学习领会贯穿其中的思想方法、领导方法和工作方法。

在领导活动中,语言、文字、数据等工具发挥着极其重要、不可或缺的作用。对领导干部来说,善学善思能谋事,善言善语能善事,善写善算能明事,善行善领能成事。作为领导干部,要善于运用语言、文字、数据等工具开展领导工作,做到善言善语、善写善算、善行善领,开动脑筋有思路,张口说话有条理,动手写作有逻辑,算账理财有章法,带领队伍有真招,不断提高语言表达能力、文字表达能力、言行带领能力,不断改进领导方法和工作方法,切实发挥领导作用。

第一节 善言善语

善言善语,既是领导干部为人处世、为官从政的必备能力,也是领导干部干事创业、建功立业的基本方法。语言,是人们沟通交流思想的重要工具,也是领导干部开展工作的重要工具。说话,既是人的本能,也是人生需要。"出言以善,如叩钟磬。"善言善语,既是为人处世、人

---

[1] 《毛泽东选集》第 1 卷,人民出版社 1991 年版,第 139 页。

际交往的必修课、也是为官从政、干事创业的常修课。对领导干部来说，善言，就是要做到会说话、说实话、说真话、说新话；善语，就是要做到讲情理、讲事理、讲道理、讲真理。作为领导干部，要善于运用通俗易懂的语言，表达清楚事业发展的方向、目标和任务，以及实现目标、完成任务的方式方法，更好地团结带领群众为实现工作目标、完成工作任务而奋斗。

古今中外的领导者都十分重视发挥语言的重要作用。"一言可以兴邦，一言可以丧邦。""名不正则言不顺，言不顺则事不成；事不成，则礼乐不兴。"古代哲人把"立德""立功""立言"列为人生"三不朽"。也有哲人说，世界上最伟大的艺术和最有征服力的武器是语言。马克思说："语言是思想的直接现实。"列宁说："语言是人类最重要的交际工具。"毛泽东十分重视语言的作用。他善于用朴实、风趣、通俗的"大白话"，传播了革命思想，凝聚了革命力量，激励了革命斗志，对中国革命、建设产生了广泛深远的影响。毛泽东指出："我们是革命党，是为群众办事的，如果也不学群众的语言，那就办不好。""我们很多人没有学好语言，所以我们在写文章做演说时没有几句生动活泼切实有力的话，只有死板板的几条筋，像瘪三一样，瘦得难看，不像一个健康的人。"① "如果我们没有学会说群众懂得的话，那么广大群众是不能领会我们的决议的。我们远不是随时都善于简单地、具体地、用群众所熟悉和懂得的形象来讲话。"② 邓小平多次强调，领导干部要"讲短话、讲实话、讲新话"。邓小平指出："开会要开小会，开短会，不开无准备的会。会上讲短话，话不离题。议这个问题，你就对这个问题发表意见，赞成或反对，讲理由，扼要一点；没有话就把嘴巴一闭。不开空话连篇的会，不发离题万里的议论。总之，开会、讲话都要解决问题。"③ 陈

---

① 《毛泽东选集》第 3 卷，人民出版社 1991 年版，第 837 页。
② 《毛泽东选集》第 3 卷，人民出版社 1991 年版，第 843 页。
③ 《邓小平文选》第 2 卷，人民出版社 1994 年版，第 283 页。

云要求领导干部"要讲真理、不要讲面子"。这些论述都说明了语言的重要作用。

善言善语，既是领导干部素质能力、品质作风的具体体现，也是领导干部为官从政、干事创业的现实需要。领导干部担负着发动群众、组织群众、宣传群众的任务，经常需要发表讲话。有时候，领导干部说一句善言善语，能对部属和群众产生意想不到的影响，让人受教育，给人以启示，甚至使人受益终生。领导干部练好说话之术、弄通说话之道，小而言之，关乎个人德行、品质、形象；大而言之，事关党和国家的形象和威信。

善言善语能善事，恶言恶语必坏事。"善语助人成道，恶言断人其根。""善言一句暖三冬，恶语一句冷三伏。"现实中，有的领导干部却不太善于讲话。有的离开稿子讲不了话，无论在哪里讲话、对什么人讲话，都是照本宣科，让群众感到没听头、没笑头、没想头。有的领导干部讲话词不达意、语言枯燥，空话套话连篇，群众听后觉得味同嚼蜡。有的领导干部不顾身份、场合讲一些"雷人雷语"，不仅让群众反感，还损害自身形象，影响党群、干群关系。习近平总书记曾批评有的领导干部"不会说话"：与新社会群体说话，说不上去；与困难群众说话，说不下去；与青年学生说话，说不进去；与老同志说话，给顶了回去。在当今互联网时代，信息传播异常便捷快速，领导干部若一言不慎，就可能被迅速晒在网上，让网民跟帖热议，有时甚至会产生负面效应。

习近平总书记强调，"领导干部要做实干家，也要做宣传家"，新闻媒体要"用海外读者乐于接受的方式、易于理解的语言，讲述好中国故事，传播好中国声音"。作为领导干部，要担负好动员群众、宣传群众、组织群众、引领群众的任务，就要学会运用语言工具，提高语言表达能力，用群众乐于接受的话语和方式，宣传党的理论方针政策和国家的法律法令法规，宣贯党中央的决策部署，既要敢于说实话、说真话，又要善于讲道理、讲真理；既要做到言之有情、言之有理、言之有物、言之有据，又要讲明世情理、讲活实道理、讲透大道理、讲清新道理，以哲理启示人，以事实说服人，以情感打动人，以道理教育人，以真理引导人。

第二节　善写善算

善写善算，是领导干部为人处世、为官从政的必备能力，也是领导干部干事创业、建功立业的现实需要。善写，就是善于写作，用好文字、写好文章；善算，就是善于算账，用好数字、算账理财。文字与数字，是人们认识世界、改造世界两种最基本的工具。在人类社会发展进程中，文字与数字像两个巨轮，推动人类思想不断发展。从古至今，人们的学习、工作和生活，都离不开文字与数字。政治家、思想家借助语言文字，将思想观点展现于世人面前。科学家、经济学家借助数字数学，帮助人们认识和掌握科学规律、经济规律，并应用到人们的现实生活。古今中外的思想家、政治家、军事家都十分重视运用文字、数字开展领导工作。曹丕说："盖文章，经国之大业，不朽之盛事。"龚自珍说："各扬著书一支笔，各写洞庭二月春。""文以载道，文以化人。"黑格尔通过文字语言，解释了一个个深奥难解的哲学概念，帮助人们理解领悟辩证法的强大力量。马克思通过数百万字的《资本论》，解释了资本这个抽象概念在人类社会发展中的巨大作用。我们党历来强调领导干部要重视写文章、善于写文章。毛泽东是文章大家，他多次强调领导干部亲自动手写文章。人们都知道"毛主席用兵真如神"，其实"毛主席下笔更如神"。毛泽东指出："文章是客观事物的反映，而事物是曲折复杂的，必须反复研究，才能反映恰当。"[①] 因而写文章有助于人们正确地认识客观世界。刘少奇指出："写文章也是掌握一种武器，要能够提

[①] 《毛泽东选集》第3卷，人民出版社1991年版，第844页。

出问题,解释清楚问题。"① 邓小平强调:"拿笔杆是实行领导的主要方法。领导同志要学会拿笔杆。实现领导最广泛的方法是用笔杆子。用笔写出来传播就广,而且经过写,思想就提炼了,比较周密。所以用笔领导是领导的主要方法,这是毛主席告诉我们的。凡不会写的要学会写,能写而不精的要慢慢地精。""不懂得用笔杆子,这个领导本身就是很有缺陷的。"② 想当初,中国共产党人"打江山"、得民心,夺取政权,靠的是"枪杆子、笔杆子";现而今,中国共产党人"坐江山"、顺民意,长期执政,也要靠这"两杆子"。毛泽东多次强调领导干部写文章的重要性,并把写文章提高到端正学风、党风的高度来认识,要求领导干部亲自写文章。

善写不可或缺,善算也很重要。神机妙算,方能出奇制胜;运筹帷幄,方能决胜千里。善算方能制胜,精算方能取胜。孙武在《孙子兵法》中指出,"夫未战而庙算胜者,得算多也;未战而庙算不胜者,得算少也,多算胜,少算不胜,而况于无算乎"。刘伯温在《百战奇略·计战》中也指出,"凡用兵之道,以计为首。未战之时,先料将之贤愚,敌之强弱,兵之众寡,地之险易,粮之虚实。计料已审,然后出兵,无有不胜"。粟裕大将更是直截了当地说"打仗就是数学"。兵无常势,水无常形,但"善算精算"却是历久弥新的制胜之道。作为战争的领导者、指挥者要深刻把握这一制胜规律,不仅要"会算"而且要"善算",不仅要未战先算、谋战而算,而且要因时而算、因地而算、因势而算。在战争中,只有算得准、算得细、算得精、算得快,才能打得准、打得好、打得赢。

毛泽东在领导革命和建设的长期实践中,十分重视算账并亲自算账。他强调,领导干部"算账是一个很重要的问题",要"算清楚别人算不清的账",既要注重"算小账",又要重视善于"算大账"。在革命

---

① 《刘少奇选集》下卷,人民出版社 1985 年版,第 51 页。
② 《邓小平文选》第 1 卷,人民出版社 1994 年版,第 145—146 页。

战争时期，毛泽东强调："要得到群众的拥护吗？要群众拿出他们的全力放到战线上去吗？那末，就得和群众在一起，就得去发动群众的积极性，就得关心群众的痛痒，就得真心实意地为群众谋利益，解决群众的生产和生活的问题，盐的问题，米的问题，房子的问题，衣的问题，生小孩的问题，解决群众的一切问题。"① 在社会主义建设时期，毛泽东强调："胸中有'数'。这是说，对情况和问题一定要注意到它们的数量方面，要有基本的数量的分析。任何质量都表现为一定的数量，没有数量也就没有质量。我们有许多同志至今不懂得注意事物的数量方面，不懂得注意基本的统计、主要的百分比，不懂得注意决定事物质量的数量界限，一切都是胸中无'数'，结果就不能不犯错误。"② 陈云长期主管中央财经工作，也十分重视算账。他说："算账很重要，五块钱只能做五块钱的事。""一是算账，一是材料和指标要一致。"晚年的陈云还曾戏称："我是算账派，脑子里都是数目字。"纵览古今中外，无论战场还是商场，不管从政还是从商，无不强调"多算胜、少算不胜""精算胜，粗算不胜""心中有数，行有胜算"的基本法则。作为领导干部，要担当好发动群众、宣传群众、组织群众、带领群众的领导任务，既要善于写文作文，用文字讲理；又要善于算账理财，用数字说话，善于运用公文文章、数字数据开展领导工作。

一、善于写作

善于写作，是领导干部为官从政、干事创业的必备能力和基本方法。写文章，是人们为了学习、工作和生活的需要，把想要说的话或想表达的思想，用文字记录下来，传递出去。写文章的本质功能在于满足人们的学习、工作和生活需要。一般来说，能说会写又会干的人，成长进步相对较快，这是因为能说会写的人，善于学习，善于思考，学问深

---

① 《毛泽东选集》第 1 卷，人民出版社 1991 年版，第 138 页。
② 《毛泽东选集》第 4 卷，人民出版社 1991 年版，第 1442 页。

厚，思路开阔，说话作文做事的思路清晰、眼界高远，看问题能深一步，写文章能高一筹，研究分析矛盾和问题有新视角、新见解，解决矛盾和问题有新思路、新办法。我们党历来倡导领导干部要把写文章作为一种重要的领导方式和领导方法。领导干部的讲话、文章，传递和代表党和政府的声音，是统一思想认识、加强部署协调、指导工作落实的基本工具，具有很强的政治性、政策性和指导性。作为领导干部，要善于用公文、文章开展动员群众、宣传群众、组织群众、带领群众的各项工作。

（一）重视写文章

写文章，是领导干部为官从政、干事创业的现实需要。毛泽东成为我们党的领袖之后，照样自己动手写文章，亲自起草文章、电报、讲话提纲，撰写社论、新闻通讯，甚至替别人写文章。针对一些领导干部写报告和讲话稿让秘书代劳的现象，毛泽东强调："重要的文件不要委托二把手、三把手写，要自己动手，或者合作起来做。""不可以一切依赖秘书，要以自己动手为主，别人帮助为辅。"[1] 对领导干部来说，要经常与各种文书材料打交道，如果没有较强的文笔功底和相应的写作能力，就难以胜任领导工作，因此，要做好领导工作，既要重视写文章，更要学会写文章。

（二）学会写文章

文虽无定式，但也有章法。文章千古事，纵横写春秋。怎样写文章，古今中外没有统一定论和标准答案，但各种题材的文章，却有相对应的文体和格式，也有自身的特点和规律。毛泽东指出："要写文章，先出好题目，要有思想性艺术性，锻炼头脑的细致准确性。客观事物是独立存在的东西，全面地认识它，写成文章是不容易的事情。经过多次反复，才能比较接近客观实际，写出来经过大家讨论一下，搞成比较谨

---

[1] 《毛泽东文集》第7卷，人民出版社1999年版，第359页。

慎的作风，把问题把思想写成定型的语言文字，可以提高准确性。"①对领导干部来说，只要把握写作的基本特点、规律和方法，把握好我们党提倡的"文风三标准"：准确性、鲜明性、生动性，就能学会写文章、写出好文章。

一要主题鲜明。每一篇文章，都要有鲜明的主题，赞成什么，反对什么，提倡什么，否定什么，都要旗帜鲜明。写文章与作讲话，有异曲同工之道。毛泽东许多精彩的讲话，其实就是一篇好文章。邓小平的讲话和文章，总是紧紧围绕主题进行深入分析，具有无可辩驳的逻辑力量。习近平总书记的讲话和文章，主题鲜明，思想深刻，说理透彻，逻辑严密，语言生动，通俗易懂，具有独特的文风和魅力。文章主题突出、思想鲜明、准确生动就能打动人、感染人、启发人。作为领导干部，写文章要观点鲜明、文取旨达、态度明确，勇于坚持对的、敢于反对错的，对于工作、对于问题、对于群众，绝不能含糊其辞、语焉不详。

二要实事求是。实事求是，既是一种思想方法，也是一种写作方法。毛泽东多次强调，写文章要注重调查研究，坚持实事求是。毛泽东强调，"'实事'就是客观存在着的一切事物，'是'就是客观事物的内部联系，即规律性，'求'就是我们去研究。我们要从国内外、省内外、县内外、区内外的实际情况出发，从其中引出其固有的而不是臆造的规律性，即找出周围事变的内部联系，作为我们行动的向导。"②"没有调查就没有发言权"，"一切结论产生于调查情况的末尾，而不是在它的先头。""只要是严格说理又合乎事实，即实事求是的文章，是站得起来的。"③ 写好文章，就要坚持实事求是，做到"不唯书、不唯上、只为实"。

---

① 《毛泽东年谱（一九四九——一九七六）》第2卷，中央文献出版社2013年版，第451页。
② 《毛泽东选集》第3卷，人民出版社1991年版，第801页。
③ 《毛泽东著作专题摘编》（下），中央文献出版社2003年版，第2356页。

三要务实创新。笔墨当随时代,写作常思创新。习近平总书记指出:"胸有成竹才能出口成章,找准症结才能对症下药,源于实践才能指导实践。领导干部改进文风,应当走出机关,深入基层,在实际生活中'望闻问切',使我们的思想和文字体现时代要求,符合实际情况,能够解决问题。群众的思想最鲜活,群众的语言最生动。深入群众,就来到了智慧的大课堂、语言的大课堂,我们的讲话、文章就可以有的放矢,体现群众意愿,让群众愿意看、看得懂、愿意听、听得进。"[1] 写文章,要紧跟时代,与时俱进,有新资料、新观点、新经验、新理论。

四要有理有据。写文章,要言之有物、言之有理、言之有据,发挥以文感人、以文化人的作用。言之有物,就是文章要有信息量,有自己的观点、视角、经验、创意,有对现有理论的深入认识、分析、阐述;言之有理,就是要对阐述的问题,作细致深入的分析研究,对理论有一个清晰明确的认识和界定;言之有据,就是论事论理,尽量用第一手资料,做到数据准确,论据充分。

五要勤学苦练。"文章千古事,得失寸心知。""书山有路勤为径,学海无涯苦作舟。"杜甫说:"为人性僻耽佳句,语不惊人死不休。"苏轼说:"博观而约取,厚积而薄发。"曹雪芹说:"字字看来都是血,十年辛苦不寻常。"龚自珍说:"各扬著书一支笔,各写洞庭石屋春。"李大钊说:"铁肩担道义,妙手著文章。"范文澜说:"板凳要坐十年冷,文章不写一句空。"写文章,既是一件苦差事,又是一件乐趣事。文章不难千遍改,佳作常自改中来。写文章需要"三分写,七分改"。只要反复推敲修改,就能越改越好、越改越精。习近平总书记强调:"宣传思想干部要不断掌握新知识、熟悉新领域、开拓新视野,增强本领能力,加强调查研究,不断增强脚力、眼力、脑力、笔力,努力打造一支政治过硬、本领高强、求实创新、能打胜仗的宣传思想工作队伍。"[2]

---

[1] 《十七大以来重要文献选编》(中),中央文献出版社 2011 年版,第 675—676 页。
[2] 《习近平谈治国理政》第 3 卷,外文出版社 2020 年版,第 315 页。

作为领导干部,要坚持自己动手写文章,做到腿勤、眼勤、脑勤、手勤,增强脚力、眼力、脑力、笔力,提高文章传播力、引导力、影响力、公信力。

(三) 切实改文风

文风关乎世运,世运隐于文风。领导干部的文风是其思想作风和工作作风的重要表现,不仅是体现个人喜好和语言风格,更折射党风政风、民风社风。我们党历来重视改进文风问题。毛泽东强调:"学风和文风也都是党的作风,都是党风。"[①] 邓小平指出:"端正党风,是端正社会风气的关键。"[②] 端正党风,要从端正学风做起;端正学风,要从端正文风做起。习近平总书记十分重视改进文风并身体力行,要求各级领导机关和领导干部带头改进文风。中央八项规定及实施细则,对改进作风作了具体规定:"要精简文件简报,切实改进文风,没有实质内容、可发可不发的文件、简报一律不发;要改进新闻报道,中央政治局同志出席会议和活动应根据工作需要、新闻价值、社会效果决定是否报道,进一步压缩报道的数量、字数、时长。"2019年3月,中共中央办公厅印发的《关于解决形式主义突出问题为基层减负的通知》中专门强调要发扬"短实新"文风。作为领导干部,要把改进文风作为改进作风的一项重要任务。

一是求短。文章要力求简短精练,宜短则短,宜长则长。毛泽东指出:"现在是在战争的时期,我们应该研究一下文章怎样写得短些,写得精粹些。"[③]"讲话、演说、写文章和写决议案,都应当简明扼要。"[④] 毛泽东的文章,既有恢宏巨著,也有短评短论,最短者仅有百余言。邓小平一贯倡导写短文、讲短话。如他在1987年1月20日会见穆加贝时

[①] 《毛泽东选集》第3卷,人民出版社1991年版,第812页。
[②] 《邓小平文选》第3卷,人民出版社1993年版,第144页。
[③] 《毛泽东选集》第3卷,人民出版社1991年版,第834页。
[④] 《毛泽东选集》第4卷,人民出版社1991年版,第1443页。

的一段讲话，只有 200 多字，既从一般意义上阐明了一个国家不能闭关自守，又从中国正反两个方面的经验教训论证了坚持改革开放的必要性。可谓从一般到具体，具有很强的思想力量。习近平总书记在 2003 年 2 月至 2007 年 3 月任浙江省委书记时，曾在《浙江日报》"之江新语"专栏发表短论 232 篇。这些短论思想性、指导性、时效性都很强。

二是求实。毛泽东历来反对"空话连篇，言之无物"的"党八股"文章，认为这种文风"流毒全党""祸国殃民"。写文章，要以实际问题为导向，体现时代要求，符合实际情况，能够解决问题。要善于运用群众的语言、通俗易懂的语言，体现群众意愿，让群众愿意看、看得懂，愿意听、听得进。

三是求新。写文章，要讲新话、出新意。邓小平在 1992 年南方谈话时曾批评说："电视一打开，尽是会议。会议多，文章太长，讲话也太长，而且内容重复，新的语言并不很多。重复的话要讲，但要精简。"[①] 写文章，既要在探索规律、认识真理上有新发现，讲前人没有讲过的新话，又要把中央精神和上级要求与实际结合起来，在解决问题上有新理念、新思路、新举措。但是，写文章并不是要刻意求新、标新立异，搞文字游戏。

四是求用。学习是为了应用，写作更是为了应用。邓小平曾指出，"学马列要精，要管用的。"他写的文章也体现了这种"务实管用"的特点，具有很强的针对性和指导性。写文章，既不要讲空话虚话，也不要讲正确的废话，而要讲管用的实话。

二、善于算账

善于算账，是领导干部履职尽责、干事创业的必备能力和基本方法。理不讲不透，账不算不明。领导干部既要善于写作，又要善于算

[①] 《邓小平文选》第 3 卷，人民出版社 1993 年版，第 381 页。

账,运用数字数据开展领导工作。习近平总书记强调:"善于获取数据、分析数据、运用数据,是领导干部做好工作的基本功。各级领导干部要加强学习,懂得大数据,用好大数据,增强利用数据推动各项工作的本领,不断提高对大数据发展规律的把握能力,使大数据在各项工作中发挥更大作用。"[①]

生活因数字化而更加精彩,事业因数字化而更加壮大。发展数字经济、建设数字中国,是国民经济和社会发展第十四个五年规划的一项重要任务。在互联网时代,大数据发展日新月异,信息化发展进入新阶段。大数据已成为基础性资源和战略性资源,成为新的生产力和生产要素,数字经济已经成为我国经济发展的新引擎。世界各国都把推进经济数字化作为实现创新发展的重要动能。对各级领导干部来说,只有学习和掌握数字经济知识和技能,学好大数据,弄懂大数据,用好大数据,善于运用数字数据推动各项工作,才能抓住产业数字化、数字产业化赋予的机遇,推进数字经济发展,推动数字中国建设。作为领导干部,要善于用数学思维、数字工具开展工作,既要算好"公务账",又要算好"人生账"。

(一)算好"公务账"

各级领导干部担负领导与管理工作,要善于算账理财,用好数字数据,打好"算盘子"、理好"账本子",运用数学思维、数字理念、数据技能发现问题、分析问题、解决问题,合理配置和高效利用人、财、物等各类资源。习近平总书记多次强调,领导干部要算好"公务账",既要善于算细账,更要善于算大账。习近平总书记强调:"要增强大局意识、战略意识,善于算大账、总账、长远账,不能只算地方账、部门账、眼前账,更不能为了局部利益损害全局利益、为了暂时利益损害根

---

① 《审时度势精心谋划超前布局力争主动 实施国家大数据战略加快建设数字中国》,《人民日报》2017年12月10日。

本利益和长远利益。"① 但现实中,有的领导干部缺乏大局观、长远观、整体观,只算小账,不算大账;只算眼前账,不算长远账;有的不顾实际,好高骛远,急于大干快上出政绩;有的新上任的领导干部"新官不理旧账",从而导致因小失大、顾此失彼、寅吃卯粮、急功近利的问题。习近平总书记强调:"领导干部想问题、作决策,一定要对国之大者心中有数,多打大算盘、算大账,少打小算盘、算小账,善于把地区和部门的工作融入党和国家事业大棋局,做到既为一域争光、更为全局添彩。"② 作为领导干部,要树立大局观、长远观、整体观,着眼于党和国家的整体利益和人民群众的根本利益,善于把地区和部门的工作融入党和国家事业大棋局,正确处理当前和长远、局部和全局的关系,算好长远账、整体账、综合账,做到既为一域争光、更为全局添彩。

习近平总书记强调:"中央政治局的同志要善于观大势、谋大局、抓大事,同时要善于从全局上分析研究所分管领域面临的形势,抓好各领域各方面的具体工作,通过解决一个个实际问题、推进一项项具体工作,为全局工作服务。"③ 各级领导干部要树立大局观念,增强大局意识,善于观大势、谋大局、利长远,算好整体账、综合账、长远账,为党和国家的中心工作服务。

算好"公务账",就要观大势。观大势,就是要洞察事物发展的主流方向和长远趋势。"虽有智慧,不如乘势。""天下,势而已矣。""善战者,求之于势。"观大势,就要有科学预见。对各级领导干部来说,要保持对"时"与"势"的清醒洞察,准确把握国内外发展形势、发展趋势、发展走势,既要用好历史的"长镜头",运用历史眼光和发展眼光,把正在做的事放到历史长河中去观察、来谋划,总结经验规律,把

---

① 《习近平谈治国理政》第 2 卷,外文出版社 2017 年版,第 221 页。
② 《年轻干部要提高解决实际问题能力 想干事能干事干成事》,《人民日报》2020 年 10 月 11 日。
③ 《带头把不忘初心牢记使命作为终身课题 始终保持共产党人的政治本色和前进动力》,《人民日报》2019 年 12 月 28 日。

握发展脉络,坚定前进方向;也要用好世界的"广角镜",瞄准世界一流新方位,跟踪把握世情国情最新变化,抓住重要战略机遇期,把握事物本质和变化走向,对潜在的风险挑战有科学预判,及时采取化危为机的有效对策,做到战略前置、未雨绸缪、有备无患。观大势,就要有科学决断。"当断不断,必受其乱,断而不断,必有后患。"毛泽东强调:"要善于观察形势,脑筋不要硬化。形势不对了,就要有点嗅觉,嗅政治形势,嗅经济空气,嗅思想动态。""要当机立断,不要错过形势。机不可失,时不再来。要观察形势正确,才能当机立断。"① 作为领导干部,要认清形势、感知态势、洞悉趋势,把握方向、找准方位,精准发力、乘势而上,做到因势而谋、顺势而断、科学决断、应势而为,牢牢掌握工作主动权。

算好"公务账",就要谋全局。"不谋全局者,不足谋一域。"毛泽东指出:"全国一盘棋和地方积极性这两个东西相结合,一有矛盾,按照全国一盘棋的原则解决。要顾全大局。顾大局,是最高的品德,并不吃亏。"② 对各级领导干部来说,顾大局、谋全局,就要善于把本地区、本部门、本单位工作放到全局中去思考、定位、摆布。全局不活,局部受损,最终会导致满盘皆输。毛泽东强调:"共产党员必须懂得以局部需要服从全局需要这一个道理。如果某项意见在局部的情形看来是可行的,而在全局的情形看来是不可行的,就应以局部服从全局。反之也是一样,在局部的情形看来是不可行的,而在全局的情形看来是可行的,也应以局部服从全局。这就是照顾全局的观点。"③ 谋全局,关键是要顾全大局,在大局中审视本地区、本领域、本部门、本单位的工作,坚持谋全面、谋整体、谋长远、谋关键。对各级领导干部来说,思考问题、研究对策、制定方案、推动工作,都要服务服从党和国家的工作大

---

① 《毛泽东年谱(一九四九——一九七六)》第4卷,中央文献出版社2013年版,第9页。
② 《毛泽东年谱(一九四九——一九七六)》第3卷,中央文献出版社2013年版,第557页。
③ 《毛泽东选集》第2卷,人民出版社1991年版,第525页。

局，不断提高领导工作的方向性、原则性、系统性和创造性。对分管的各项工作，要放在事业全局中来思考，把具体问题提到全局高度来把握，防止坐井观天、急功近利；对是非得失的判断标准，以大局利益为重，关注整体发展效益，克服部门利益掣肘，防止因小失大、本位主义。作为领导干部，要增强大局意识、强化全局观念，把本地区、本部门、本单位的工作与国际国内大局联系起来，同贯彻落实党中央重大决策部署一致起来，在大局下思考，在大局下谋划，在大局下行动，使职能职责范围的工作既能为一域争光、又能为全局添彩。

算好"公务账"，就要顾长远。顾长远，就是要着眼长远、统筹兼顾、远近结合，把当前任务放在全过程链条中来运筹，做到问题导向、目标导向、效果导向相统一。习近平总书记强调："要把生态环境保护放在更加突出位置，像保护眼睛一样保护生态环境，像对待生命一样对待生态环境，在生态环境保护上一定要算大账、算长远账、算整体账、算综合账，不能因小失大、顾此失彼、寅吃卯粮、急功近利。"① 顾长远，就要抓好战略问题、作出战略决策、加强宏观指导，善于抓根本、抓关键、抓重点，抓住事物发展的主要矛盾和矛盾的主要方面，力求"牵一发而动全身"，争取"一子落而满盘活"的效果。现实中，有的领导干部囿于固有工作模式和惯性思维，大事小事都要管、眉毛胡子一把抓，陷入事务主义，看似忙忙碌碌，上下都很疲惫，成效却不明显。领导工作千头万绪、复杂繁重，必须把握先后主次，分清轻重缓急，把准对全局影响最大、最有决定意义的关键问题，牵住"牛鼻子"、学会"弹钢琴"、找准"金钥匙"，精准发力、持续攻关、务求实效。特别是面对重大风险挑战、重大困难考验、重大矛盾问题，要善于统筹兼顾、综合协调，既善于抓大放小、以大兼小，又注重以小带大、小中见大，通过解决一个个实际问题，推进一项项具体工作，为实现长远目标任务

---

① 《习近平关于全面建成小康社会论述摘编》，中央文献出版社 2016 年版，第 176 页。

创造有利条件。作为领导干部，要树立战略思维、战略眼光，着眼长远、谋划长远，站得高一点、看得远一点、想得深一点，既要谋划好"立竿见影"之计，也要谋划好"久久为功"之策，算计好打基础、管长远之事，合理配置、高效利用人财物等各类资源。

（二）算好"人生账"

对领导干部来说，既要算好干事创业的"公务账"，也要算好做人为官的"人生账"。领导干部要保持政治上的清醒，坚守经济上的清白，坚持德行上的清廉，就要认真算好人生"十本账"：即"政治账""经济账""利益账""法纪账""名誉账""家庭账""亲情账""自由账""健康账""良心账"。领导干部这人生"十本账"与学习、工作、生活息息相关，既关系到个人的成长进步，也关系到党和政府的形象和威信。作为领导干部，要树立正确世界观、人生观、价值观、利益观、权力观，算好"人生账"，走好人生路。

算好"政治账"，志高方能致远。习近平总书记强调："全党同志在思想上一定要搞清楚一个问题，就是为什么要坚定不移反对腐败？人民把权力交给我们，我们就必须以身许党许国、报党报国，该做的事就要做，该得罪的人就得得罪。不得罪腐败分子，就必然会辜负党、得罪人民。是怕得罪成百上千的腐败分子，还是怕得罪十三亿人民？不得罪成百上千的腐败分子，就要得罪十三亿人民。这是一笔再明白不过的政治账、人心向背的账！"① 习近平总书记用"政治账"，明确回答了"中国共产党为什么要坚定不移反对腐败"这个政治问题，告诫领导干部一定要坚定不移反腐败。算好"政治账"，就要坚定政治方向和政治立场，严守政治纪律和政治规矩，保持思想定力、政治定力、道德定力，无论遇到什么困难和挫折都不动摇或背离理想信念，经得起大风大浪的考验。

---

① 《习近平在十八届中央纪委第五次全会上发表重要讲话》，《人民日报》2015年1月14日。

算好"经济账",勤耕方能富足。从经济学的角度说,组织上培养一名领导干部承担着很大的机会成本,是为政治成本。领导干部在很大程度上是以各种社会成本的消耗为代价的,是为社会成本。领导干部如果违纪违法,就会减损党和政府在人民群众中的公信力,是为民意成本。对领导干部来说,要懂得"合法收入＋贪污所得＝〇"的道理,算好自己的"经济账",权衡经济待遇的得失,心安理得地享用合法报酬。现实中,有的领导干部一时贪得上万上亿,一旦东窗事发,不仅非法所得要没收,也将失去已有的政治和生活待遇,甚至落得一无所有的下场。因此,作为领导干部,要牢记"历览前贤国与家,成由勤俭败由奢"的道理,绝不能因谋取私利、贪敛钱财而毁掉自己的人生。

算好"利益账",无欲方能刚强。我们党除了最广大人民的利益,没有自己特殊的利益。习近平总书记早就给领导干部算过"利益账":"现在领导干部都有一份稳定的收入,组织上从工作考虑又给了许多必要的工作待遇,退休后还可以每月拿退休工资,享受医疗、养老等方面的优厚待遇。细细算来,我们得到的已经不少了,应该十分珍惜。"[1]对领导干部来说,对党和人民的利益负责,实质上也是对自己个人利益的真正负责。作为领导干部,要树立正确的利益观,当好人民的公仆,绝不能为自己、为家人谋取私利。

算好"法纪账",守矩方能立业。习近平总书记也曾经给领导干部算过"法纪账":"每个领导干部都应该学法、知法、懂法、用法,特别是对待人、财、物问题,对待事关个人和家庭利益的问题,更要坚持原则,自觉遵纪守法。在张口的时候要想想这句话该不该说,迈腿的时候要想想这个地方该不该去,伸手的时候要想想这些东西该不该拿。千万不要以为吃一点、拿一些、玩一下没关系。千万不要存有侥幸心理,若

---

[1] 习近平:《用权讲官德 交往有原则》,《求是》2004年第19期。

要人不知，除非己莫为。不管是谁，违纪违法终将受到党纪国法的制裁。"① 作为领导干部，要切实增强法治意识和法纪观念，带头学法、懂法、用法和守法，特别是在对待人、财、物问题，要坚持原则，遵纪守法。

算好"名誉账"，清廉方能扬名。一丝一粒，我之名节，人生在世，名节最重。对领导干部来说，名誉名节最珍贵。现实中，有的领导干部拼搏奋斗几十年，赢得了荣誉，获得了尊重，但因违纪违法，声誉名节毁于一旦。算好名誉账，留得清名扬。作为领导干部，要分清合情合理的欲望和情理不容的贪欲之间的界限，在运用权力和交往活动中，常思贪欲之害，坚守道德底线，仔细算好自己的"名誉账"。

算好"家庭账"，守身方能家和。家和万事兴。家庭是社会的细胞，更是温馨的港湾。家庭是事业的基础，也是完整人生的重要组成部分。领导干部如果因为违法违纪，不仅会使家人无比怨恨，而且可能会引发家庭破裂，甚至家破人亡。对领导干部来说，无论级别大小、职位高低，都有退休的一天，而家庭则是贯穿人生始终的重要保障。算好家庭账，幸福又吉祥。幸福的家庭，人人皆想拥有。领导干部一旦违法犯罪，直接受到牵连的是自己的配偶、父母、子女，既害了自己，也害了家人。

算好"亲情账"，品高方能会友。领导干部并非圣人，也有社会交往、亲情往来。算好亲情账，亲友情谊方久长。作为领导干部，如果因为违法违纪、贪赃枉法而成为世人唾骂、万人指责的对象时，不仅会失去同志、同事，而且会失去亲戚朋友，成为众叛亲离的孤家寡人。领导干部大都事业有成，正是事业家庭两兴旺、亲情友情乐融融之际，一定要算好自己的"亲情账"，如果一朝沦为阶下囚，不但事业家庭不复存在，连最起码的亲情也将成为奢望。

---

① 习近平：《用权讲官德　交往有原则》，《求是》2004 年第 19 期。

算好"自由账",自律方能自由。自由快乐,人皆向往。"生命诚可贵,爱情价更高,若为自由故,二者皆可抛。"算好自由账,天高任翱翔。对领导干部来说,可以在为党尽责、为民服务中,"海阔凭鱼跃,天高任鸟飞。"若一旦违法犯罪,就会失去自由。作为领导干部,要敬畏誓言、敬畏法纪,心有所畏,言有所戒,行有所止,坚持自重自省自警自励,做到慎独慎初慎微慎友,珍惜虽然平淡但却自由的生活。

算好"健康账",心顺方能体壮。人吃五谷杂粮,难免要生病。但是,领导干部如因腐败行为,整天精神紧张、疑神疑鬼、惶惶不可终日而导致体质衰退、疾病缠身,实在是得不偿失。领导干部从公仆到贪官有时只是一念之差,从功臣到罪犯往往只有一步之遥。若从座上宾沦为阶下囚,回味"掌权的荣耀",品味"囚犯的痛苦",回忆"昔日的风光",尝尽"牢狱的落魄",这种强烈的反差,警示领导干部一定要珍惜人民赋予的权力,算清楚自己的"健康账"。

算好"良心账",心安方能理得。马克思曾经说过,"不可收买的良心是最崇高的政治道德"。良心良知是无价之宝。习近平总书记早就给领导干部算过"良心账":"组织上培养一个干部不容易,把他放到重要岗位,就是希望他能够正确运用权力来造福于民。如果干部以权谋私,自己把自己打倒,既对不起组织,对不起人民,也对不起家人;不仅丧失了为'官'之德,也违背了做人的良心。"[①]"仰不愧于天,俯不怍于地。"为人处世必须光明磊落,问心无愧,既不能愧对天地,也不能愧对良心。对领导干部来说,良心既是为人处世的底线,更是为官从政的底线,丢什么也不能丢了良心。否则,就会掉入人生"黑洞",难以自拔。作为领导干部,要注重做人的修养,固守做人的良心,做一个问心无愧的人、一个有利于人民的人。

---

① 习近平:《用权讲官德 交往有原则》,《求是》2004年第19期。

三、善于理财

领导干部，既要善于算账，又要善于理财。对领导干部来说，如何看待财富、取得财富，又如何理好财、用好财，既是金钱观、财富观的体现，又是利益观、价值观的体现。人生在世，既有物质需求，又有精神需求；既求物质财富，又求精神财富。恩格斯在马克思墓前的讲话中说："马克思发现了人类历史的发展规律，即历来为繁芜丛杂的意识形态所掩盖着的一个简单事实：人们首先必须吃、喝、住、穿，然后才能从事政治、科学、艺术、宗教等等。"① 人们首先必须保证基本的物质生活，然后才能追求更好的精神生活。但是，人要想生活幸福，在拥有一定的物质财富的同时，还必须拥有一定的精神财富。精神财富也是人生幸福的重要源泉。在过去物质匮乏的年代，人们大都在做物质财富的加法——为家里添置冰箱，买回电视机，配齐洗衣机，再买辆车……从"一无所有"到"全副武装"的过程，确实能给人幸福的感觉。但是，在当今物质丰富、万物俱备的时代，人们追求更多的是精神层面的满足感和幸福感。作为领导干部，要树立正确的金钱观、财富观、利益观、价值观，取好财、理好财、用好财，做到视之有度、取之有道、用有所节、花钱守矩。

（一）视之有度

怎样认识和处理财富，这既是个老话题，也是个新话题。对领导干部来说，人生最大的财富，应该是为国家、为人民、为社会有所作为，做出应有的贡献。习近平总书记告诫领导干部："不要看到经商发财而感到怅然若失……如果觉得当干部不合算，可以辞职去经商搞实业，但千万不要既想当官又想发财，还要利用手中权力谋取私利，官商结合必然导致官僚主义。""当官发财两条道，当官就不要发财，发财就不要当

---

① 《马克思恩格斯要论精选》第 3 卷，人民出版社 1995 年版，第 776 页。

官。""选择从政就不要在从政中发财,选择发财就去合法发财。""领导干部打开了事业发展、个人进步的大门,就要关上个人和家属经商发财的窗。"习近平总书记指出:"新时代是奋斗者的时代,只有奋斗的人生才称得上幸福的人生。奋斗者是精神最为富足的人,也是最懂得幸福、最享受幸福的人。"① 为幸福而奋斗,在奋斗中谋幸福,是共产党人"幸福观"的逻辑支点和实践核心。作为领导干部,要树立正确的价值观、财富观、幸福观,正确把握从政与发财的底线和准则,为人民幸福而不懈奋斗,带领群众一起奋斗。

(二) 取之有道

"君子爱财,取之有道。""道"既是法律,也是道德。古往今来,官有官道、商有商道。习近平总书记强调:"鱼和熊掌不可兼得,当官发财两条道,当官就不要发财,发财就不要当官。要始终严格要求自己,把好权力关、金钱关、美色关,做到清清白白做人、干干净净做事、坦坦荡荡为官。"② "为官"与"发财"如同鱼和熊掌,二者不可兼得,正所谓官与商"道不同不相为谋"。在市场经济条件下,领导干部面临"消极腐败"的危险、"金钱利益"的考验。马克思在《资本论》中指出:"有些东西本身并不是商品,例如良心、名誉等等,但是也可以被它们的所有者出卖以换取金钱,并通过它们的价格,取得商品形式。"在市场经济发展过程中,权力、名誉等有可能产生异化,变成可交易的"商品",滋生权钱交易、权色交易等腐败现象。权力和钱财,本来毫不相干。但是,由于有的领导干部的权力观异化,把权力商品化,用权力做交易,搞钱权交易,以权谋钱、以职谋财、化公为私,导致违纪违法。领导干部应该谨记,权力必须在法律的轨道上运行,财富只有通过劳动的正道来获取,反之,权力这把"双刃剑"则会成为自我

---

① 习近平:《在 2020 年春节团拜会上的讲话》,人民网,http://jhsjk.people.cn/article/31561548。

② 《习近平谈治国理政》第 2 卷,外文出版社 2017 年版,第 148 页。

伤害的"利器"。领导干部是人民的公仆,其权力是党和人民赋予的,只能用来为人民服务、为人民谋利,绝不能以权谋私、搞权钱交易。

（三）用有所节

君子爱财,既要取之有道,也要用有所节。作为领导干部,要正确看待和使用钱财,即使是合法收入,也要用有所节。领导干部的言行代表党和政府的形象,如果讲排场、比阔气,追求奢靡享受,沉醉莺歌燕舞,就会损害党和政府的威信。领导干部即使用自己合法收入购买豪宅豪车、名包名表,也会在人民群众心中造成不良影响。作为领导干部,对待金钱财富,既要取之有道,也要用之有度,崇尚清风正气,塑造崇俭尚德、清正清明的良好形象。

（四）花钱守矩

对领导干部来说,为了履行职责,执行公务,花费公款必不可少,但是,花公款必须公私分明,严守纪律规矩。习近平总书记强调:"作为党的干部,就是要讲大公无私、公私分明、先公后私、公而忘私,只有一心为公、事事出于公心,才能坦荡做人、谨慎用权,才能光明正大、堂堂正正。作风问题都与公私问题有联系,都与公款、公权有关系。公款姓公,一分一厘都不能乱花;公权为民,一丝一毫都不能私用。领导干部必须时刻清楚这一点,做到公私分明、克己奉公、严格自律。"① 作为领导干部,要做到公私分明、克己奉公,在公务活动中管住"吃",管好"住",管控"行",管住"用",管制"游",遏制"舌尖上的浪费""车轮上的铺张""住游中的歪风",坚持厉行勤俭节约,反对铺张浪费。

第三节　善行善领

善行善领,既是衡量好领导的重要标尺,也是成为好领导的基本途

---

① 《习近平谈治国理政》第 1 卷,外文出版社 2018 年版,第 349 页。

径。"善行者远，善领者众。"善写善算能明事理，善行善领成就事业。好领导，既要善于"言"，又要善于"行"；既要善于"带"，又要善于"领"；既要善于"引"，又要善于"导"。我们党之所以能够在革命、建设和改革进程中，不断取得新的胜利、开创新的局面，就是因为我们党始终植根人民群众、依靠人民群众，自觉地把人民群众作为革命、建设和改革的力量源泉，并且善于团结人民群众、带领人民群众一道干革命、搞建设、推改革。对领导干部来说，只有善于团结、带领和引导人民群众，才能赢得人民群众的信任、支持和拥护。陈云指出，领导干部"不仅要自己会干，而且会推动别人干"。李瑞环指出："什么叫领导？简单地说，'领'就是带领，就是走在前边，干在前边，身先士卒；'导'就是引导、教导。只有'领'好了，'导'才能起作用。"① 对领导干部来说，既要当好"火车头"，发挥"带"的作用，又要当好"领头雁"，发挥"领"的作用；既要善于发动群众、宣传群众，又要善于组织群众、带领群众。作为领导干部，既要以身作则、身先士卒，先行一步、先干一步，又要团结群众、带领群众，想在一起、干在一起，一级做给一级看、一级带着一级干，发挥思想引导作用、政治引领作用、组织率领作用，带出风清气正新风尚，领出创先争优新气象，导出政治清明新景象。

带好班子、带好干部、带好队伍，是各级领导干部的重要责任，关系党和国家事业发展全局。习近平总书记多次强调，各级领导干部特别是党政主要负责同志要带好班子、带好干部、带好队伍、做好表率。习近平总书记强调："党委书记作为第一责任人，要担负起全面从严治党的政治责任。"② "党委书记要做管党治党的书记，当好第一责任人，对党负责，对本地区本单位的政治生态负责，对干部健康成长负责。要把

---

① 《政协九届常委会第十五次会议闭幕》，《人民日报》2001年9月30日。
② 《习近平谈治国理政》第2卷，外文出版社2017年版，第163页。

责任传导给所有班子成员,压给下面的书记,确保责任落到实处。"①为官一任,就要带出一方;主政一方,就要造福一方。实践证明,一个地方或部门、单位,班子若不强,发展肯定无望;队伍若不行,工作必定不行;干部出问题,事业必受影响。习近平总书记强调:"党委书记要善于当好班长,带好队伍,要带头执行民主集中制,在各方面以身作则,发挥好表率作用。"② 在一个领导班子中,主要负责人必须以身作则、率先垂范,才能当好"班长",带好班子、带好干部、带好队伍,否则就可能会带坏班子、带垮队伍,损害党的事业。作为领导干部特别是党政主要负责人既要把好方向、谋好全局、抓好大事,又要带好班子、带好干部、带好队伍;既要以身作则、言传身教,又要率先垂范、作出表率,以担当带动担当,以作为带领作为,带出干事创业的新风尚,领出担当作为的新气象。

一、带好班子

火车要跑快,要靠车头带。"人不率则不从,身不先则不信。"领导班子是一个地方、一个部门、一个单位落实中央决策部署、推动各项工作的"指挥部""战斗部",建设好领导班子是夯实党执政组织基础的关键,也是抓好改革发展稳定各项工作的关键。各级领导干部特别是主要负责人,既要以身作则管好自己,又要率先垂范带好班子。领导班子,是一个地方、单位、部门的政治核心,在深化改革、推动发展、维护稳定中,发挥着不可替代的引领带动作用。因此,加强领导班子建设,既是加强党的建设的重点,也是推进改革发展稳定的关键。邓小平指出:"领导班子问题,是关系到党的路线能不能贯彻执行的问题。如果这个

---

① 习近平:《在第十八届中央纪律检查委员会第六次全体会议上的讲话》,《人民日报》2016年5月3日。

② 习近平:《在第十八届中央纪律检查委员会第六次全体会议上的讲话》,《人民日报》2016年5月3日。

问题解决得不好,不要说带领群众前进,就是开步走都困难。因此,我们首先强调要把领导班子的问题解决好。""要使领导班子一不软,二不懒,三不散,说了话大家都能听,都能指挥得动,都能领导起来。"①带好班子,既是各级党政"一把手"的一项基本职责,也是各级党政"一把手"的一项重要政绩。党政"一把手"主政一方,只有带出一个好班子,才能带出一支好队伍;只有带动一方,才能造福一方。各级党政"一把手"要认真贯彻执行民主集中制,用好批评和自我批评武器,严格落实党内生活,坚持党性原则基础上的团结,切实抓好领导班子自身的思想、政治、组织、作风、纪律和制度建设,提高领导班子发现和解决自身问题的能力,实现自我净化、自我完善、自我革新、自我提高,充分发挥领导班子在党的建设和各项事业发展中的领导核心作用。

习近平总书记强调:"从严管理的要求能不能落到实处,领导机关和领导干部带头非常重要。领导机关和领导干部做出样子,下面就会跟着来、照着做。各级领导机关和领导干部,尤其是中央机关和中央国家机关、高级领导干部要强化带头意识,时时处处严要求、作表率。"②作为各级党政领导干部特别是主要负责同志,要强化示范带头意识,既要敢抓严管带好班子,又要言传身教领好班子;既要充分发扬民主,又要善于正确集中;既要坚持集体领导,又要坚持分工负责;既要带政治、带思想,又要带纪律、带作风;既要带出团结和谐新风尚,又要带出协调配合新气象,发挥领导班子的集体智慧和力量,实现领导班子1+1>2的领导效能。

二、带好干部

好领导才能带出好干部。各级领导干部特别是主要负责同志,既要以身作则"带"好班子,又要率先垂范"带"好干部。"政者,正矣;

---

① 《邓小平文选》第2卷,人民出版社1994年版,第9页。
② 《十八大以来重要文献选编》(上),中央文献出版社2014年版,第351页。

子帅以正，孰敢不正。""其身正，不令而行，其身不正，虽令不从。""己欲立而立人，己欲达而达人。"俗话说，"喊号子吹哨子，不如做出好样子。""说一千道一万，不如作出好示范。"我们党历来强调领导干部要以身作则带好头、以上率下走在前、率先垂范作表率。《中国共产党章程》规定，各级领导干部要讲党性、重品行、作表率，做到自重、自省、自警、自励，反对形式主义、官僚主义、享乐主义和奢靡之风，反对任何滥用职权、谋求私利的行为。习近平总书记强调："各级领导干部要以身作则、率先垂范，说到的就要做到，承诺的就要兑现，中央政治局同志从我本人做起。"① 作为领导干部特别是主要负责同志，既要坚持自重自省、自警自励，修身律己管好自己，又要以身作则、率先垂范，严教严管带好干部；既要带领指导干部，又要率领引导干部，既要身先士卒干在实处，又要走在前列作出表率。

要身先士卒走在前列，既要学在前、想在前，更要谋在前、干在前；既要敢于喊"跟我学""跟我做"，更要敢于喊"跟我干""跟我冲"，做到先公后私、公私分明，吃苦在前、享受在后，实干在前、退却在后，奋斗在前、享乐在后，奉献在前、名利在后，当好干事创业的"领头羊"，成为改革发展的"马前卒"。

要率先垂范做出榜样。榜样就是力量。人不率则不从，身不先则不信。各级领导干部既要身先士卒又要率先垂范，做到平常时候看得出来、关键时刻站得出来、危急关头豁得出来，为党员干部立起学习榜样、树起价值标杆、注入精神力量。习近平总书记强调："实现全面建成小康社会奋斗目标、实现中华民族伟大复兴的中国梦，关键在于培养造就一支具有铁一般信仰、铁一般信念、铁一般纪律、铁一般担当的干

---

① 《更加科学有效地防治腐败 坚决不移把反腐倡廉建设引向深入》，《人民日报》2013年1月23日。

部队伍。"① 打铁必须自身硬。铁一般信仰、铁一般信念、铁一般纪律、铁一般担当是共产党人的精神气质。作为领导干部特别是主要负责同志，要牢记打铁必须自身硬的道理，带头锤炼铁一般信仰、铁一般信念、铁一般纪律、铁一般担当，让党员干部学有标杆、干有标准、赶有目标，成为党员干部学习的好榜样。

三、带好队伍

雁群飞万里，要靠头雁领。头雁只要带对方向，群雁就能振翅飞翔；头雁只要迎风奋力，群雁就能协力前行。习近平总书记强调："各级领导干部自觉担当领导责任和示范责任，把自己摆进去、把思想摆进去、把工作摆进去，形成'头雁效应'。"② 作为领导干部特别是主要负责同志，带好队伍是尽责，带不好队伍是失责，队伍出了问题要追责。习近平总书记强调："中央政治局的同志践行'三严三实'，既要以身作则，又要注重管理引导。要有很强的带队伍意识，既管事又管思想管作风，特别要明确要求和督促所管方面坚决贯彻执行党的路线方针政策和党中央重大决策部署，同党中央保持一致；明确要求和督促所管方面正确履行职能，提高工作质量和工作效率；明确要求和督促所管方面按干部制度和干部条件选人用人，使各方面干部和人才各得其所，优秀干部能脱颖而出、健康成长。"③ 各级领导干部都担负繁重的改革发展稳定任务，既要带头亲自干，又要带着队伍一起干；既要抓教育又要重管理，既要交任务又要教方法。作为党政主要负责同志，要增强"带好队伍"意识，既要严约束又要会激励，既要出政绩又要出人才，坚持用科

---

① 《坚持党校姓党根本工作原则　切实做好新形势下党校工作》，《人民日报》2015 年 12 月 13 日。
② 《习近平李克强栗战书赵乐际分别参加全国人大会议一些代表团审议》，《人民日报》2018 年 3 月 11 日。
③ 《对照检查践行"三严三实"情况讨论研究加强党风廉政讨论措施》，《人民日报》2015 年 12 月 30 日。

学理论武装队伍，用理想信念引领队伍，用政治信仰锤炼队伍，用事业平台凝聚队伍，用党纪国法管住队伍，带领队伍干事创业、建功立业，在新时代展现新形象、实现新作为。

带好队伍，既要尽责抓又要带头做。领导干部既要具备"为官一任，育才一批"的胸怀，又要具备"以身作则，示范表率"的境界，时时以身作则，事事做出表率。要带头真学真懂、真信真用，加强理论和业务学习，推进学习型党组织、学习型社会建设。要带头求真务实、真抓实干，做到言必责实、行必责实、功必责实。要带头严以修身、严以律己，要求别人做到的自己首先做到，要求别人不做的自己首先不做。

带好队伍，既要抓教育又要重管理。严教严管是厚爱，不教不管是祸害。带好队伍，要坚持严格教育、严格管理、严格监督，坚决纠正失之于宽、失之于松、失之于软的现象。要坚持经常抓、抓经常，持之以恒地加强思想政治教育、理想信念教育和道德情操教育，教育引导干部树立正确的世界观、人生观、价值观和事业观、工作观、政绩观，不断增强政治意识、大局意识、核心意识、看齐意识。要坚持主动抓、抓主动，及时发现干部队伍中的苗头性、倾向性问题，早发现、早提醒、早纠正，真重视、真帮助、真解决。要坚持规范抓、抓规范，善于运用制度来规范工作、规范行为，注重制度设计的针对性、操作性、严密性和系统性，不断提高干部管理工作的科学化、规范化水平。

带好队伍，既要交任务又要教方法。带好队伍，最直接的方式是压担子、交任务，增强他们的使命感和责任感，激发他们的积极性和创造性。各级领导干部要有甘为人梯的境界和胸怀，为干部成长成才搭建平台，为干部干事创业提供舞台。作为领导干部，既要学思践悟教育干部，又要言传身教引领干部；既要敢于给干部压担子、交任务，又要善于给干部教方法、传经验；既要传教思想方法，又要传教工作方法；既要教会干部思考问题、分析问题的思维方式，又要教会干部研究问题、解决问题的工作方法。

带好队伍，既要出政绩又要出人才。对领导干部来讲，推进改革发展、保障改善民生、促进和谐稳定是政绩，带好班子、带好队伍也是政绩，这两者紧密联系、相辅相成、相互促进。培养造就人才、选好用好人才，本身就是领导干部的政绩。习近平总书记强调："要关心和爱护广大基层干部，为他们创造良好工作和成长条件，保障他们的合理待遇，帮助他们深入改进作风，提高发展经济能力、改革创新能力、依法办事能力、化解矛盾能力、带领群众能力，引导他们扎根基层、爱岗敬业、争创一流。"① 作为领导干部，只有带好班子、带好干部、带好队伍，发挥好人才资源的基础作用，才能把人才优势转化为创业优势，推进改革、促进发展、改善民生、保障稳定。要坚持以人为本，既要关心干部成长，又要激励干部成才；既要关心干部的工作，又要关心干部的生活，做到用感情留人、用事业留人、用适当的待遇留人，激发干部干事创业的积极性、主动性和创造性。

带好队伍，既要"抓两头"又要"带中间"。"抓两头带中间"是带好队伍的有效方法。毛泽东指出："任何有群众的地方，大致都有比较积极的、中间状态的和比较落后的三部分人。""抓两头带中间。""这是一个很好的领导方法，任何一种情况都有两头，即有先进和落后，中间的状态又总是占多数。抓两头，抓先进和落后，就是抓住了两个对立面，抓住两头就可以把中间带动起来了。"② "抓两头带中间"，就是对积极先进的加以表彰、奖励，对消极、落后的加以批评、惩戒，同时，要发挥正面典型和反面教材的作用，把"中间"带动起来。作为领导干部，既要培树先进典型，发挥先进典型的示范引领作用，又要剖析落后案例，促进后进转化，使其学有榜样、赶有目标，从而带动中间状态，营造"万马奔腾"、争先创优的干事创业氛围。

---

① 《看清形势适应趋势发挥优势　善于运用辩证思维谋划发展》，《人民日报》2015年6月19日。
② 《毛泽东文集》第7卷，人民出版社1999年版，第349页。

带好队伍，既要开展批评又要自我批评。批评和自我批评，是中国共产党的优良传统和思想法宝。开展批评和自我批评，是我们党解决思想问题的一个重要方法和经验，是纠正缺点、修正错误、保持优良作风的有力武器。我们党历来高度重视开展批评和自我批评。毛泽东指出："批评和自我批评是一个整体，缺一不可，但作为领导者，对自己的批评是主要的。"① 早在延安时期，毛泽东就将批评和自我批评作为解决党内矛盾的重要方法。他强调：有无认真的批评和自我批评，"是我们和其他政党互相区别的显著的标志之一"。② 1945年4月24日，毛泽东在《论联合政府》中又将批评和自我批评同理论联系实际、密切联系群众，确立为党的三大作风。从此，批评和自我批评成为我们党自我革新、自我提高的有力思想武器。邓小平指出："批评与自我批评是一切工作的动力，没有它就无法改进工作，所以一定要开展批评与自我批评。"③ 江泽民同志指出："批评和自我批评是我们维护党的纯洁性，增强党的战斗力的武器。"胡锦涛同志强调："批评与自我批评是健全党内生活，保持党的生机和活力的有力武器。"

对各级领导干部来说，开展批评和自我批评，既是管好自己、带好班子的重要方法，也是管好干部、带好队伍的重要保证。习近平总书记强调："无论批评还是自我批评都是一剂良药，是对同志、对自己的真正爱护。忠言逆耳，良药苦口。对批评和自我批评，不能持有偏见，也不能心有余悸，而要本着对自己、对同志、对班子、对党高度负责的精神，大胆使用，经常使用，使之越用越灵、越用越有效。"④ "我们共产党人开展自我批评，根本动力来自党性，来自对党和人民事业高度负责的精神。要本着对党、对事业、对同志高度负责的精神大胆开展批评，

---

① 《毛泽东文集》第2卷，人民出版社1993年版，第418页。
② 《毛泽东选集》第3卷，人民出版社1991年版，第1096页。
③ 《邓小平文集（一九四九——一九七四年）》中卷，人民出版社2014年版，第168页。
④ 《习近平关于党的群众路线教育实践活动论述摘编》，党建读物出版社、中央文献出版社2014年版，第49页。

帮助同志发现缺点、改正错误，团结同志一道前进。要涵养虚心接受批评的胸怀和气度，胸襟开阔、诚恳接受，有则改之、无则加勉。"①

作为领导干部特别是主要负责同志，要带头开展批评和自我批评，大胆使用，经常使用，使之越用越灵、越用越有效。要敢于开展批评，本着对自己、对同志、对党高度负责的精神，把帮助同志、增进团结、促进工作作为开展批评的出发点和落脚点。要正确对待批评，以虚怀若谷、海纳百川的胸襟，正确对待批评和监督。要敢于自我批评，勇于自我解剖、自我批判，对领导班子问题勇于承担责任，对班子成员的问题勇于开展思想斗争。要坚持党内人人平等，坦诚相见、出于公心、与人为善，通过经常的认真的开展批评与自我批评，真正达到团结—批评—团结的目的，调动干部队伍的积极性、主动性、创造性。

带好队伍，既要激励鞭策又要容错纠错。带好队伍，既要激励鞭策敢于担当的干部，也要容错纠错干事失误的干部；既要为敢于担当的干部撑腰鼓劲，也要宽容干部在改革创新中的失误错误。要把干部在推进改革中因缺乏经验、先行先试出现的失误错误，同明知故犯的违纪违法行为区分开来；把尚无明确限制的探索性试验中的失误错误，同明令禁止后依然我行我素的违纪违法行为区分开来；把为推动发展的无意过失，同为谋取私利的违纪违法行为区分开来。要把结合实际创造性地贯彻执行重大决策部署与故意打折扣、作选择、搞变通区分开来，把锐意进取、敢闯敢试与盲目蛮干、乱作为区分开来，把由于缺乏经验造成的失误与不负责任、失职渎职区分开来，把受客观因素影响而造成的工作失误与不作为导致的责任事故区分开来，把参与正常的经济活动与违规插手干预微观经济的行为区分开来，把保障公职人员的正当待遇与违反财经纪律规定区分开来，把获得合法财产性收入与利用职务便利谋取不正当利益区分开来，把家属、子女正当就业创业与公职人员利用职权、

---

① 《立志做党光荣传统和优良作风的忠实传人　在新时代新征程中奋勇争先建功立业》，《人民日报》2021 年 3 月 2 日。

职务便利为亲属子女谋利区分开来，营造干事创业的良好环境。要把握容错纠错的政策界限，对该容的大胆容错，不该容的坚决不容；对违纪违法行为必须严肃查处，防止混淆问题性质、拿容错当"保护伞"，搞纪律"松绑"。坚持有错必纠、有过必改，对苗头性、倾向性问题早发现早纠正，对失误错误及时采取补救措施，帮助干部汲取教训、改进提高，让他们放下包袱、轻装上阵。严肃查处诬告陷害行为，及时为受到不实反映的干部澄清正名、消除顾虑。

第三篇

▽

怎样担当好领导

第三篇　怎样担当好领导

本篇提要

新时代呼唤好领导，新时代锻造好领导。新时代既要有新担当，更要有新作为。

习近平总书记强调："担当和作为是一体的，不作为就是不担当，有作为就要有担当。"① 敢于担当作为，既是领导干部必须具备的能力素质，也是检验领导干部的重要标准。对各级领导干部来说，既然担任了领导职务，就要履行好领导职责；既然承担了领导工作，就要完成好领导任务。

每个时代需要每个时代的担当，每个时代要有每个时代的作为。"天下兴亡，匹夫有责。""知责任者，大丈夫之始也；行责任者，大丈夫之终也。"习近平总书记强调："坚持原则、敢于担当是党的干部必须具备的基本素质。""好干部要做到敢于担当，党的干部必须坚持原则、认真负责，面对大是大非敢于亮剑，面对矛盾敢于迎难而上，面对危机敢于挺身而出，面对失误敢于承担责任，面对歪风邪气敢于坚决斗争。""担当就是责任，好干部必须有责任重于泰山的意识，坚持党的原则第一、党的事业第一、人民利益第一，敢于旗帜鲜明，敢于较真碰硬，对工作任劳任怨、尽心竭力、善始善终、善作善成。"② 领导干部的责任担当，就是为事业、为人民、为社会担当，而不是为自己、家人、亲友担当。作为领导干部，要始终牢记对民族的责任、对人民的责任、对历史的责任，担当起该担当的责任，履行好应该尽到的职责，担负好应该

---

① 《习近平：信念坚定对党忠诚实事求是担当作为　努力成为可堪大用能担重任栋梁之才》，《人民日报》2021年9月1日。

② 《习近平谈治国理政》，外文出版社2014年版，第413—416页。

承担的任务，以敢于担当精神走在新时代的前列，以敢于担当本领肩负起新时代的使命。

新时代呼唤新担当，新时代要有新作为。习近平总书记强调："干部敢于担当作为，这既是政治品格，也是从政本分。党的干部要以对党忠诚、为党分忧、为党尽职、为民造福的政治担当，以守土有责、守土负责、守土尽责的责任担当，面对大是大非敢于亮剑，面对矛盾敢于迎难而上，面对危机敢于挺身而出，面对失误敢于承担责任，面对歪风邪气敢于坚决斗争。"① "干事创业敢担当，重点是教育引导广大党员干部以强烈的政治责任感和历史使命感，保持只争朝夕、奋发有为的奋斗姿态和越是艰险越向前的斗争精神，以钉钉子精神抓工作落实，坚决摒弃一切明哲保身、得过且过、敷衍塞责、懒政怠政等消极行为，努力创造经得起实践、人民、历史检验的实绩。"② 各级领导干部要不忘初心、牢记使命，强化"四个意识"，坚定"四个自信"，以对党忠诚、为党分忧、为党尽职、为民造福的政治担当，满怀激情地投入新时代中国特色社会主义伟大实践；以时不我待、只争朝夕、勇立潮头的历史担当，努力改革创新、攻坚克难，不断锐意进取、担当作为；以守土有责、守土负责、守土尽责的责任担当，在其位、谋其政、干其事、求其效，创造无愧于时代、无愧于人民、无愧于历史的业绩。

担当好领导，既要敢于担当作为，又要善于担当作为；既要具备敢于担当作为的能力本领，也要掌握善于担当作为的方式方法。目标任务、决策部署确定之后，选择正确的领导方式、领导方法就是重要因素。领导方式方法与领导目标任务紧密联系、相互作用、相互促进。领导方式方法适当，领导工作就能事半功倍；领导方式方法不当，领导工作就会事倍功半。没有正确的领导方法，就不能完成领导任务，甚至事与愿违。

---

① 《努力造就一支忠诚干净担当的高素质队伍》，《求是》2019年第2期。
② 《习近平谈治国理政》第3卷，外文出版社2020年版，第525页。

毛泽东在领导中国革命和建设的长期实践中，十分重视领导方法问题，对领导方法作过许多重要论述，并当面给许多领导干部作过指导。他亲自起草了《关于领导方法的若干问题》《党委会的工作方法》《关心群众生活，注意工作方法》《关于领导方法的若干问题》《关于健全党委制》《工作方法六十条（草案）》等文章和指示。毛泽东强调："领导者的责任，归结起来，主要地是出主意、用干部两件事。一切计划、决议、命令、指示等等，都属于'出主意'一类。使这一切主意见之实行，必须团结干部，推动他们去做，属于'用干部'一类。"① 毛泽东多次强调，做一个好领导，"要研究做领导的方法"问题。毛泽东强调："我们不但要提出任务，而且要解决完成任务的方法问题。我们的任务是过河，但是没有桥或没有船就不能过。不解决桥或船的问题，过河就是一句空话。不解决方法问题，任务也只是瞎说一顿。"② "我们共产党人无论进行何项工作，有两个方法是必须采用的，一是一般和个别相结合，二是领导和群众相结合。""在我党的一切实际工作中，凡属正确的领导，必须是从群众中来，到群众中去。"③ 对各级领导干部来说，担当好领导工作，要坚持实事求是、一切从实际出发的根本方针，坚持从群众中来、到群众中去的根本方法，既要坚持一般和个别相结合，又要坚持领导和群众相结合；既要善于出主意、作决策，又要善于用干部、抓落实；既要善于作部署、定目标，又要善于交任务、交方法。

"治大国若烹小鲜"，习近平总书记曾引用先哲名言，阐述治国理政之道。《习近平谈治国理政》中蕴含着丰富的领导方法论，既解析了"治大国"的深刻思想，也阐释了"烹小鲜"的精义妙道。深入学习贯彻习近平新时代中国特色社会主义思想，既要深刻领会贯穿其中的坚定信仰信念、鲜明人民立场、强烈历史担当，又要深刻领悟贯穿其中的求

---

① 《毛泽东选集》第2卷，人民出版社1991年版，第527页。
② 《毛泽东选集》第1卷，人民出版社1991年版，第139页。
③ 《毛泽东选集》第3卷，人民出版社1991年版，第897、899页。

好领导是怎样炼成的

真务实作风、勇于创新精神和科学思想方法、领导方法、工作方法。

当今世界，正经历百年未有之大变局；当今中国，正处于实现中华民族伟大复兴关键时期。"天下之势不盛则衰，天下之治不进则退。"国际形势复杂多变，风险挑战前所未有。在大变局、大变革中，机遇与风险同在，希望与挑战并存。习近平总书记强调："危和机总是同生并存的，克服了危即是机。要深入分析，全面权衡，准确识变、科学应变、主动求变，善于从眼前的危机、眼前的困难中捕捉和创造机遇。"① 在新时代的征程上，我们面临的改革发展稳定、内政外交国防、治党治国治军各方面任务之繁重前所未有。各级领导干部要适应新发展阶段、贯彻新发展理念、构建新发展格局、推动高质量发展，既要炼就敢于担当作为的思想能力、政治能力、组织能力，又要炼好善于担当作为的思想方法、领导方法、工作方法，使自己的领导素质、领导能力与领导职责、领导方法相匹配，在危机中育先机，在变局中开新局，在新时代担当新使命，在新时代实现新作为。

新时代呼唤新担当，新使命催生新作为。善于担当才能善于作为，善始善终才能善作善成。作为领导干部，要坚持稳中求进工作总基调，贯彻统筹兼顾总要求，既要自觉践行好领导标准，又要自觉践行好领导准则；既要在其位、谋其政，又要尽其责、尽其能；既要敢于担当作为，又要善于担当作为。要善作决策，做到科学决策、民主决策、依法决策；要善用干部，做到管好干部、选好干部、用好干部；要善抓落实，做到勤抓落实、敢抓落实、常抓落实；要善谋善为，做到善治善为、依法作为、创新有为；要善作善成，做到善思善谋、善行善为、善始善终，创造出经得起历史、实践、人民检验的业绩。

---

① 《习近平在浙江考察时强调：统筹推进疫情防控和经济社会发展工作　奋力实现今年经济社会发展目标任务》，《人民日报》2020年4月2日。

第十一章　善作决策

　　善作决策，是领导干部的基本职责，是领导工作的重要任务，也是决定事业成败的关键因素。作为领导干部，要善作决策，做到科学决策、民主决策、依法决策，使各项决策符合实际、符合科学、符合规律，经得起实践、人民、历史的检验。

　　善作决策，既是领导干部的基本职责，又是领导工作的重要任务，也是决定事业成败的关键因素。"存亡之道，命在于将。"从政之道，决策为要。善作决策，就是要指明正确的方向，决定做正确的事情。毛泽东强调："领导者的责任，归结起来，主要地是出主意、用干部两件事。一切计划、决议、命令、指示等等，都属于'出主意'一类。使这一切主意见之实行，必须团结干部，推动他们去做，属于'用干部'一类。"①"在我党的一切实际工作中，凡属正确的领导，必须是从群众中来，到群众中去。""我们共产党人无论进行何项工作，有两个方法是必须采用的，一是一般和个别相结合，二是领导和群众相结合。"② 时代在变，全心全意为人民服务的根本宗旨没有变，人民群众任何时候都是我们党的力量之源、胜利之本、执政之基。习近平总书记强调："时代变化了，但从群众中来、到群众中去的工作方法不能变。"③ 作为领导

---

① 《毛泽东选集》第2卷，人民出版社1991年版，第527页。
② 《毛泽东选集》第3卷，人民出版社1991年版，第897—899页。
③ 《团结动员亿万职工积极建功新时代　开创我国工运事业和工会工作新局面》，《人民日报》2018年10月30日。

干部，出主意、作决策，要坚持实事求是、一切从实际出发的根本方针，坚持从群众中来、到群众中去的根本方法，既要坚持一般和个别相结合，又要坚持领导和群众相结合；既要善于总结经验，又要善于谋划对策，作出符合实际、符合科学、符合规律的正确决策。

善作决策，要多谋善断。多谋善断，是我们党一贯倡导的思想方法和领导方法。"不谋全局者，不足谋一域；不谋万世者，不足谋一时。""为一身谋则愚，而为天下谋则智。""欲思其利，必虑其害；欲思其成，必虑其败。"多谋善断，多谋是基础，多谋才能善断。"多谋"就是领导者通过调查、策划、商量、讨论、咨询等工作，寻求实现某一个目标或解决某一个难题的途径或方法；"善断"，就是领导者在"多谋"的基础上，对正确的计划、决定敢于做出判断或决断。毛泽东的革命生涯，是一首波澜壮阔、亘古未有的英雄史诗。每当历史的重要关头，他总是以超常的智慧，作出具有前瞻性、战略性的伟大决策，领导革命航船迎着狂风暴雨，绕过暗礁险滩，战胜惊涛骇浪，不断从胜利走向新的胜利。

善作决策，要善于总结经验。认识源于实践，实践才出真知。正确决策源于实践经验，又指导具体实践。对各级领导干部来说，善于总结经验，是一种重要的领导方法，也是正确决策的前提条件。毛泽东指出："人类总是不断发展的，自然界也总是不断发展的，永远不会停止在一个水平上。因此，人类总得不断地总结经验，有所发现，有所发明，有所创造，有所前进。停止的论点，悲观的论点，无所作为和骄傲自满的论点，都是错误的。"① "党委领导不但要交任务、交政策，而且要交经验。要做好工作必须总结经验。不但要总结领导的经验，而且要着重总结群众生产的工作的各种经验。"② 邓小平指出："毛泽东同志最伟大之处，就是善于及时总结经验，看见不对的赶快纠正，看到好的东西赶快推广，抓住事物的本质，不为零零碎碎的现象所迷惑。只要我们

---

① 《毛泽东文集》第 8 卷，人民出版社 1999 年版，第 325 页。
② 《毛泽东年谱（一九四九——一九七六）》第 1 卷，中央文献出版社 2013 年版，第 589 页。

这样做，就能够把群众团结起来。"①"每年领导层都要总结经验，对的就坚持，不对的赶快改，新问题出来抓紧解决。""我们现在的路线、方针、政策是在总结了成功时期的经验、失败时期的经验和遭受挫折时期的经验后制定的。历史上成功的经验是宝贵财富，错误的经验、失败的教训也是宝贵财富。"② 习近平总书记指出："善于对思想和工作情况进行总结，对一个领导干部的进步和提高很重要。""工作中的经验是财富，工作中的教训也是财富，关键在于是否善于总结。"③ 善于总结经验、修正错误、把握规律，是中国共产党人的历史自觉，也是我们党推动事业发展、不断从胜利走向胜利的制胜法宝。

善作决策，既要善于观大势、谋全局，又要善于谋对策、作决策，使各项决策符合实际、符合规律、符合科学。毛泽东指出："要善于观察形势，脑筋不要硬化。形势不对了，就要有点嗅觉，嗅政治形势，嗅经济空气，嗅思想动态。要当机立断，不要错过形势。机不可失，时不再来。观察形势正确，才能当机立断。""决策错了，领导人要承担责任，不能片面地责备下面。领导者替被领导者承担责任，这是取得下级信任的一个很重要的条件。"④ 习近平总书记强调："各级领导干部特别是高级干部要围绕经济社会发展重大问题加强学习和调研，提高把握和运用市场经济规律、自然规律、社会发展规律能力，提高科学决策、民主决策能力，增强全球思维、战略思维能力，做到厚积薄发。"⑤ 领导决策关系着事业的兴衰成败。对领导干部来说，决策正确，是最大的政绩；决策失误，是最大的失误。领导决策贯穿于领导工作的各个方面、各个环节，往往牵一发而动全身，领导干部级别越高，其决策的影响面

---

① 《邓小平文集（一九四九——一九七四年）》下卷，人民出版社2014年版，第254页。
② 《邓小平文选》第3卷，人民出版社1993年版，第372、234页。
③ 习近平：《勤学善思 学以致用 提高战略思考和政治决断能力》，《学习时报》2013年4月28日。
④ 《毛泽东年谱（一九四九——一九七六）》第4卷，中央文献出版社2013年版，第9、78页。
⑤ 《习近平关于社会主义经济建设论述摘编》，中央文献出版社2017年版，第315—316页。

往往越大。美国兰德公司曾对世界上100家破产倒闭的大型企业作过统计分析，其中85%的企业都是因为领导者的决策失误造成的。无数事实证明，领导干部的决策正确则能保证事业兴旺，决策失误必将导致事业衰败。

善作决策，既要遵循决策的一般规律，又要掌握决策的基本方法，善于权衡利弊得失，两害相权取其轻，两利相权取其重。只有坚持正确的决策方法，才能确保正确决策，保证决策执行落实。习近平总书记强调："制定各方面决策部署，首先要有正确大局观，站在党和国家大局上想问题、看问题，特别要把所分管方面的工作同党中央重大决策部署衔接起来、统一起来。无论综合性决策还是专项性决策，都要找准在全局中的合理定位，做到科学决策、民主决策、依法决策，在把握客观规律的基础上确定工作目标和举措。要统筹谋划、通盘考虑各方面因素，兼顾各方面利益，协调各方面关系，明确轻重缓急，使各方面资源发挥最大效用。"① 2021年8月，中共中央、国务院印发实施的《法治政府建设实施纲要（2021—2025年）》强调，坚持科学决策、民主决策、依法决策，着力实现行政决策程序规定严格落实、决策质量和效率显著提高，切实避免因决策失误产生矛盾纠纷、引发社会风险、造成重大损失。对各级领导干部而言，科学决策、民主决策和依法决策，既是实现正确决策必须遵循的基本原则，也是保证正确决策必须坚持的根本方法。科学决策是前提，民主决策是核心，依法决策是保障。作为领导干部特别是党政主要负责人，要坚持实事求是、一切从实际出发的根本方针，坚持从群众中来、到群众中去的根本方法，把科学决策、民主决策、依法决策有机结合起来，并贯穿于领导决策的全过程，既要注重预见性，又要体现针对性；既要注重可行性，又要考虑不可行性；既要注重有利条件，也要考虑不利因素；既要把握最佳时机，也要善于等待时

---

① 《习近平主持中共中央政治局专题民主生活会并发表重要讲话》，《人民日报》2015年12月30日。

机，不断提高决策科学化、民主化、法治化水平。

第一节 科学决策

科学决策，是对领导干部的基本要求，也是领导决策的基本方法。科学决策，就是以科学的理论为指导，运用科学的思维方式、分析手段与方法，作出符合实际、符合规律、符合科学的决策活动。毛泽东指出："指挥员的正确的部署来源于正确的决心，正确的决心来源于正确的判断，正确的判断来源于周到的和必要的侦察，和对于各种侦察材料的联贯起来的思索。"① 能否做出正确的决策部署，直接体现领导干部的领导能力和领导水平，也关系到事业兴衰成败。现实中，面对新形势、新任务、新情况、新挑战，有的领导干部缺少战略思维、科学思维，不能"观大势、谋全局"，认不清世界的"风云变幻"，看不到周边的"危机四伏"，缺少做好较长时间应对外部环境变化的思想准备和工作准备。有的领导干部不善于用全面、辩证的思维认识问题、分析形势，而是因循守旧，看问题、作决策、推工作还是老观念、老套路、老办法，以致贻误时机、耽误工作。

坚持科学决策，就要善于运用科学思维和科学理念进行决策。只有坚持科学决策，才能推动科学发展。实行科学决策，就要牢固树立和贯彻创新、协调、绿色、开放、共享的发展理念，尊重客观规律，一切从实际出发，运用科学技术和方法，经过公正、科学、客观的专家论证。特别是一些专业性、技术性较强的决策事项，应当组织专家、专业机构论证其必要性、可行性、科学性等。选择专家、专业机构参与论证，应当坚持专业性、代表性和中立性，注重选择不同意见的专家、专业机构。有的决策可能对社会稳定、公共安全等方面造成不利影响，在决策

---

① 《毛泽东选集》第 1 卷，人民出版社 1991 年版，第 179 页。

前应当组织评估决策草案的风险可控性,并将风险评估结果作为决策的重要依据。

坚持科学决策,就要深入调查研究。一分科学决策,九分调查研究。调查研究是做好决策工作的前提条件。没有调查研究,既没有发言权,更没有决策权。然而,一些领导干部不重视调研、不善于调研,喜欢走"经典路线"、看样板典型,走马观花、流于形式;有的以简单的收集、查看书面材料代替实地调研。这些"浅调研""伪调研""被调研"非但不能发现问题、反映问题、解决问题,反而滋生形式主义、官僚主义作风。领导干部要作出正确决策,必须强化"先调研后决策"的思想自觉和行动自觉,重视调研、主动调研、深入调研,在调研中求取事实真相、总结实践经验、把握发展规律。

作出决策离不开调查研究,落实决策同样离不开调查研究。各级领导干部要把调查研究贯穿于决策和执行全过程,及时发现问题、分析矛盾、"解剖麻雀",透过现象看本质,把握住规律性的东西,切实把情况摸清楚、把问题搞准确,既要调查又要研究,把调研成果转化为解决问题、指导工作、推动发展的重要依据,转化为有针对性、可操作性、实效性的政策建议,推动各项决策落实落地、见到实效。

第二节 民主决策

民主决策,是领导干部作决策重要原则和方法。民主决策,是人民当家作主和民主集中制的重要体现和具体要求。《中国共产党章程》规定,"党在自己的工作中实行群众路线,一切为了群众,一切依靠群众,从群众中来,到群众中去,把党的正确主张变为群众的自觉行动。"毛泽东无论在革命时期还是建设时期,都多次要求领导干部坚持从群众中来、到群众中去的领导方法和决策方法。毛泽东强调:"在我党的一切实际工作中,凡属正确的领导,必须是从群众中来,到群众中去。这就是说,将群众的意见(分散的无系统的意见)集中起来(经过研究,化为集中的系统的意见),又到群众中去作宣传解释,化为群众的意见,使群众坚持下去,见之于行动,并在群众行动中考验这些意见是否正确。然后再从群众中集中起来,再到群众中坚持下去。如此无限循环,一次比一次地更正确、更生动、更丰富。"① 正确的决策往往来自人民群众的智慧。民主决策,就要充分听取各方面意见,保障人民群众通过多种途径和形式参与决策。任何决策,如果人民群众不认可、不支持、不拥护,就会成为无本之木、无源之水。然而,在现实中,有的领导干部对群众的喜怒哀乐知之甚少,不了解群众想什么、盼什么、有什么意见,作决策时闭门造车、脱离实际,与群众想法相去甚远,因而造成决策无法执行落实。因此,各级领导干部作决策、定政策,要以人民群众拥护不拥护、赞成不赞成、答应不答应作为根本依据和衡量标准。

坚持民主决策,就要坚持群众路线。习近平总书记强调:"群众路线是我们党的生命线和根本工作路线,是我们党永葆青春活力和战斗力的重要传家宝。不论过去、现在和将来,我们都要坚持一切为了群众,一切依靠群众,从群众中来,到群众中去,把党的正确主张变为群众的自觉行动,把群众路线贯彻到治国理政全部活动之中。"② 党对人民群众的领导,就是给人民群众指出正确的前进方向,动员群众、组织群众、带领群众自己动手,创造自己的幸福生活。人民是历史的创造者,群众中间蕴藏着无穷的智慧。各级领导干部要始终坚持人民立场,坚持人民主体地位,虚心向人民群众学习,倾听人民群众呼声,汲取人民群众智慧,问政于民、问需于民、问计于民,把人民群众拥护不拥护、赞成不赞成、高兴不高兴、答应不答应作为衡量一切工作得失的根本标准,坚持从群众中来,到群众中去,依靠群众来发现和解决问题。对涉

---

① 《毛泽东选集》第3卷,人民出版社1991年版,第899页。
② 习近平:《在纪念毛泽东同志诞辰120周年座谈会上的讲话》,《人民日报》2013年12月26日。

及特定群体利益的决策事项，应当与相关人民团体、社会组织以及群众代表进行沟通协商，充分听取相关群体的意见建议。对需要向社会公开征求意见的决策事项，应当通过政府网站、政务新媒体以及报刊、广播、电视等便于社会公众知晓的途径，公开征求意见建议。对直接涉及公民、法人、其他组织切身利益或者存在较大分歧的决策事项，可以召开听证会听取意见。

坚持民主决策，就要坚持民主集中制。中国共产党是以民主集中制原则建立的政党，并坚持以民主集中制原则领导中国的革命、建设和改革。毛泽东指出："民主集中制，它是民主的，又是集中的，将民主和集中两个似乎相冲突的东西，在一定形式上统一起来"。① "要认真实行民主集中制。要造成又有集中又有民主，又有纪律又有自由，又有统一意志、又有个人心情舒畅、生动活泼，那样一种政治局面。没有民主，不可能有正确的集中，因为大家意见分歧，没有统一的认识，集中制就建立不起来。没有民主，就不可能正确地总结经验。没有民主，意见不是从群众中来，就不可能制定出好的路线、方针、政策和办法。党委的领导，是集体领导，在党委会内部只应当实行民主集中制。"② 习近平总书记强调："民主集中制是我们党的根本组织原则和领导制度，是马克思主义政党区别于其他政党的重要标志。这项制度把充分发扬党内民主和正确实行集中有机结合起来，既可以最大限度激发全党创造活力，又可以统一全党思想和行动，有效防止和克服议而不决、决而不行的分散主义，是科学合理而又有效率的制度。民主集中制包括民主和集中两个方面，两者互为条件、相辅相成、缺一不可。"③

实行民主集中制，既要充分发扬民主，又要实行正确集中。民主是

---

① 《毛泽东选集》第 2 卷，人民出版社 1991 年版，第 383 页。
② 《毛泽东年谱（一九四九——一九七六）》第 5 卷，中央文献出版社 2013 年版，第 77—78 页。
③ 《中共中央政治局召开民主生活会　习近平主持会议并发表重要讲话》，《人民日报》2018 年 12 月 27 日。

集中的基础，只有充分发扬民主，才能达到正确的集中；集中是民主的指导，只有实行正确集中，才能实现真正的民主，两者相互依存、相辅相成。如果为了民主而民主，缺乏必要的集中，一盘散沙，议而不决、决而不行，组织就没有权威，民主也就变成空谈，领导也会失去威信。对领导班子成员来说，集体讨论时可以畅所欲言，但一旦作出决策决定，就必须无条件执行，不能说一套做一套、会上不说会后乱说，更不能公开发表不同意见。对党政主要负责人来说，作决策时要正确对待少数人意见或不同意见，反对"一言堂"，防止以个人专断取代集体领导，以个人决策代替集体决策。各级领导班子要坚持集体领导、实行民主决策、集体决策，实现民主基础上的集中和集中指导下的民主有机结合，凡属重大问题，要按照集体领导、民主集中、个别酝酿、会议决定的原则，由集体讨论、按少数服从多数作出决定，营造既有集中又有民主，既有纪律又有自由，既有统一意志又有个人心情舒畅、生动活泼的政治局面。

第三节　依法决策

依法决策，是领导干部依法行政、依法办事的内在要求，也是领导干部科学决策、民主决策的重要保障。依法决策，就是依据法律法规、运用法治思维和法治方式进行决策。习近平总书记在党的十九大报告中强调："健全依法决策机制，构建决策科学、执行坚决、监督有力的权力运行机制。"对领导干部来说，实行依法决策就要运用法治思维和法治方式，遵守法定权限，履行法定程序，保证决策内容符合法律、法规和规章规定。习近平总书记强调："领导干部要牢记法律红线不可逾越、法律底线不可触碰，带头遵守法律、执行法律，带头营造办事依法、遇事找法、解决问题用法、化解矛盾靠法的法治环境。谋划工作要运用法治思维，处理问题要运用法治方式，说话做事要先考虑一下是不是合法。领导干部要把对法治的尊崇、对法律的敬畏转化成思维方式和行为方式，做到在法治之下、而不是法治之外、更不是法治之上想问题、作决策、办事情。"①

2019年5月，国务院公布施行的《重大行政决策程序暂行条例》，对重大行政决策行为作了统一规范，明确了重大行政决策需要经过公众参与、专家论证、风险评估、合法性审查、集体讨论等程序，这是健全科学、民主、依法决策机制的重要举措。2021年8月，中共中央、国务院印发实施的《法治政府建设实施纲要（2021—2025年）》强调，要强化依法决策意识，严格遵循法定权限和程序作出决策，确保决策内容符合法律法规规定；严格落实重大行政决策程序，增强公众参与实效，提高专家论证质量，充分发挥风险评估功能，确保所有重大行政决策都严格履行合法性审查和集体讨论决定程序；加强行政决策执行和评估，完善行政决策执行机制，决策机关应当在决策中明确执行主体、执行时限、执行反馈等内容。依法推进决策后评估工作，将决策后评估结果作为调整重大行政决策的重要依据。各级领导干部要认真贯彻落实《重大行政决策程序暂行条例》，牢固树立依法决策意识，规范重大行政决策程序，提高决策质量和效率，抓好决策执行和评估。要落实重大决策合法性审查机制，对重大事项的决策权限、内容和程序等进行合法性审查。决策草案未经合法性审查或者经审查不合法的，不得提交会议或决策机关讨论。对国家尚无明确规定的探索性改革决策事项，可以明示法律风险，提交决策机关讨论。负责合法性审查的部门应当及时提出合法性审查意见，并对合法性审查意见负责。在合法性审查过程中，应当组织法律顾问、公职律师提出法律意见。要根据合法性审查意见进行必要的调整或者补充。要落实重大决策终身责任追究制度及责任倒查机制，对于违法决策以及滥用职权、怠于履职造成重大损失、恶劣影响的，要

---

① 《习近平谈治国理政》第2卷，外文出版社2017年版，第127页。

严格依法追究法律责任。作为领导干部,要思之以法、行之以法、维之以法,善于运用法治思维、法治方式进行决策,在发现问题、分析问题、解决问题的过程中,遵循法律规范、法律原则、法律精神和法律逻辑,不断提高依法决策的能力和水平。

第十二章　善用干部

"政治路线确定之后，干部就是决定因素。"决策部署作出之后，善用干部就是关键因素。作为领导干部，要做到善用干部，既要管好干部，又要选好干部，更要用好干部，充分发挥广大干部干事创业、建功立业的积极性、主动性和创造性。

善用干部，既是领导干部的重要职责，也是领导工作的重要任务。"治天下，惟以用人为本。""为政之要，莫先于用人。""历览古今兴衰事，成败得失在用人。"干事创业，关键在干部；治国理政，重在用干部。毛泽东强调："领导者的责任，归结起来，主要地是出主意、用干部两件事。一切计划、决议、命令、指示等等，都属于'出主意'一类。使这一切主意见之实行，必须团结干部，推动他们去做，属于'用干部'一类。"① 选人用人问题是关系党和人民事业成败的关键问题。决策部署作出之后，善用干部就是关键因素。习近平总书记在党的十九大报告中强调："要坚持党管干部原则，坚持德才兼备、以德为先，坚持五湖四海、任人唯贤，坚持事业为上、公道正派，把好干部标准落到实处。"为政之要，唯在得人；创业之要，唯在用人。落实好干部的标准，必须坚持正确选人用人导向，把"信念坚定、为民服务、勤政务实、敢于担当、清正廉洁"的好干部及时发现出来、合理使用起来。2019年3月，中共中央印发的《党政领导干部选拔任用工作条例》规

---

① 《毛泽东选集》第2卷，人民出版社1991年版，第527页。

定，选拔任用党政领导干部，必须把政治标准放在首位，符合将领导班子建设成为坚持党的基本理论、基本路线、基本方略，全心全意为人民服务，具有推进新时代中国特色社会主义事业发展的能力，结构合理、团结坚强的领导集体的要求；树立注重基层和实践的导向，大力选拔敢于负责、勇于担当、善于作为、实绩突出的干部；注重发现和培养选拔优秀年轻干部，用好各年龄段干部；统筹做好培养选拔女干部、少数民族干部和党外干部工作。在新时代的征程上，我们要应变局、育新机、开新局、谋复兴，关键是要把党的各级领导班子和干部队伍建设好、建设强，把"信念坚定、为民服务、勤政务实、敢于担当、清正廉洁"的好干部选出来、用起来。

作为领导干部，要认真贯彻落实《党政领导干部选拔任用工作条例》，把选好用好干部作为政治责任和首要任务，坚持德才兼备、以德为先的选人用人原则，坚持重实干、重实绩的选人用人导向，既要管好干部，又要选好干部，更要用好干部；既要选贤任能、任人唯贤，又要知人善任、用人所长，做到寻觅人才求贤若渴、发现人才如获至宝、举荐人才不拘一格、使用人才各尽其能，营造用一贤人则群贤毕至的新风尚，把各类人才汇聚到党和人民的事业中来，充分发挥广大干部的积极性、主动性和创造性。

第一节　管好干部

善用干部，首先要管好干部。只有把好干部"管"出来，才能把好干部"用"起来。各级领导干部担负着管人、管钱、管物的责任，管好干部是第一职责。党要管党，首先要管好干部。党管干部，是我们党历来坚持的根本原则。党管干部原则，规定了干部工作的主体和体制，是我们党选准用好干部的基本经验，是党的领导在干部人事工作中的重要体现，也是巩固党的执政地位、履行党的执政使命的重要保证。习近平总书记强调:"党要管党,首先是管好干部;从严治党,关键是从严治吏。要把从严管理干部贯彻落实到干部队伍建设全过程,坚持从严教育、从严管理、从严监督,让每一个干部都深刻懂得,当干部就必须付出更多辛劳、接受更严格的约束。"① 对各级党组织和领导干部来说,落实党管干部原则,就必须加强对干部的教育、管理和监督。习近平总书记强调:"好干部是选出来的,更是管出来的。严管就是厚爱,是对干部真正负责。要坚持从严教育、从严管理、从严监督,把从严管理干部贯彻落实到干部队伍建设全过程。同时,要用科学办法进行管理,切实管到位、管到点子上。干部管理是一门科学,要敢抓善管、精准施策,体现组织的力度;也是一门艺术,要撑腰鼓劲、关爱宽容,体现组织的温度。"② 作为党组织和领导干部,要履行好对党员干部的教育、管理、监督职责,既要管培养、管教育、管选拔、管任用,又要管思想、管工作、管作风、管纪律,管出风清气正的政治生态,管出干事创业的良好氛围。

一、坚持从严教育

教育干部,是领导干部的重要职责和任务。"育才造士,为国之本。"只有教好育好干部,才能管好用好干部。毛泽东强调:"掌握思想教育,是团结全党进行伟大政治斗争的中心环节。如果这个任务不解决,党的一切政治任务是不能完成的。"③ 邓小平指出:"忽视教育的领导者,是缺乏远见的、不成熟的领导者,就领导不了现代化建设。"④ 习近平总书记在党的十九大报告中强调:"要把坚定理想信念作为党的思想建设的首要任务,教育引导全党牢记党的宗旨,挺起共产党人的精

---

① 《习近平:建设宏大高素质干部队伍 确保党始终成为坚强领导核心》,《人民日报》2013年6月30日。
② 习近平:《努力造就一支忠诚干净担当的高素质队伍》,《人民日报》2019年1月15日。
③ 《毛泽东选集》第3卷,人民出版社1991年版,第1094页。
④ 《邓小平文选》第3卷,人民出版社1993年版,第121页。

神脊梁，解决好世界观、人生观、价值观这个'总开关'问题，自觉做共产主义远大理想和中国特色社会主义共同理想的坚定信仰者和忠实实践者。"2021年7月，中共中央、国务院印发的《关于新时代加强和改进思想政治工作的意见》指出，要深入开展思想政治教育，坚持用习近平新时代中国特色社会主义思想武装全党、教育人民，健全用党的创新理论武装全党、教育人民工作体系，增进对习近平新时代中国特色社会主义思想的政治认同、思想认同、理论认同、情感认同。推动理想信念教育常态化制度化，广泛开展中国特色社会主义和中国梦宣传教育，弘扬民族精神和时代精神，加强爱国主义、集体主义、社会主义教育，加强马克思主义唯物论和无神论教育。培育和践行社会主义核心价值观，加强教育引导、实践养成、制度保障，推动社会主义核心价值观融入社会发展和百姓生活。加强党史、新中国史、改革开放史、社会主义发展史和形势政策教育，引导党员、干部、群众旗帜鲜明反对历史虚无主义，继往开来走好新时代长征路。

各级党组织和领导干部要切实负起政治责任和领导责任，要把思想政治工作作为治党治国的重要方式，建立健全思想政治工作责任制，加强党员干部教育培训，教育引导广大党员干部不断提高政治素养、理论水平、专业能力、实践本领。作为领导干部，要把加强对党员干部的培养教育作为一项经常性的任务，把思想政治工作与经济建设和其他各项工作结合起来，把解决思想问题和实际问题结合起来，切实做好党员干部的思想政治工作，在思想上解惑、精神上解忧、文化上解渴、心理上解压，既要教知识、教技能、教方法，又要育思想、育道德、育品行；既要教育干部修身律己、德才兼修，又要引导干部干事创业、建功立业，不断提高党员干部的思想政治素质和专业技能素质。

（一）强化理想信念教育

理想信念教育，是党的思想建设的重要任务，是党员干部提升党性修养、坚定理想信念的重要途径。邓小平指出："要在党内，特别是在党员干部中，普遍地、经常地、深入地开展共产主义教育，使每个同志都成为合格的党员、合格的党的干部。"① 习近平总书记在党的十九大报告中强调："广泛开展理想信念教育，深化中国特色社会主义和中国梦宣传教育，弘扬民族精神和时代精神，加强爱国主义、集体主义、社会主义教育。"作为领导干部，要抓好党员干部的理想信念教育，增强理想信念教育的针对性、生动性、实效性，着力解决党员干部理想信念缺失、政治信仰模糊等问题，教育引导党员干部树立正确的世界观、人生观、价值观，自觉做共产主义远大理想和中国特色社会主义共同理想的坚定信仰者和忠实实践者。

(二) 强化党史国史教育

党史国史是资政育人、治国理政的精神财富。"以史为鉴，可以知兴替。""欲知大道，必先为史。欲要亡其国，必先灭其史；欲灭其族，必先灭其文化。"学习党史国史，关系着治国兴邦，关系着党和国家的前途命运。习近平总书记在党的十九大报告中强调："引导人们树立正确的历史观、民族观、国家观、文化观。"党史国史是最生动、最有说服力的教科书。学习党史国史，是我们坚持和发展中国特色社会主义、把党和国家各项事业继续推向前进的必修课。历史是一面镜子，它不仅展示过去，也照亮未来。学习历史，既要不忘来时的路，更要走好前行的路。作为领导干部，要抓好党员干部的党史、新中国史、改革开放史、社会主义发展史学习教育，引导党员干部树立正确的历史观、民族观、国家观、文化观，以史为镜，以史为鉴，从中华民族历史、社会主义发展历史、中国共产党历史、新中国历史中汲取经验教训，增强中国特色社会主义道路自信、理论自信、制度自信、文化自信，永葆初心、永担使命，矢志不渝为实现中华民族伟大复兴而奋斗。

2021年7月1日，习近平总书记在庆祝中国共产党成立100周年大

---

① 《邓小平年谱（一九七五——一九九七）》（下），中央文献出版社2004年版，第811页。

会上的讲话中强调："以史为鉴，可以知兴替。我们要用历史映照现实、远观未来，从中国共产党的百年奋斗中看清楚过去我们为什么能够成功、弄明白未来我们怎样才能继续成功，从而在新的征程上更加坚定、更加自觉地牢记初心使命、开创美好未来。"中国共产党的百年历史，是中国近现代以来历史最为可歌可泣的篇章，不仅记录着党一路走来的光荣与梦想、苦难与辉煌，而且镌刻着新中国 70 多年、改革开放 40 多年、中国特色社会主义新时代风雷激荡、动人心魄的壮丽图景。中国共产党领导中国人民走过的百年历程，是矢志践行初心使命的一百年，是筚路蓝缕奠基立业的一百年，是创造辉煌开辟未来的一百年。在一百年接续奋斗中，党团结带领人民开辟了伟大道路，建立了伟大功业，铸就了伟大精神，积累了宝贵经验，使中华民族迎来了从站起来、富起来到强起来的伟大飞跃，创造了中华民族发展史、人类社会进步史上的伟大奇迹。

2021 年 2 月，中共中央印发《关于在全党开展党史学习教育的通知》，对党史学习教育作出部署安排。在全党开展党史学习教育，是牢记初心使命、推进中华民族伟大复兴历史伟业的必然要求，是坚定信仰信念、在新时代坚持和发展中国特色社会主义的必然要求，是推进党的自我革命、永葆党的生机活力的必然要求。作为领导干部，要带头学习好、总结好、传承好、发扬好党的历史，紧紧围绕学懂弄通做实党的创新理论，教育引导党员干部深刻铭记中国共产党百年奋斗的光辉历程，深刻认识中国共产党为国家和民族作出的伟大贡献，深刻感悟中国共产党始终不渝为人民的初心宗旨，系统掌握中国共产党推进马克思主义中国化形成的重大理论成果，学习传承中国共产党在长期奋斗中铸就的伟大精神，深刻领会中国共产党成功推进革命、建设、改革的宝贵经验，坚持学史明理、学史增信、学史崇德、学史力行，做到学党史、悟思想、办实事、开新局，增强"四个意识"、坚定"四个自信"、做到"两个维护"，不断提高政治判断力、政治领悟力、政治执行力。

2021 年 5 月，中共中央办公厅印发《关于在全社会开展党史、新中国史、改革开放史、社会主义发展史宣传教育的通知》，对开展"四史"宣传教育作出安排部署。作为领导干部，要切实抓好"四史"学习宣传教育，引导广大干部、群众通过学习把握党史、新中国史、改革开放史、社会主义发展史，加深对党的历史的理解和把握，加深对党的理论的理解和认识，弄清楚中国共产党为什么"能"、马克思主义为什么"行"、中国特色社会主义为什么"好"等基本道理。深刻认识中国共产党为国家和民族作出的伟大贡献，深刻感悟中国共产党始终不渝为人民的初心宗旨，深刻认识红色政权来之不易、新中国来之不易、中国特色社会主义来之不易，深刻认识中国人民今天的幸福生活来之不易，深刻认识中国共产党对中国、中华民族、中华文明、科学社会主义作出的历史性贡献，坚定不移听党话、跟党走，在全面建设社会主义现代化国家伟大实践中建功立业。

（三）强化党性党风教育

党风问题是有关党的生死存亡的问题。党性党风教育，是加强党的思想政治建设的重要内容，是引导党员干部增强党性、改进作风的重要方式。习近平总书记强调："作风问题本质上是党性问题。""党性是立身、立业、立言、立德的基石，必须在严格的党内生活锻炼中不断增强。"① 作为领导干部，要切实抓好党性党风教育，教育引导党员干部加强党性修养，自觉弘扬党的优良传统和作风，切实改进学风文风、思想作风、工作作风和生活作风。

（四）强化党纪国法教育

党有党纪，国有国法。强化党纪国法教育，对于增强党员干部的依纪依法执政理念，提高党的拒腐防变和抵御风险能力，具有重要的基础性作用和长远的影响。习近平总书记在党的十九大报告中强调："各级党组织和全体党员要带头尊法学法守法用法，任何组织和个人都不得有

---

① 《习近平指导河北省委常委班子专题民主生活会》，《人民日报》2013年9月26日。

超越宪法法律的特权，绝不允许以言代法、以权压法、逐利违法、徇私枉法。"党要管党、从严治党，要靠严明纪律。依法执政、依法行政，要靠法律准绳。作为领导干部，要把强化党纪国法教育制度化、经常化，引导党员干部增强法治意识，强化纪律观念，提高贯彻执行党的路线、方针、政策和国家法律、法令、法规的自觉性。

（五）强化思想道德教育

强化思想道德教育，是加强思想道德建设的根本前提和重要内容。习近平总书记在党的十九大报告中强调："深入实施公民道德建设工程，推进社会公德、职业道德、家庭美德、个人品德建设，激励人们向上向善、孝老爱亲、忠于祖国、忠于人民。"作为领导干部，要把弘扬中华民族传统美德、加强社会主义思想道德建设作为经常性任务来抓，深化中国特色社会主义和中国梦宣传教育，加强爱国主义、集体主义、社会主义教育，教育引导党员干部自觉践行社会主义核心价值观，自觉弘扬以爱国主义为核心的民族精神、以实事求是为核心的实践精神、以求真务实为核心的科学精神、以改革创新为核心的时代精神，自觉践行从政道德、社会公德、职业道德、家庭美德。

二、坚持从严管理

管好干部，是领导干部的重要职责和重要任务。党要管党，首先要管好党员干部；从严治党，关键要严格党内生活。好干部既是教出来的，更是管出来的。习近平总书记强调："建立管思想、管工作、管作风、管纪律的从严管理体系。要加强党内监督，贯彻民主集中制，严格组织生活，用好批评和自我批评的锐利武器，完善体制机制，管好关键人、管到关键处、管住关键事、管在关键时，特别是要把一把手管住管好。同时，要综合发挥群众监督、舆论监督等作用，形成监督合力。"[①]

---

① 《习近平在全国组织工作会议上的讲话》，《人民日报》2018年7月6日。

只有从严管理才能管出好干部，如果放任不管可能让好干部走向反面。习近平总书记强调："管党治党，必须严字当头，把严的要求贯彻全过程，做到真管真严、敢管敢严、长管长严。"① 作为领导干部，要把严管与厚爱结合起来，做到全管全严、敢管敢严、真管真严、善管善严，营造干部干事创业、风清气正的政治生态。

（一）全管全严

严管就是厚爱，是对干部真正负责。要加强对干部的全方位管理，把管思想、管工作、管作风、管纪律贯通起来，把管好工作圈和管好社交圈衔接起来，在日常管理监督上下功夫，既要管好八小时内，又要管好八小时外，坚持抓早抓小、防微杜渐，发现苗头性、倾向性问题及时批评教育，经常敲响思想警钟，使咬耳扯袖、红脸出汗成为常态。

（二）真管真严

管好干部既要"讲认真"，更要"敢较真"。要强化管理重点，管好关键人、管到关键处、管住关键事、管在关键时，把管人、管钱、管物的岗位作为重点，把执法、执勤、执纪岗位作为关键，切实规范党员干部的用权行为，真正管出好导向、管出精气神、管出正能量，确保干部能干事、干成事、不出事。要消除管理"盲区"，不留管理"死角"，重在防微杜渐，及时纠偏纠错，经常"扯扯袖子、提提领子"予以警示，防止干部犯错误或犯大错误、犯重复性错误。坚持从小事管起，严早、严小、严防，及时提醒警示苗头性、倾向性问题，打好"预防针"、筑牢"防火墙"，防止小毛病演变成大问题，避免"亚健康"恶化成"重症病"。

（三）敢管敢严

要明晰管理责任，强化责任落实，进一步厘清干部推荐、考察、决策、管理等各个环节的责任主体和责任内容。各级领导干部要敢抓敢

---

① 《习近平谈治国理政》第2卷，外文出版社2017年版，第43—44页。

管、敢于批评,不当老好人、不怕得罪人,讲原则不讲面子、讲党性不讲私情,对干部身上存在的问题该提醒的提醒、该教育的教育、该批评的批评、该处理的处理。对存在缺点错误干部要及时批评教育,对违纪违规的干部要及时进行组织处置,对违法犯罪、蜕化变质的干部要坚决清理。要强化追责问责,对用人严重失察、失误的,既追究当事人责任,领导干部也要承担相应责任。

(四) 善管善严

要坚持严管和厚爱结合、激励和约束并重,完善干部考核评价机制,建立激励机制和容错纠错机制,旗帜鲜明为那些敢于担当、踏实做事、不谋私利的干部撑腰鼓劲。要关心爱护基层干部,主动为他们排忧解难。要坚持严格管理和关心信任相统一,在政治上激励、工作上支持、待遇上保障、心理上关怀,增强干部的荣誉感、归属感、获得感。要真情关爱干部,帮助解决实际困难,关注身心健康,对基层干部特别是困难艰苦地区和奋战在脱贫攻坚第一线的干部要给予更多理解和支持。要完善干部激励机制,激发干部的内生动力,推动干部主动担当作为、善学善谋善为。对犯错误的干部,区分不同情况,宽严相济,保护好干部干事创业的积极性、创造性。

三、坚持从严监督

严管才是厚爱,监督就是爱护。严格监督,是保证干部成长成才、干事创业的必要手段和重要条件。习近平总书记在党的十九大报告中强调:"增强党自我净化能力,根本靠强化党的自我监督和群众监督。要加强对权力运行的制约和监督,让人民监督权力,让权力在阳光下运行,把权力关进制度的笼子。强化自上而下的组织监督,改进自下而上的民主监督,发挥同级相互监督作用,加强对党员领导干部的日常管理监督。构建党统一指挥、全面覆盖、权威高效的监督体系,把党内监督同国家机关监督、民主监督、司法监督、群众监督、舆论监督贯通起来,增强监督合力。"党员干部修身律己、干事创业既需要内在动力,也需要外部监督。

2021年3月27日,中共中央印发实施了《关于加强对"一把手"和领导班子监督的意见》,对落实全面从严治党主体责任和监督责任,加强对"一把手"和领导班子监督提出了具体要求。加强对"一把手"和领导班子监督,要全面落实党内监督制度,突出政治监督,重点强化对"一把手"和领导班子对党忠诚,践行党的性质宗旨情况的监督;强化对贯彻落实党的路线方针政策和党中央重大决策部署,践行"两个维护"情况的监督;强化对立足新发展阶段、贯彻新发展理念、构建新发展格局,推动高质量发展情况的监督;强化对落实全面从严治党主体责任和监督责任情况的监督;强化对贯彻执行民主集中制、依规依法履职用权、担当作为、廉洁自律等情况的监督,做到真管真严、敢管敢严、长管长严。各级领导干部要从政治上认识领导职责中包含监督职责,增强监督意识,履行监督责任;正确对待党组织和群众的监督,勇于纠正错误,切实改进工作;习惯在受监督和约束的环境中工作生活,主动接受监督,决不能拒绝监督、逃避监督。"一把手"要自觉置身党组织和群众监督之下,强化责任担当,加强对领导班子其他成员和下级领导干部的监督。

任用不能代替管理,信任不能代替监督。各级党组织要通过加强对"一把手"和领导班子监督,带动和加强对党员干部的监督,既要加强对党员干部的思想教育,又要加强对党员干部的纪律约束;既要教育引导党员干部自觉遵守纪律规矩,又要教育引导党员干部严格遵守法律法规。要坚持纪严于法、纪在法前,用规矩纪律管权管事管人,用规矩纪律管思想管生活,用规矩纪律管言行管作风,教育引导党员干部自觉遵纪守法,自觉讲规矩、懂规矩、守规矩、用规矩,自觉讲纪律、懂纪律、守纪律、用纪律,自觉讲法律、懂法律、守法律、用法律。作为领导干部特别是主要负责同志,要认真履行监督责任,切实加强对领导班子和所属干部的监督,把党内监督、民主监督、群众监督、舆论监督贯通起来,使各类监督更加协同有效;要把不敢腐、不能腐、不想腐一同推进,注重日常,抓早抓小,防微杜渐,把对干部的监督严起来、实起来,形成常态化、长效化。

第二节　选好干部

善用干部,重点要选好干部。好干部培养起来之后,选拔出来就是重要环节。"为人择官者乱,为官择人者治。"只有选好干部,才能用好干部。邓小平强调:"选拔干部,选拔人才,只要选得好,选得准,我们的事业就大有希望。"[①] 选什么人就是风向标,就有什么样的干部作风,乃至就有什么样的党风。对各级党组织和领导干部来说,选好干部是尽职,选不好干部是失职,选不出好干部是渎职。2019年3月,中共中央印发的《党政领导干部选拔任用工作条例》规定,选拔任用党政领导干部必须"坚持党管干部;德才兼备、以德为先,五湖四海、任人唯贤;事业为上、人岗相适、人事相宜;公道正派、注重实绩、群众公认;民主集中制;依法依规办事"的原则。作为党组织和领导干部,要坚持好干部标准,突出政治标准,注重能力本领,坚持党管干部、党选干部;德才兼备、以德为先;五湖四海、任人唯贤;事业为上、人岗相适、人事相宜;公道正派、注重实绩、群众公认;民主集中制;依法依规办事,在"赛马场"选"千里马",把党和人民事业需要的好干部发现出来、选拔出来。

一、坚持党管干部、党选干部

坚持党管干部、党选干部,是我们党历来坚持的选人用人根本原

[①] 《邓小平文选》第2卷,人民出版社1994年版,第225页。

则。实践证明，只有坚持党管干部、党选干部的原则，才能增强选人的科学性、准确性、公信度。各级党组织和领导干部要认真贯彻落实党的组织路线、干部路线，坚持党管干部、党选干部原则，强化党组织把关作用，依靠组织选干部，选好干部强组织；依靠人民选干部，选好干部为人民，把党和国家事业需要、党和人民满意的干部选出来。

党的政治路线要靠党的组织路线来保证。新时代党的组织路线是：全面贯彻新时代中国特色社会主义思想，以组织体系建设为重点，着力培养忠诚干净担当的高素质干部，着力集聚爱国奉献的各方面优秀人才，坚持德才兼备、以德为先、任人唯贤，为坚持和加强党的全面领导、坚持和发展中国特色社会主义提供坚强组织保证。习近平总书记强调："贯彻新时代党的组织路线，建设忠诚干净担当的高素质干部队伍是关键，重点是要做好干部培育、选拔、管理、使用工作。"[①]《中国共产党章程》规定，党按照德才兼备、以德为先的原则选拔干部，坚持五湖四海、任人唯贤，坚持事业为上、公道正派，反对任人唯亲，努力实现干部队伍的革命化、年轻化、知识化、专业化。我们党在革命、建设、改革进程中，逐步形成了任人唯贤的干部路线，包括：德才兼备的干部标准，知人善任的干部政策，五湖四海全面团结干部的原则，通过学习培训及在实践中锻炼干部的途径。

二、坚持德才兼备、以德为先

坚持德才兼备、以德为先，是我们党历来坚持的选人用人标准。习近平总书记强调："我们党历来强调德才兼备，并强调以德为先。德包括政治品德、职业道德、社会公德、家庭美德等，干部在这些方面都要

[①]《习近平：切实贯彻落实新时代党的组织路线　全党努力把党建设得更加坚强有力》，《人民日报》2018年7月5日。

过硬,最重要的是政治品德要过得硬。"① 德才兼备,既是培养教育干部的基本目标,也是选拔任用干部的根本标准;既是党组织教人育人、选人用人的评价原则,也是党员干部做人做事、为官从政的价值遵循。坚持德才兼备,强调德与才的统一,既要突出以德为先,注重道德品行,又要注重以才为本,注重能力本领;既要防止重德轻才,又要防止重才轻德;既不能唯德是举,又不能唯才以用。坚持以德为先,强调德的主导作用,以德为前提,若没有德的条件,就失去了提拔重用的资格。各级党组织和领导干部要把德才兼备、以德为先,作为育人选人用人的鲜明导向、根本遵循,注重道德标准,突出政治标准,考察考核党员干部在政治方向、政治立场、政治态度、政治纪律、党性原则等方面的表现,在政治品德、从政品德、社会公德、职业道德、家庭美德等方面的表现。

坚持德才兼备、以德为先,必须把好政治关,把是否忠诚于党和人民,是否具有坚定理想信念,是否增强"四个意识"、坚定"四个自信",是否坚决维护党中央权威和集中统一领导,是否全面贯彻执行党的理论和路线方针政策,作为衡量干部的政治标准。如果政治不合格、政治不过关,本事再大、能力再强也不能用。坚持以德为先,不是说只看德就够了,还必须具备能力本领。各级党组织和领导干部要遵循"好干部标准",既要突出政治标准,又注重能力本领,把思想政治过硬、忠诚干净担当、能力本领高强的干部选出来、用起来。

三、坚持五湖四海、任人唯贤

坚持五湖四海、任人唯贤是我们党选人用人的重要原则,也是落实好干部标准的根本途径。"山不厌高,海不厌深;周公吐哺,天下归心。"毛泽东强调:"在这个使用干部的问题上,我们民族历史中从来就

---

① 《习近平:严把标准公正用人拓宽视野激励干部 造就忠诚干净担当的高素质干部队伍》,《人民日报》2018 年 11 月 27 日。

有两个对立的路线：一个是'任人唯贤'的路线，一个是'任人唯亲'的路线。前者是正派的路线，后者是不正派的路线。""共产党的干部政策，应是以能否坚决地执行党的路线，服从党的纪律，和群众有密切的联系，有独立的工作能力，积极肯干，不谋私利为标准，这就是'任人唯贤'的路线。"① 邓小平强调：选用干部"要任人唯贤，反对任人唯亲"。② "要抛弃一切成见，寻找人民相信是坚持改革路线的人。""要抛弃个人恩怨来选择人，反对过自己的人也要用。""考虑人的角度，也要深化，这也是一种改革，是思想上的改革，思想上的解放。""小圈子那个东西害死人呐！很多失误就从这里出来，错误就从这里犯起。"③ 无数事实表明，坚持五湖四海、任人唯贤，就能人才辈出、群英荟萃、事业兴旺；搞任人唯亲、小圈子，必然导致人心涣散、队伍散乱、事业衰败。

坚持五湖四海、任人唯贤，是由我们党的性质和宗旨所决定的。中国共产党除了人民利益，没有自己的特殊利益。只有坚持五湖四海、任人唯贤，用党和人民的事业感召人才、培养人才、造就人才，才能为党员干部提供施展才华的宽广舞台。习近平总书记指出："从哪里选人？就是要坚持五湖四海、任人唯贤，广开进贤之路。'治天下者，用人非止一端，故取士不以一路。'要打开视野、不拘一格，坚持干部工作一盘棋，除了党政机关，还要注重从国有企业、高等学校、科研院所等各个领域各条战线选拔优秀人才。人选来源渠道拓宽了，更有利于好中选优、优中选强。正所谓'凡用人之道，采之欲博，辨之欲精，使之欲适，任之欲专'。"④ 作为各级党组织和领导干部，要坚持任人唯贤，反对任人唯亲，以党的事业为上，以人民的利益为重；要唯贤是举、选贤

---

① 《毛泽东选集》第 2 卷，人民出版社 1991 年版，第 527 页。
② 《邓小平文选》第 3 卷，人民出版社 1993 年版，第 146 页。
③ 《邓小平文选》第 3 卷，人民出版社 1993 年版，第 300—301 页。
④ 《习近平：切实贯彻落实新时代党的组织路线　全党努力把党建设得更加坚强有力》，《人民日报》2018 年 7 月 5 日。

任能,不以个人好恶、亲疏、恩怨和地域、行业等划线,拓宽视野选人,广开进贤之路,把想改革谋改革善改革、尊法学法守法用法、想干事能干事善干事的干部选出来、用起来。

四、坚持事业为上、公道正派

坚持事业为上、公道正派,是选用好干部的重要原则,也是落实好干部标准的根本保证。我们党历来坚持事业为上、公道正派的选人用人导向。毛泽东强调:"在干部政策问题上坚持正派的公道的作风,反对不正派的不公道的作风,借以巩固党的统一团结,这是中央和各级领导者的重要的责任。"① 邓小平强调:"政治机关的干部,特别是管干部的干部,要很公道,很正派,不信邪,不怕得罪人。"② 习近平总书记在党的十九大报告中强调,要坚持事业为上、公道正派,把好干部标准落到实处。习近平总书记强调:"怎么用人?就是要坚持事业为上,以事择人、人岗相适。古人说:'为官择人者治,为人择官者乱。'用干部是为了干好事业。过去战争年代,谁能打仗、打胜仗谁就上,而不是考虑谁的资历老、级别高谁才上。选人用人,要坚持事业需要什么样的人就选什么样的人,岗位缺什么样的人就配什么样的人,不能论资排辈、平衡照顾。要正确把握事业发展需要和干部成长进步的关系,把合适的干部放到合适的岗位上。"③ 坚持事业为上、公道正派,是党对组织工作的根本要求,是坚持正确用人导向的根本保证。事业为上,就是要从党的事业出发选用干部,选用那些真正想干事、能干事、干成事的干部。公道正派,就是选用那些讲政治、讲党性、讲原则的干部。坚持事业为上、公道正派,既是坚持选人用人导向的重要原则,也是匡正选人用人

---

① 《毛泽东选集》第 2 卷,人民出版社 1991 年版,第 527 页。
② 《邓小平文选》第 2 卷,人民出版社 1994 年版,第 22 页。
③ 《习近平:切实贯彻落实新时代党的组织路线 全党努力把党建设得更加坚强有力》,《人民日报》2018 年 7 月 5 日。

风气的根本保证。实践证明，一个地方、一个单位，坚持公道正派选用干部，投机钻营者就无机可乘，搞歪门邪道的人就难有市场。

坚持事业为上、公道正派，既要选准用好干事创业的党员干部，更要促进党员干部干事创业。习近平总书记指出："党组织对待干部，既要严格管理，又要热情关心。要保护作风正派、锐意进取的干部，真正把那些想干事、能干事、敢担当、善作为的优秀干部选拔到各级领导班子中来。"① 各级党组织和领导干部要把事业为上、公道正派贯穿选人用人全过程，做到公道对待干部、公平评价干部、公正使用干部，把事业需要、岗位需要与干部的道德品行、能力本领有机结合起来，做到以事择人、知事识人、依事选人、因事用人，把想干事、能干事、敢担当、善作为的干部发现出来、选拔出来。

五、坚持注重实绩、群众公认

坚持注重实绩、群众公认，就要准确评价干部的实绩。实绩是干部德才状况在实际工作中的综合体现。衡量干部是不是人才，关键是要注重实绩，重点是看贡献。作为党组织和领导干部，要科学分析评价干部的实绩，既要看经济效益，又要看社会效益；既要看近期效益，又要看长远效益；既要看局部效益，又要看整体效益；既要看"显绩"，又要看"潜绩"；既要看干部在任内做出的成绩，又要看前任留下的基础和起点；既要看干部取得的眼前看得见的工作实绩，又要看干部抓基础性长期性工作的力度；既要看干部工作环境和条件的优劣给工作带来的影响，又要看干部在现有基础上的作为；既要看干部平时的工作能力，又要看干部在重要时期、重要工作、重大事件中的决断魄力和应对能力；既要看干部抓物质文明建设的实绩，又要看干部抓精神文明建设的成效。坚持群众公认，就是要充分相信和依靠群众，选拔任用大多数群众

---

① 《习近平李克强张德江俞正声刘云山王岐山张高丽分别参加全国人大会议一些代表团审议》，《人民日报》2016年3月8日。

所认可和拥护的干部，落实群众对选拔任用干部的知情权、参与权、选择权和监督权。选拔任用干部要经过民主推荐，凡是多数群众不拥护不赞成的，不能提拔任用；考察干部要充分走群众路线，广泛听取各方面的意见；拟提拔的干部要在一定范围内进行公示，进一步听取意见；对群众举报、申诉的干部选拔任用工作中违纪违规行为，要认真核实处理。坚持注重实绩、群众公认，既要注意发现那些埋头苦干、任劳任怨、政绩突出而不事张扬的人，又要善于识别那些投机取巧、沽名钓誉、弄虚作假的人；既不能让勤勤恳恳、踏实工作的人吃亏，又不能让投机取巧、夸夸其谈的人得利。对那些德才兼备、实绩突出、群众公认的干部，要予以鼓励和表彰，激励他们更好地前进。对确属德才平庸、力不胜任、相形见绌的，要坚决调整下来，克服干与不干一个样、干好干坏一个样的现象。

六、坚持民主集中制

民主集中制，是我们党的根本组织原则和组织纪律，也是选人用人的根本原则。按照民主集中制原则选拔干部，就是要在干部考察、考评、选拔过程中，既要充分发扬党内民主，又要实行正确的集中，全面历史地了解考察干部，客观公正地考核评价干部。坚持从对党忠诚的高度看待干部是否担当作为，注重从精神状态、作风状况考察政治素质，既看日常工作中的担当，又看大事要事难事中的表现。坚持有为才有位，突出实践实干实效，让那些想干事、能干事、干成事的干部有机会有舞台。坚持全面历史辩证地看待干部，公平公正对待干部，对个性鲜明、坚持原则、敢抓敢管、不怕得罪人的干部，符合条件的要大胆选拔使用。坚持优者上、庸者下、劣者汰，对巡视等工作中发现的贯彻执行党的路线方针政策和决策部署不坚决不全面不到位等问题，组织部门要及时跟进，对不担当不作为的干部，根据具体情节该免职的免职、该调整的调整、该降职的降职，使能上能下成为常态。各级党组织和领导干部要按照民主集中制原则选人用人，把民主基础上的集中和集中指导下的民主有机结合起来，做好干部培育、选拔、管理、使用工作。

七、坚持依法依规办事

选用干部，要做到依法依规、程序规范。坚持党选干部与坚持依法依规是辩证的统一。选拔任用干部，既要使干部管理工作本身制度化、规范化，又要同国家的法律、法规和党内其他法规相衔接；既符合我们党选人用人的原则标准，又体现了党员干部执政为民、立党为公的起码要求。只有依法依规选人用人，才能把干部选准选优。选拔任用干部凡是涉及法律的事项，都必须严格按法律的规定来办理；凡是已有的有关干部人事方面的法律法规，都必须依照其规定的原则、标准、程序、纪律办理，坚持原则不动摇，执行标准不走样，履行程序不变通，遵守纪律不放松。

坚持依法依规选用干部，要正确处理党委推荐干部与国家权力机关依法选举和决定任免干部的关系。中央和地方党委向国家机关推荐领导干部，是实现党对国家事务领导的重要保证。选举和决定任免国家机关领导干部，是宪法和法律赋予国家各级权力机关的重要职权。党委推荐干部和人大依法选举、决定任免干部，在本质上是一致的。党委向国家机关推荐领导干部要依法办事，在法律范围内进行。人民代表大会临时党组织、人大常委会党组和人大常委会组成人员以及人大代表中的党员，要自觉维护党管干部、党选干部原则，认真贯彻党委推荐意见，带头依法办事，正确履行职责。

各级领导干部特别是主要负责同志要带头执行党的干部政策和国家法律法规，严守组织人事工作纪律，抵制用人上的不正之风，不准任人唯亲、搞亲亲疏疏，不准封官许愿、跑风漏气、收买人心，不准个人为干部提拔任用打招呼、递条子，不准违法违规为亲友、子女要职务、要名誉、要待遇，不得干预曾经工作生活过的地方、曾经工作过的单位和不属于自己分管领域的干部选拔任用工作。

第三节　用好干部

　　善用干部，关键要用好干部。治国理政之道，用好干部为要。习近平总书记强调："怎样把好干部用起来？好干部成长起来了，培养出来了，关键还是要用。不用，或者用不好，最终等于还是没有好干部。用一贤人则群贤毕至，见贤思齐就蔚然成风。""各级党委及组织部门要坚持党管干部原则，坚持正确用人导向，坚持德才兼备、以德为先，努力做到选贤任能、用当其时，知人善任、人尽其才，把好干部及时发现出来、合理使用起来。"① 在革命、建设、改革各个时期，我们党在对干部进行长期培养锻炼的基础上，坚持和完善党员干部选贤任能机制，使党的干部队伍生生不息，代代不竭，为革命、建设、改革事业提供了坚强的组织保障。习近平总书记强调："新时代党的组织路线提出坚持德才兼备、以德为先、任人唯贤的方针，就是强调选干部、用人才既要重品德，也不能忽视才干。""各级党组织要严格把好政治关、廉洁关，严把素质能力关，及时把那些愿干事、真干事、干成事的干部发现出来、任用起来。"② 有才无德会坏事，有德无才会误事，有德有才方能干成事。善用人者能成事，能成事者善用人。作为党组织和领导干部，要树立正确的用人导向，做到选贤任能、知人善任、人尽其才、各尽其能，聚天下英才而用之，确保有德有才的得到重用、有德无才的培养使用、无德有才的谨慎使用、无德无才的坚决不用，为广大干部干事创业、建功立业提供宽广舞台。

---

　　① 《习近平谈治国理政》，外文出版社 2014 年版，第 418 页。
　　② 《习近平在中央政治局第二十一次集体学习时强调　贯彻落实新时代党的组织路线　不断把党建设得更加坚强有力》，《人民日报》2020 年 7 月 1 日。

一、做到选贤任能

用准用好干部,务必选贤任能。"尚贤者,政之本也。""政以得贤为本,治以去秽为务。""能者不让其位,庸者不享其政。"习近平总书记强调:"我们党历来高度重视选贤任能,始终把选人用人作为关系党和人民事业的关键性、根本性问题来抓。"① 作为党组织和领导干部,要把"好干部标准"作为选贤任能的评价任用标准,完善选贤任能机制,拓宽选贤任能视野,把握选贤任能规律,改进选贤任能方法,真正把好干部用起来。

(一)拓宽选贤任能视野

要以宽广的视野和宽阔的胸襟选贤任能。要"看得远",打破年龄、性别、地域、行业等界限,广揽各方面优秀人才。要"看得深",以发展的观点看人,善于发现人才中的"潜力股"。要敢为事业用人才,把可造之才大胆放到重要岗位上,为他们施展才华提供舞台。要"看得准",要近距离接触干部,观察干部对重大问题的思考,看其见识见解;观察干部对群众的感情,看其品质情怀;观察干部对待名利的态度,看其境界格局;观察干部处理复杂问题的过程和结果,看其能力本领。要"看得久",既要看干部的一时一地的工作,也要看干部的全部历史和全部工作;既不能对优秀的干部"一俊遮百丑",也不能对犯错误的干部"一眚掩大德"。如果截取干部某种能力、某一时段的表现作结论,就会以偏概全、一叶障目。

(二)把握选贤任能规律

选贤任能要把握干部成长规律。一个干部成长起来,必须经历过一定的岗位锻炼、一段时间的工作历练、一些重大事件的考验。选人用人不能拔苗助长,而是要量才使用、适时起用。要把握干部培养规律。十

---

① 《习近平谈治国理政》,外文出版社 2014 年版,第 411 页。

年树木、百年树人。干部的"贤"和"能"从来不是天生的,需要组织的教育引导、精心培养、系统培训。各级党组织要抓好干部特别是年轻干部培养、教育、锻炼和培训工作,让干部接受一线工作、重大任务的历练;有选择地强化跟踪,筛选出真正优秀的干部,为他们脱颖而出创造条件,使之成为科学发展的栋梁之才。要把握干部选拔规律。实践证明,充分发扬民主,落实群众对干部选拔任用的知情权、参与权、选择权、监督权,是选贤任能的重要途径和有效方式。要坚持民主集中制原则,把坚持党管干部和充分发扬民主有机结合起来。

(三)完善选贤任能机制

选贤任能,关键是完善选人用人制度。习近平总书记强调:"要把干部在推进改革中因缺乏经验、先行先试出现的失误和错误,同明知故犯的违纪违法行为区分开来;把上级尚无明确限制的探索性试验中的失误和错误,同上级明令禁止后依然我行我素的违纪违法行为区分开来;把为推动发展的无意过失,同为谋取私利的违纪违法行为区分开来,保护那些作风正派又敢作敢为、锐意进取的干部,最大限度调动广大干部的积极性、主动性、创造性,激励他们更好带领群众干事创业,确保如期全面建成小康社会,不断开创社会主义现代化建设新局面。"[①] "建立崇尚实干、带动担当、加油鼓劲的正向激励体系。在选人用人上体现讲担当、重担当的鲜明导向。"[②] 作为党组织,既要增强制度的严密性、科学性,又要增强制度的协调性、可操作性,使隐性权力显性化,显性权力规范化,规范权力制度化,让论资排辈、求全责备、任人唯亲成为过往;让权钱交易、买官卖官、行贿受贿没有土壤,改变"少数人选人,在少数人中选人"的现象。

---

① 《习近平在省部级主要领导干部学习贯彻党的十八届五中全会精神专题研讨班上的讲话》,《人民日报》2016年1月18日。

② 《习近平:切实贯彻落实新时代党的组织路线 全党努力把党建设得更加坚强有力》,《人民日报》2018年7月5日。

二、做到知人善任

用好干部,关键在知人善任。"世不患无才,患无用之之道。""用人如器,不拘一格。"习近平总书记指出:"用人得当,首先要知人。知人不深、识人不准,往往会出现用人不当、用人失误。'不知人之短,不知人之长,不知人长中之短,不知人短中之长,则不可以用人,不可以教人。'对干部的认识不能停留在感觉和印象上,必须健全考察机制和办法,多渠道、多层次、多侧面深入了解。"① 必须看到,在有的地方和部门,正确用人导向并没有得到很好体现,一些德才平平、投机取巧的人屡屡得到提拔重用,一些踏实干事、不跑不要的干部却没有进步机会,干部群众对此意见很大。作为党组织和领导干部,既要有求才之望、识才之道、用才之法,又要有爱才之心、容才之量、护才之举;既要善于发现人才、正确识别人才,又要科学评价人才、合理使用人才,做到知人善任、用其所愿、用当其时、用其所长,不拘一格荐人才,各尽其能用人才,让有为者有位、能干者能上、优秀者优先,为想干事、能干事、干成事的干部提供用武之地,既给想干事者提供机会,又给能干事者提供舞台;既给干成事者加油鼓劲,又给无意失误者更多宽容;既为敢担当者担当,又为无意犯错者担责。

(一)知人识人

"千里马常有,而伯乐不常有。"只有知人识人,才能善任善用。毛泽东强调:"必须善于识别干部。不但要看干部的一时一事,而且要看干部的全部历史和全部工作,这是识别干部的主要方法。"② 用准用好干部,要从政治素养、道德修养、工作能力、作风养成、专业知识、群众口碑等方面看干部,多渠道、多层次、多侧面了解干部,准确识别干部,科学评价干部。习近平总书记指出:"考察识别干部,功夫要下在

---

① 《习近平谈治国理政》,外文出版社2014年版,第418页。
② 《毛泽东选集》第2卷,人民出版社1991年版,第527页。

平时,并注意重大关头、关键时刻。'操千曲而后晓声,观千剑而后识器。'干部业绩在实践,干部声名在民间。要多到基层干部群众中、多在乡语口碑中了解干部,既要在'大事'上看德,又要在'小节'中察德。"① 作为党组织和领导干部,要树立事业为上的用人导向,把想不想干事、能不能干事作为识别干部的重要前提,把干了什么事、干成了多少事作为选用干部的重要依据,激励干部撸起袖子加油干事。要善于识别干部,既要看干部的一时一事的表现,更要看干部的全部历史和全部工作;既要看是否犯过错误,更要看是否改正了错误。要善于考察干部,既要考察日常现实表现,又要考察过去一贯表现;既要考察为人为官表现,又要考察干事创业表现;既要听其言、观其行,又要察其事、析其里,在事例和事实中见人见思想见情怀、见能力见本领见境界。要科学使用干部,做到人尽其才,既不能大材小用,造成人才浪费;也不能小材大用,使其力不胜任,勉为其难,贻误工作。要热忱爱护干部,既要指导干部,让他们放手工作、敢于负责;又要提高干部,给他们以学习、教育的机会,帮助他们总结经验、发扬成绩、纠正错误。

(二)用人得当

对于一个组织、一个团队来讲,由于工作的多样性、复杂性,只有用人得当、取长补短,发挥每个人的特长和优势,才能凝心聚力、有效合作,达到最佳效果。"闻道有先后,术业有专攻。"人各有长,关键在于用人得当,把合适的人才用到合适的岗位,发挥其最大的作用。现在,有的领导用干部,往往只看资历,论资排辈、平衡照顾,而不是看谁更优秀、更合适,结果干部干得很吃力,问题堆了一大堆,工作也难以打开局面。作为党组织和领导干部,要历史辩证考察干部,注重一贯表现和全部工作,既看发展又看基础,既看显绩又看潜绩,把民生改善、社会进步、生态效益等指标和实绩作为重要考核内容,再也不能简

---

① 《习近平谈治国理政》,外文出版社 2014 年版,第 418—419 页。

单以国内生产总值增长率来论英雄了。

（三）用当其时

使用干部，贵在把握时机、用当其时，既要敢于用"成长期"的干部，又要善于用"成熟期"的干部；既要敢于提拔"新人"，又要善于用"老人"。推出"新人"，关键在培养优秀年轻干部，保证事业后继有人。习近平总书记强调："要加快干部知识更新、能力培训、实践锻炼，要把那些能力突出、业绩突出，有专业能力、专业素养、专业精神的优秀干部及时用起来。"[①] 作为党组织和领导干部，要把握干部成长成才的规律，抓住干部展示才华的最佳时机，既不能过早，也不能过迟；既要防止"拔苗助长"、过早使用；也不能"老气横秋"、用得太迟，错过干部的"保值期"，导致"千里马"蜕变为"老慢牛"。即使一个干部很有才华，但如果长期闲置不用，其才华就会"贬值"，其知识就会"过时"，其能力就会"氧化"，其热情就会"降温"，虽然"金子总会发光"，但到"发光"那一刻，就可能丧失干部的"绩效期"。用人要以事业为上，做到以事择人、人岗相适，打破论资排辈、求全责备、平衡照顾的束缚，抓住干部的"绩优期"，利用干部的"黄金期"，看准一个培养一个，成熟一个使用一个，及时把能力突出、业绩突出，有专业能力、专业素养、专业精神的优秀干部用起来。对发展潜力大的年轻干部，发挥其专业、年龄、精力等优势，让其在重点工作中、重要岗位上展现才华、施展抱负，保证各类人才都能在"保值期"内释放出最大能量。

（四）用其所长

寸有所长，尺有所短。"不知人之短，不知人之长，不知人长中之短，不知人短中之长，则不可以用人，不可以教人。"使用干部要善于用其长处，发挥其优势，做到人尽其才、才尽其用。毛泽东指出："要

[①] 《习近平：严把标准公正用人拓宽视野激励干部 造就忠诚干净担当的高素质干部队伍》，《人民日报》2018年11月27日。

学会用人。金无足赤，人无完人。每个人都有长处和短处。要善于用他的长处，帮助他克服短处。"① "骏马能历险，犁地不如牛；坚车能载重，渡河不如舟。"汉初三杰当中，张良善谋而多虑、萧何善治而武断、韩信善战而自大，而刘邦可以统筹兼顾，让张良主谋、萧何主政、韩信主军，使得三者各展其长、各尽其能，最终成就霸业。好干部并不一定都是"全才"，既有优点也有缺点，既有长处也有短处。有的干部经济工作抓得"有板有眼"，但党建工作可能"无法入手"；有的干部文字工作可能"下笔如有神"，但群众工作很可能"处处碰壁"。把好干部用好，关键在"善任"，用其所长、顺其所愿，真正做到"智者取其谋、愚者取其力、勇者取其威、怯者取其慎"，充分发挥各类干部的专长和优势。

（五）用其所愿

用干部要注意照顾其兴趣、爱好和意愿。毫无疑问，干部任职要服从组织安排，这是最基本的组织原则，也是对党员干部最起码的党性要求。但是，由于每个干部经历、阅历、学历不同，必然各有其工作愿望和职业追求，如果过分地强调个人服从组织，而忽略干部自身的兴趣爱好和气质特长，这既不利于干部的成长，也不利于工作的开展。虽然干部任职最终要服从组织安排，但由于不是自己兴趣所在，工作的热情和干劲自然就会打折扣。因此，选人用人要处理好组织需要与干部意愿的关系，把握好岗位需求与干部能力的匹配度，既尊重干部个人意愿，又发挥干部个人特长。同时也必须明确，用当其愿绝非让干部向组织讨价还价，对职位挑肥拣瘦，对工作拈轻怕重。

三、做到公平公正

用准用好干部，根本在公平公正。"大道之行也，天下为公。""理

---

① 《毛泽东年谱（一九四九——一九七六）》第3卷，中央文献出版社2013年版，第282页。

国要道，在于公平正直。"习近平总书记强调："要坚持公正用人。用人以公，方得贤才。公正用人是我们党立党为公、执政为民在组织路线上的体现，应该成为我们选人用人的根本要求。公正用人，公在公心，公心归根到底是对党、对人民、对干部的责任心，坚持原则、实事求是、敢于负责、公正无私，公平对待和使用干部。公正用人，公在事业，要从党和人民事业出发选干部、用干部，坚持事业为上、依事择人、人岗相适。公正用人，公在风气，要采取有效措施，遏制住选人用人上的不正之风，做到善则赏之、过则匡之、患则救之、失则革之，把政治生态搞清明。"① 公道赢得人心，正派自得民意。作为党组织和领导干部，要以公道正派作风选用公道正派的干部，做到公道对待干部、公平评价干部、公正使用干部，把道德品行端正、能力本领高强、干事业绩突出的干部选出来、用起来。

坚持公平公正用人，就要拓宽任用干部视野。习近平总书记强调："要拓宽用人视野。要打开视野、不拘一格，把干部队伍和各方面人才作用充分发挥出来。要从党和国家事业发展需要出发，以更高的站位、更宽的视野发现人才、使用人才、配置人才。要多选一些在重大斗争中经过磨砺的干部，同时要让没有实践经历的干部到重大斗争中去经受锻炼，在克难攻坚中增长胆识和才干。要注重从各个方面选拔专业化人才，优化领导班子和干部队伍知识结构、能力结构、专业结构。"② 作为党组织和领导干部，要从党和国家事业出发，拓宽选人渠道，广开进贤之路，不拘一格用人才，做到从多数人中选优秀的，从优秀中选最合适的。要着眼事业长远发展用人，制定科学合理的干部队伍建设规划，通盘衡量使用各类型、各年龄段的干部，真正做到班子整体结构优化、

---

① 《习近平：严把标准公正用人拓宽视野激励干部　造就忠诚干净担当的高素质干部队伍》，《人民日报》2018年11月27日。
② 《习近平：严把标准公正用人拓宽视野激励干部　造就忠诚干净担当的高素质干部队伍》，《人民日报》2018年11月27日。

队伍梯次配备合理。

坚持公平公正用人，就要正确认识考察干部。要建立多渠道、多层次、多侧面考察干部的机制，坚持定期考评、晋升考评、随机考评相结合，综合运用多种方法手段，把从大事上看政治品德与从小节中察道德情操结合起来，把考察干部的现实表现与了解干部的成长经历结合起来，把考察干部岗位履职情况与分析干部发展潜力结合起来，把从日常工作中看能力素质与从完成急难险重任务中看使命担当结合起来，既看取得的进步幅度，也看单位建设的起点；既看当前建设水平，也看可持续发展空间；既看完成任务、安全发展等硬指标，也看制度建设、作风建设等软实力；既看抓落实的具体能力，也看谋发展的思维筹划。

坚持公平公正用人，就要严格遵循干部任用程序。建立健全用人失误失察责任追究制度，用严密的程序和刚性的责任保证把人选准用好。要科学确定参加民主测评和民主推荐的范围，正确分析、合理对待民主推荐票数，不搞简单地以票取人、唯票是举，让敢抓敢管的干部和埋头实干的老实人吃亏；要进一步提高选人用人决策质量，坚持民主决策、集体决策，运用民主集中制实施选人用人决策；要加强对选人用人的监督，完善任前听取群众反映、任后考察和纠错机制，形成党委内部监督、纪委监督和群众监督相结合的有效制约机制。

坚持公平公正用人，就要公道正派任用干部。邓小平强调："现在我们起用人，要抛弃一切成见，寻找人民相信是坚持改革路线的人。要抛弃个人恩怨来选择人，反对过自己的人也要用。我诚恳地希望，在选人的问题上，要注意社会公论，不能感情用事。要用政治家的风度来处理这个问题。我们现在就是要选人民公认是坚持改革开放路线并有政绩的人，大胆地将他们放进新的领导机构里，要使人民感到我们真心诚意要搞改革开放。"[①] 作为党组织和领导干部，要坚持党的原则第一、党

---

① 《邓小平文选》第3卷，人民出版社1993年版，第299—300页。

的事业第一、人民利益第一，严格按政策、按程序、按规矩选用干部，切实把好政治关、品行关、能力关、作风关、廉洁关，反对跑官要官、买官卖官，营造风清气正的选人用人环境。

坚持公平公正用人，要准确评价干部的实绩。各级组织要完善干部考核评价机制，始终在稳增长、促改革、调结构、惠民生、防风险、保稳定的工作一线中考核评价干部，将人民群众的获得感、幸福感、安全感、满意度作为考核评价干部的重要标准。坚持公平公正用人，要做到竞争择优，激发干部干事创业的积极性、主动性和创造性。习近平总书记强调："要激发干部积极性。全面从严治党的目的是更好促进事业发展，激励干部增强干事创业的精气神。要在选人用人上体现讲担当、重担当的鲜明导向，把敢不敢扛事、愿不愿做事、能不能干事作为识别干部、评判优劣、奖惩升降的重要标准，把干部干了什么事、干了多少事、干的事组织和群众认不认可作为选拔干部的根本依据，选拔任用敢于负责、勇于担当、善于作为、实绩突出的干部。要把从严管理干部贯彻落实到干部队伍建设全过程，同时要用科学办法进行管理，切实管到位、管到点子上，切实保护干部干事创业的积极性。"① 作为党组织和领导干部，要在民主中体现公认，在公开中尊重民主，在竞争中选择更优。要依靠群众来择优，依靠集体决策来择优，在好中选优、优中选适。竞争择优，要看境界情怀，了解观察干部对待名利的态度；看品行操守，了解观察干部的生活情趣；看能力本领，了解观察干部处理复杂问题的结果，真正把干部的素质优长、性格气质与单位特点、岗位要求结合起来，确保干部扬长避短、量才适用。

四、做到能上能下

干部既要千锤百炼，也要优胜劣汰。过去是好干部不等于现在也是

---

① 《习近平：严把标准公正用人拓宽视野激励干部 造就忠诚干净担当的高素质干部队伍》，《人民日报》2018年11月26日。

好干部，现在是好领导不能确保将来也是好领导。只有推进领导干部能上能下，实行优胜劣汰，才能保证大多数领导干部始终是好领导。2015年7月，中共中央办公厅印发实施的《推进领导干部能上能下若干规定（试行）》，是从严管理干部的必然要求和重要举措，是强化对领导干部正向激励与负向约束的双重引领，对于促使领导干部自觉践行"好干部标准""三严三实"要求，建设高素质干部队伍，营造风清气正的政治生态，具有重要意义。推进领导干部"能上能下"，就是要实现"能者上、庸者下、劣者汰"，实现"择优选拔"与"择劣调整"。习近平总书记强调："要坚持选人用人和严格管理相统一，既把德才兼备的好干部选出来、用起来，又加强管理监督，形成优者上、庸者下、劣者汰的好局面。"[①] 作为党组织和领导干部，既要把德才兼备的干部选拔上来，又要把相形见绌的干部调整下去；既要把敢于担当、善于作为的干部选用起来，又要把不敢担当、不能作为的干部调整下去，不让老实人吃亏、不让干事的人心寒、不让一线的干部失落、不让带"病"的人提拔，克服和纠正为官不正、为官不为、为官乱为现象，营造干部积极作为、敢于作为、善于作为的良好风尚。

（一）坚持正确导向

惩恶才能扬善，激浊方可扬清。选什么人，用什么人，是一个导向问题。习近平总书记指出："要树立正确用人导向，使那些对群众感情真挚、深得群众拥护的干部，那些说话办事有灼见、有效率的干部，那些对上对下都实实在在、不玩虚招的干部，那些清正廉洁、公众形象好的干部，得到褒奖和重用；使那些享乐思想严重、热衷于形式主义、严重脱离群众的干部，受到警醒和惩戒，用为民务实清廉的良好形象凝聚党心民心。"[②] 坚持选人用人正确导向，要强化显规则、遏制潜规则，畅通干部"能上能下"通道，用显规则界定"上下"的依据，规范

---

① 《习近平：增强全面从严治党系统性创造性实效性》，《人民日报》2017年1月7日。
② 《习近平春节前夕赴甘肃看望各族干部群众》，《人民日报》2013年2月6日。

"上"的程序，明确"下"的情形、让"下"的干部"服气"，为"上"的干部"鼓劲"。

（二）完善制度机制

要建立和完善"能上能下"的激励、奖惩、问责等制度机制，让干部在岗位上更好地履职尽责。习近平总书记强调："要深化干部制度改革，完善管思想、管工作、管作风、管纪律的从严管理机制，推动形成能者上、优者奖、庸者下、劣者汰的正确导向。"[①] 建立完善干部正当权益保护机制，允许拟受处理的干部陈述、申述，由法定机构进行复议、仲裁，防止一些人借口调整干部打击报复、排除异己。要注重"下"的干部后续管理，特别是对因问责、不适宜担任现职被调整的干部，有针对性地采取措施帮助其整改提高，激励干部立足新岗位、追求新作为。要加强思想政治教育，强化干部"有为才有位，在位必有为"的理念，"干部的升降去留是常态"等观念，形成不养"庸人""懒人""闲人"的共识，营造干部能上能下的政治生态。

---

① 《习近平在中央政治局第二十一次集体学习时强调　贯彻落实新时代党的组织路线　不断把党建设得更加坚强有力》，《人民日报》2020年7月1日。

第十三章　善抓落实

悠悠万事，唯在落实。一分决策部署，九分执行落实。决策部署作出之后，善抓落实就是关键环节。作为领导干部，要适应新发展阶段、贯彻新发展理念、服务新发展格局、推动高质量发展，勤抓落实、敢抓落实、善抓落实，在落实中见真章，在落实中见实效。

善抓落实，是领导干部的重要职责，也是开展领导工作的根本方法。为政之要，重在务实，贵在落实。决策部署作出之后，善抓落实就是关键环节。毛泽东强调："要'抓紧'。就是说，党委对主要工作不但一定要'抓'，而且一定要'抓紧'。什么东西只有抓得很紧，毫不放松，才能抓住。抓而不紧，等于不抓。伸着巴掌，当然什么也抓不住。就是把手握起来，但是不握紧，样子像抓，还是抓不住东西。我们有些同志，也抓主要工作，但是抓而不紧，所以工作还是不能做好。不抓不行，抓而不紧也不行。"[①] 抓落实，抓而不紧等于不抓，抓而不实等于白抓。邓小平指出："抓，要有具体政策、具体措施，解决具体的思想问题和实际问题。该自己解决的问题，自己解决；解决不了的，报告中央。""我的抓法就是抓头头，抓方针。重要的政策、措施，也是方针性的东西，这些我是要管的。"[②] 习近平总书记强调："抓落实是领导工作中一个极为重要的环节，是党的思想路线和群众路线的根本要求。各级

[①] 《毛泽东选集》第4卷，人民出版社1991年版，第1442页。
[②] 《邓小平文选》第2卷，人民出版社1994年版，第68—70页。

领导干部要深入贯彻落实科学发展观,牢固树立正确政绩观,狠抓落实、善抓落实,用百折不挠的意志争创一流业绩,不断开创各项工作新局面。"① 对各级领导干部来说,大政方针确定之后,要亲自抓落实;决策部署作出之后,要善于抓落实。习近平总书记强调:"要有真抓的实劲、敢抓的狠劲、善抓的巧劲、常抓的韧劲,抓铁有痕、踏石留印抓落实。要明确属于自己职责范围内的任务,抓住突出短板和薄弱环节,分清轻重缓急,加强政策配套,加强协同攻坚,加强督察落实,确保各项目标任务按时保质完成。抓落实,一把手是关键,要把责任扛在肩上,勇于挑最重的担子,敢于啃最硬的骨头,善于接最烫的山芋,把分管工作抓紧抓实、抓出成效。"② 作为领导干部,既要亲自抓落实,更要勤于抓落实;既要敢于抓落实,更要善于抓落实;既要把决策部署落到实处,更要使决策部署见到实效。

第一节　勤抓落实

决策部署,要靠落实才能实施;美好蓝图,要靠落实才能绘就。"百尺竿头立不难,一勤天下无难事。"习近平总书记强调:"改革要坚持从具体问题抓起,着力提高改革的针对性和实效性,着眼于解决发展中存在的突出矛盾和问题,把有利于稳增长、调结构、防风险、惠民生的改革举措往前排,聚焦、聚神、聚力抓落实,做到紧之又紧、细之又细、实之又实。"③ 对各级领导干部来说,只有勤抓落实,向实处着力,用实干说话,改革方能推进,发展才能见效。作为领导干部,要勤于深入抓落实,既要抓得紧而又紧,又要抓得实而又实,把上级的原则要求

---

① 《领导干部要狠抓落实善抓落实》,《人民日报》2011年3月2日。
② 《中共中央政治局召开民主生活会　习近平主持并发表重要讲话》,《人民日报》2017年12月27日。
③ 《习近平:改革要聚焦聚神聚力抓好落实　着力提高改革针对性和实效性》,《人民日报》2014年6月7日。

具体化，把上级的共性要求特色化，把决策部署落到实处、见到实效。要强化责任抓落实，树立"时不待我"的政治意识、"马上就办"的效率意识、"人能我能"的自信意识、"敢于碰硬"的攻坚意识、"愚公移山"的坚韧意识，把心思放在谋发展上，把精力用在促改革上，把功夫下在抓落实上。要善于谋划抓落实，做到高起点谋划、高标准落实，增强抓落实的预见性、前瞻性，一项一项推进、一件一件完成，不能让上级推着走、让群众干着看。要以"等不起"的紧迫感、"慢不得"的危机感、"坐不住"的责任感，立说立行抓落实，马上就办解难题，做到定一件、抓一件、成一件，不能总是"涛声依旧"，重复昨天的故事。要结合实际抓落实，注重抓落实的现实性、针对性，克服和纠正以会议落实会议、以文件落实文件的形式主义问题，防止生搬硬套、眉毛胡子一把抓的现象，克服抓而不紧、抓而不实、抓不到位的问题。

第二节　敢抓落实

敢抓落实，既要敢于直面矛盾，又要敢于触及问题。习近平总书记强调："党政主要负责同志是抓改革的关键，要把改革放在更加突出位置来抓，不仅亲自抓、带头干，还要勇于挑最重的担子、啃最硬的骨头，做到重要改革亲自部署、重大方案亲自把关、关键环节亲自协调、落实情况亲自督察，扑下身子，狠抓落实。"[①] 千忙万忙，不抓落实都是瞎忙；千条万条，不去落实都是白条。对各级领导干部来说，抓落实不能夸夸其谈，停留在口头上，而要真抓实干，体现在行动上。战国赵括"纸上谈兵"、两晋学士"虚谈废务"的历史教训都要引为鉴戒。敢抓落实，就要敢于担当。抓落实是一项复杂性、系统性、连续性的工程，必然会遇到这样或那样的问题和矛盾。习近平总书记强调："对那

[①]《习近平主持召开中央全面深化改革领导小组第三十二次会议》，《人民日报》2017年2月7日。

些盘根错节的复杂问题、年代久远的遗留问题、长期形成的惯性问题，要以燕子垒窝的恒劲、蚂蚁啃骨的韧劲、老牛爬坡的拼劲，坚持不懈，攻坚克难，善作善成。"① 作为领导干部，既要有勤抓落实的自觉，更要有敢抓落实的勇气，深入到矛盾多、困难大、任务重的地方去，勇于直面问题、化解矛盾，敢于攻坚克难、破解难题。特别是党政主要负责人，不仅自己要敢于负责、亲自抓落实，还要带领班子成员抓落实；不仅要指导主管部门集中抓落实，还要协调相关部门配合抓落实，形成上齐下顺、同心同德、齐抓共管的良好氛围。

第三节 常抓落实

常抓落实，既要有抓落实的"基本功"，又要有抓落实的"金刚钻"；既需要抓落实的韧劲，又需要抓落实的耐力，这样才能持之以恒抓落实、久久为功见实效。习近平总书记指出："作风建设已经采取的措施、形成的机制要扎根落地，已经取得的成效要巩固发展，关键是要在抓常、抓细、抓长上下功夫。抓常，就是要把作风建设时刻摆上位置、有机融入日常工作，做到管事就管人，管人就管思想、管作风。推动各项工作，都要落实作风建设具体要求，形成抓作风促工作、抓工作强作风良性循环。抓细，就是要对干部群众特别是基层群众反映的作风问题一一回应、具体解决。要透过现象看本质，在解决个别具体问题的同时，着力解决面上的普遍性问题。抓长，就是要反复抓，不能三天打鱼两天晒网，集中抓的时候雷霆万钧，平时放任自流。"② 作为领导干部，既要敢于担当责任，也要勇于直面矛盾，更要善于解决问题，聚神

---

① 《习近平：在第十八届中央纪律检查委员会第六次全体会议上的讲话》，《人民日报》2017年1月5日。

② 《习近平：作风建设要经常抓深入抓持久抓 不断巩固扩大教育实践活动成果》，《人民日报》2014年5月10日。

聚力抓落实，雷厉风行抓落实，善始善终抓落实，在落实中见实效，在落实求作为。坚持示范引领抓落实，善于典型引路、示范带动，善于发现典型，及时推广典型，把典型经验变成普遍应用，由易到难、由近及远、以点带线、由线到面，达到抓一点、连一线、带一片的目的。坚持分工负责抓落实，主要负责人统筹兼顾抓全面，分管领导按照分工抓好分管领域工作，形成领导班子成员人人肩上有责任、齐抓共管抓落实的局面。坚持轻重缓急抓落实，认清主次矛盾，分清轻重缓急，抓住主要矛盾和矛盾的主要方面，善于牵住"牛鼻子"，集中精力抓要事，全力以赴攻难事。坚持层层负责抓落实，坚持一级抓一级、一级带一级，做到层层有目标、逐级抓落实。坚持用心用情抓落实，怀着真心为群众办实事，带着感情为群众解难事，做到珍惜民力、集中民智、问策于民、造福于民、取信于民。坚持督促检查抓落实，提高督察工作权威性和执行力，做到工作推进到哪里、督察就跟进到哪里，以督察推动落实。坚持久久为功抓落实，以钉钉子精神做实做细做好各项工作，对每一项任务、每一件工作，要有布置、有检查、有落实、有效果，抓不出成效不撒手，看不见效果不收兵。

第十四章 善谋善为

善于担当作为，就要善谋善为。作为领导干部，既要善于谋划，又要善于作为；既要具备善谋善为的能力本领，又要掌握善谋善为的方式方法；既要主动作为、奋斗有为，又要依法作为、创新有为，在新时代创造新业绩、实现新作为。

善谋善为，既是衡量领导干部能力本领的重要标尺，也是领导干部干事创业的重要方法。"临事而惧，好谋而成。"善谋善为，既要善于谋划，更要善于作为；既要善于干事，更要善于成事。毛泽东强调："多谋善断，留有余地，这是个政治问题，这是个马克思主义的方法问题。"[①] 习近平总书记强调："谋事要实，就是要从实际出发谋划事业和工作，使点子、政策、方案符合实际情况、符合客观规律、符合科学精神，不好高骛远，不脱离实际。"[②] 善谋，就是出思路、出主意、出对策、出方案、出建议，都要符合实际、符合规律、符合科学；善为，就是要用正确的方法干正确的事情，把工作干好，把事业干成。干事之基在于善谋，成事之要在于善为。习近平总书记强调："中国共产党第十九次全国代表大会描绘了决胜全面建成小康社会、开启全面建设社会主义现代化国家新征程、实现中华民族伟大复兴的宏伟蓝图。把蓝图变为现实，是一场新的长征。路虽然还很长，但时间不等人，容不得有半点

---

① 《毛泽东年谱（一九四九——一九七六）》第 4 卷，中央文献出版社 2013 年版，第 8—9 页。
② 《习近平谈治国理政》，外文出版社 2014 年版，第 381 页。

懈怠。我们决不能安于现状、贪图安逸、乐而忘忧，必须不忘初心、牢记使命、奋发有为，努力创造属于新时代的光辉业绩！"① 唯有立足时代，方能与时俱进；唯有适应时代，才能有所作为。作为领导干部，要把党的十九大描绘的宏伟蓝图变为现实，就要善谋善为、善作善成，在新时代展现新形象，在新时代实现新作为。

善谋善为，既是领导干部为官从政的基本职责，又是领导干部干事创业的基本方法。恩格斯说过："有所作为是人生的最高境界。"毛泽东指出："人类总是不断发展的，自然界也总是不断发展的，永远不会停止在一个水平上。因此，人类总得不断地总结经验，有所发现，有所发明，有所创造，有所前进。停止的论点，悲观的论点，无所作为和骄傲自满的论点，都是错误的。"② 习近平总书记强调："坚持实践是检验真理的唯一标准，发挥历史的主动性和创造性，清醒认识世情、国情、党情的变和不变，永远要有逢山开路、遇河架桥的精神，锐意进取，大胆探索，敢于和善于分析回答现实生活中和群众思想上迫切需要解决的问题，不断深化改革开放，不断有所发现、有所创造、有所前进，不断推进理论创新、实践创新、制度创新。"③ 作为领导干部，既要具备善谋的思路和智慧，又要具备善为的能力和方法，在改革发展实践中有所发明、有所创造、有所作为。

谋事在先，成事在后。善思才能善行，善谋才能善为，善作才能善成。思想是行动的先导，心里先有想法，干事才有办法。习近平总书记在党的十九大报告中强调："中国特色社会主义进入新时代，我国社会主要矛盾已经转化为人民日益增长的美好生活需要和不平衡不充分的发展之间的矛盾。"在新时代的征程上，解决发展中不协调、不平衡、不

---

① 《习近平在第十三届全国人民代表大会第一次会议上的讲话》，《人民日报》2018年3月21日。
② 《毛泽东文集》第8卷，人民出版社1999年版，第325页。
③ 《习近平谈治国理政》，外文出版社2014年版，第21页。

可持续的突出问题，迫切需要各级领导干部善谋善为、主动作为，创造无愧于新时代的新业绩。李克强总理强调："既鼓励那些勇于负责、善谋善为、锐意进取的好单位、好干部，又加大对不作为、懒政怠政等行为的问责，形成层层负责促改革、人人担当谋发展的强大合力。"① 习近平总书记强调："广大党员、干部要在经风雨、见世面中长才干、壮筋骨，练就担当作为的硬脊梁、铁肩膀、真本事，敢字为先、干字当头，勇于担当、善于作为，在有效应对重大挑战、抵御重大风险、克服重大阻力、解决重大矛盾中冲锋在前、建功立业。"② 作为领导干部，既要消除"不愿为、不作为、慢作为、乱作为"的思想和作派，又要锻造"想作为、能作为、敢作为、善作为"的本领和作风；既要敢于担当作为，又要善于担当作为，做到善治善为、依法作为、创新有为，在本职岗位上创造新业绩，在本职工作中作出新贡献，在改革发展中展现新作为。

第一节　善治善为

善治善为，既是领导干部能力本领的具体体现，也是领导干部干事创业的重要方法。"政善治，事善能，动善时。""积力之所举，则无不胜也；众智之所为，则无不成也。"善思则善行，善治则善为。善建者善为，善为者善治。善治善为方能有所作为。习近平总书记强调："要保护作风正派、锐意进取的干部，真正把那些想干事、能干事、敢担当、善作为的优秀干部选拔到各级领导班子中来。"③ 善治善为，要求

---

① 《攻坚克难推进改革，加快新旧动能转换，善谋善为狠抓落实，确保实现良好开局》，《人民日报》2016年1月22日。
② 《习近平在"不忘初心、牢记使命"主题教育总结大会上的讲话》，《人民日报》2020年1月9日。
③ 《习近平李克强张德江俞正声刘云山王岐山张高丽分别参加全国人大会议一些代表团审议》，《人民日报》2016年3月8日。

各级领导干部既要想干事、能干事,更要干好事、干成事;既要敢于担当,更要善于作为。作为领导干部,既要善思善谋,做到心中有谋、心中有谱、心中有数;又要善治善为,做到履职作为、主动作为、奋斗有为。

一、履职作为

善治善为,首先要履职作为。只有履职尽责,才能有所作为。习近平总书记指出:"是否具有担当精神,是否能够忠诚履责、尽心尽责、勇于担责,这是检验每一个领导干部身上是否真正体现了共产党人先进性和纯洁性的重要方面。"① 有多少职责就要担多少责任,尽多大责任才会有多大成就,有多大担当才能干多大事业。善治善为,既要善于治理,更要善于作为。当前,改革发展稳定任务之重前所未有,矛盾风险挑战之多前所未有,尤其需要领导干部履职尽责、有所有为。现实中,有的领导干部"好人主义"严重,不愿负责、不敢负责,喜欢当瓦匠"和稀泥";有的"懒人主义"作祟,不想作为、不愿作为,喜欢当木匠"睁一只眼闭一只眼"。有的不求有功、但求无过"过日子",有的求稳怕乱、规避风险"做样子",有的空喊口号、不见行动"唱调子",有的遇到困难、回避矛盾"绕弯子",有的安于现状、庸碌无为"混日子",有的不敢担责、急难险重"撂挑子",有的掩盖问题、欺上瞒下"捂盖子",有的面对问题、视而不见"当瞎子";有的怕"得罪人",该抓的不抓、该管的不管;有的圆滑世故、拈轻怕重,有功劳就抢、有责任就推;有的讲排场、比阔气,贪图享受,铺张浪费,甚至以权谋私、违纪违法,等等。这些问题和现象,既是不想干事、不能干事、不会干事的表现,也是懒作为、假作为、不作为的体现。对领导干部来说,职位越高、权力越大,责任就越重。有权力就有责任,有责任就要担当。职责

---

① 《认真落实胡锦涛同志重要讲话精神 扎实做好保持党的纯洁性各项工作》,《光明日报》2012年3月2日。

呼唤担当，使命呼唤作为。李大钊说过："凡事都要脚踏实地去做，不驰于空想，不骛于虚声，而惟以求真的态度做踏实的功夫。以此态度求学，则真理可明；以此态度做事，则功业可就。"作为领导干部，在其位要谋其政，履其职要担其责，在难题面前敢于开拓，在矛盾面前敢抓敢管，在风险面前敢担责任，做到平常时候看得出来、关键时刻冲得出来、危难时机豁得出来，做到想作为、敢作为、能作为、善作为。

二、主动作为

只有主动作为，才能有所作为；只有想为敢为，才能勤为善为。习近平总书记指出："要充分调动广大干部积极性，不断提升工作精气神。干部干部，干是当头的，既要想干愿干积极干，又要能干会干善于干，其中积极性又是首要的。"① 天下之事，只要积极主动，万事皆有作为；如果消极懈怠，必然一事无成。李克强总理强调："廉洁是从政者的本色，勤政是公务员的本分。各级政府及其工作人员在保持廉洁的同时，要更加勤勉尽责干事业，恪尽职守勇担当，主动作为抓落实。夙夜在公抓工作、心无旁骛谋发展，做出让人民满意的实绩。决不允许敷衍应付虚作为、等待观望慢作为、患得患失不作为，更不允许消极腐败乱作为。"② "责重山岳，能者方可当之。"打铁必需自身硬，有能力才能担当责任，有本领才能有所作为。当前，改革是涉激流、过险滩，发展是硬道理、硬任务，稳定是压舱石、稳舵器。作为领导干部，要增强"等不起"的紧迫感、"慢不得"的危机感、"争一流"的使命感，积极主动作为，面对改革发展深层次矛盾问题敢于迎难而上、攻坚克难，面对急难险重任务能够豁得出来、顶得上去，面对各种歪风邪气敢于批评、敢

---

① 《习近平李克强张德江俞正声刘云山王岐山张高丽分别参加全国人大会议一些代表团审议》，《人民日报》2016年3月8日。
② 《李克强在国务院第五次廉政工作会议上强调 保持廉洁本色 勤勉尽责干事 推动政府系统党风廉政建设和反腐败工作向纵深发展》，《人民日报》2017年3月22日。

于抵制。

三、奋斗有为

创业维艰，奋斗以成。"孰不欲奋发有为，成不世之功。"唯有艰苦奋斗再创新业绩，才能继往开来实现新作为。习近平总书记指出："新时代是奋斗者的时代。我们要坚持把人民对美好生活的向往作为我们的奋斗目标，始终为人民不懈奋斗、同人民一起奋斗，切实把奋斗精神贯彻到进行伟大斗争、建设伟大工程、推进伟大事业、实现伟大梦想全过程，形成竞相奋斗、团结奋斗的生动局面。"① 艰苦奋斗精神是中华民族最宝贵的精神财富、最丰沛的精神力量。习近平总书记强调："只有奋斗的人生才称得上幸福的人生。奋斗是艰辛的，艰难困苦、玉汝于成，没有艰辛就不是真正的奋斗，我们要勇于在艰苦奋斗中净化灵魂、磨砺意志、坚定信念。奋斗是长期的，前人栽树、后人乘凉，伟大事业需要几代人、十几代人、几十代人持续奋斗。奋斗是曲折的，'为有牺牲多壮志，敢教日月换新天'，要奋斗就会有牺牲，我们要始终发扬大无畏精神和无私奉献精神。奋斗者是精神最为富足的人，也是最懂得幸福、最享受幸福的人。"② 劳动创造幸福，奋斗成就梦想。各级领导干部在干事创业中务必保持艰苦奋斗精神，在建功立业中务必弘扬艰苦创业作风。

艰苦奋斗，是中国共产党人的政治本色，是我们党一以贯之的革命精神。新中国成立前夕，毛泽东告诫全党"务必继续保持艰苦奋斗的作风"。新中国成立后，毛泽东强调："要使全体干部和全体人民经常想到我国是一个社会主义的大国，但又是一个经济落后的穷国，这是一个很

---

① 《中共中央国务院举行春节团拜会 习近平发表重要讲话》，《人民日报》2018年2月15日。

② 《中共中央国务院举行春节团拜会 习近平发表重要讲话》，《人民日报》2018年2月15日。

大的矛盾。要使我国富强起来,需要几十年艰苦奋斗的时间。"① 在改革开放之初,邓小平就强调:"中国搞四个现代化,要老老实实地艰苦创业。我们穷,底子薄,教育、科学、文化都落后,这就决定了我们还要有一个艰苦奋斗的过程。""我们是个穷国、大国,一定要艰苦创业。"②

艰苦奋斗,是中国共产党的光荣传统,也是我们继往开来、再创辉煌的重要法宝。我们党的百年历史就是一部艰苦奋斗的历史。100年来,从建党大业的开天辟地到建国大业的改天换地,从富国大业的翻天覆地到强国大业的惊天动地,我们党带领人民从站起来到富起来再到强起来,都是我们党团结带领人民艰苦奋斗的结果。过去干革命需要艰苦奋斗,今天搞社会主义现代化建设,同样要靠艰苦奋斗。习近平总书记强调:"过去我们党靠艰苦奋斗、勤俭节约不断成就伟业,现在我们仍然要用这样的思想来指导工作。不论我们国家发展到什么水平,不论人民生活改善到什么地步,艰苦奋斗、勤俭节约的思想永远不能丢。艰苦奋斗、勤俭节约,不仅是我们一路走来、发展壮大的重要保证,也是我们继往开来、再创辉煌的重要保证。"③

"自力更生、艰苦创业",是建设富强民主文明和谐美丽的社会主义现代化强国的精神支撑。艰苦奋斗,是成就事业的基石,是梦想成真的保证。奋斗改变命运,奋斗成就人生。新时代是奋斗者的时代,"幸福都是奋斗出来的","奋斗本身就是一种幸福"。唯有艰苦创业,才能建功立业。作为领导干部,务必保持艰苦奋斗精神和艰苦创业作风,在艰苦奋斗中践行初心使命,在艰苦创业中建功立业,为建设社会主义现代化强国、实现中华民族伟大复兴的中国梦贡献智慧和力量。

---

① 《毛泽东著作选读》下册,人民出版社1986年版,第797页。
② 《邓小平文选》第2卷,人民出版社1994年版,第221—222页。
③ 《保持加强生态文明建设的战略定力 守护好祖国北疆这道亮丽风景线》,《人民日报》2019年3月6日。

第二节　依法作为

依法作为，既是领导干部为官从政的根本遵循，也是领导干部干事创业的根本方法。"法律是治国之重器，良法是善治之前提。""国无常强，无常弱。奉法者强则国强，奉法者弱则国弱。"善治善为，既要依法而治，更要依法而为。法律是权威的规则，道德是价值的体现，德法并举方能善治善为。习近平总书记强调："要既讲法治又讲德治，重视发挥道德教化作用，把法律和道德的力量、法治和德治的功能紧密结合起来，把自律和他律紧密结合起来，引导全社会积极培育和践行社会主义核心价值观，树立良好道德风尚。"① 为官从政、干事创业，需要道德和法律的双重规范，既要弘扬核心价值观，实现良序善治，又要依法行政、依法办事，实现依法作为。权为民赋，责由法定。只有依法依规，才能有所作为。习近平总书记在党的十九大报告中强调："建设社会主义法治国家，发展中国特色社会主义法治理论，坚持依法治国、依法执政、依法行政共同推进，坚持法治国家、法治政府、法治社会一体建设，坚持依法治国和以德治国相结合，依法治国和依规治党有机统一。"依法治国，是党领导人民治理国家的基本方略；依法执政，是党治国理政的基本方式。依法行政，既是领导干部履职尽责的根本方法，也是领导干部有所作为的根本保证。作为领导干部，要尊法信法学法守法用法，自觉运用法治思维和法治方式深化改革、推动发展、化解矛盾、维护稳定。

一、树立法治理念

坚持依法作为，就要树立法治理念。法律的权威源自人们的内心拥

---

① 《习近平李克强栗战书赵乐际分别参加全国人大会议一些代表团审议》，《人民日报》2018年3月11日。

护和真诚信仰。只有内心坚定了法治信仰，行动上才会依法作为。习近平总书记强调："领导干部要牢记法律红线不可逾越、法律底线不可触碰，带头遵守法律、执行法律，带头营造办事依法、遇事找法、解决问题用法、化解矛盾靠法的法治环境。"① 作为领导干部，要强化法治信仰，崇奉德治理念，做到内心崇尚法治、行动践行法治、办事依靠法治，在任何时候、干任何事情都以法律法规为判断标尺和行为准绳，把法律和道德的力量、法治和德治的功能紧密结合起来，凝聚改革共识、规范发展行为、促进矛盾化解、保障社会和谐。

二、善用法治方式

坚持依法作为，就要善用法治方式。习近平总书记指出："法治是一种基本的思维方式和工作方式，法治化环境最能聚人聚财、最有利于发展。要提高领导干部运用法治思维和法治方式开展工作、解决问题、推动发展的能力，积极培育社会主义法治文化，引导广大群众自觉守法、遇事找法、解决问题靠法，深化基层依法治理，把法治建设建立在扎实的基层基础工作之上，让依法办事蔚然成风。"② 作为领导干部，要自觉遵守法律法规，善于运用法治思维和法治方式管人管权管事，想问题、作决策、办事情，都要有法可依，于法有据，做到依法决策、依法行政、依法办事。

三、推进法治实践

坚持依法作为，就要推进法治实践。习近平总书记强调："各级领导干部要提高运用法治思维和法治方式深化改革、推动发展、化解矛盾、维护稳定能力，努力推动形成办事依法、遇事找法、解决问题用

---

① 《习近平谈治国理政》第 2 卷，外文出版社 2017 年版，第 127 页。
② 《习近平李克强栗战书赵乐际分别参加全国人大会议一些代表团审议》，《人民日报》2018 年 3 月 11 日。

法、化解矛盾靠法的良好法治环境，在法治轨道上推动各项工作。"①作为领导干部，要坚持在宪法和法律的范围内推进改革发展稳定各项工作，运用法治思维和法治方式深化改革、推动发展、维护稳定，在法治轨道上推动各项工作。

（一）依法深化改革

法治既是改革的目标，也是改革的手段。习近平总书记强调："凡属重大改革都要于法有据。在整个改革过程中，都要高度重视运用法治思维和法治方式，发挥法治的引领和推动作用，加强对相关立法工作的协调，确保在法治轨道上推进改革。"② 回顾我国改革开放历程，推进改革与法治齐头并进、相互促进是一条重要经验。在新时代的征程上，让改革列车始终在法治轨道上前行，才能确保改革正确、准确、有序和协调推进，做到蹄疾而步稳、勇毅而笃行。作为领导干部，要深刻认识、正确处理改革和法治的关系，善于在法治基础上凝聚改革共识，善于用法治方式化解改革风险。

（二）依法推动发展

发展是我们党执政兴国的第一要务。经过改革开放40多年持续快速发展，我国经济进入新的发展阶段，呈现发展新常态。应对新常态下各种现实矛盾和问题，抓住新常态中孕育的各种新机遇，既要通过不断深化改革，破除制约发展的体制机制障碍；又要密织法治之网、强化法治之力，以法治新常态护航发展新常态。这两者犹如鸟之两翼、车之两轮，须臾不可偏废。要更加注重运用法治理念和法治方式，应对经济增速放缓、结构调整、产能过剩、金融风险和生态保护等方面的问题，平衡社会利益、调节社会关系、规范社会行为。当前，坚持"稳中求进"总基调，就要发挥法治引导和调节功能，保持定力，顶住压力，精准发力，打好转型创新"组合拳"，破解发展需求不振、创新不够、动力不

---

① 《习近平谈治国理政》，外文出版社2014年版，第142页。
② 《习近平关于全面深化改革论述摘编》，中央文献出版社2014年版，第153页。

足等难题。坚持以法治思维稳增长、调结构、惠民生，严格遵循经济规律，立足产业基础和市场导向，瞄准市场和技术前沿，健全创新驱动发展体制机制，积极发展众创、众包、众扶、众筹等新产业、新业态、新技术、新模式，推动大众创业、万众创新，形成新的增长动能。坚持依法守住生态"红线"、环保"高压线"，实施最严格的环境保护制度，实现幸福与经济共同增长、乡村与城市共同繁荣、生态宜居与发展建设共同推进。

（三）依法维护稳定

社会稳定，既是我们党治国理政的重要目标，也是人民群众的热切期盼。习近平总书记强调，发展是硬道理，稳定也是硬道理。稳定是改革发展的前提和保证，只有社会稳定，改革发展才能不断推进。法治具有明确性、公正性、稳定性、权威性的特点，对维护和促进社会和谐稳定具有基础性、长久性作用。作为领导干部，要善于运用法治思维谋划维护稳定各项工作，运用法治方式解决综治维稳面临的具体问题，提高社会治理社会化、法治化、智能化、专业化水平，打造共建共治共享的社会治理新格局。

第三节　创新有为

创新有为，是领导干部干事创业、建功立业的根本方法和基本途径。抓创新就是抓发展，谋创新就是谋未来。习近平总书记强调："创新是一个民族进步的灵魂，是一个国家兴旺发达的不竭动力，也是中华民族最深沉的民族禀赋。在激烈的国际竞争中，惟创新者进，惟创新者强，惟创新者胜。"[①]"我们必须把创新作为引领发展的第一动力，把人才作为支撑发展的第一资源，把创新摆在国家发展全局的核心位置，不

[①] 《习近平在欧美同学会成立100周年庆祝大会上的讲话》，《人民日报》2013年10月10日。

断推进理论创新、制度创新、科技创新、文化创新等各方面创新,让创新贯穿党和国家一切工作,让创新在全社会蔚然成风。"① 有所创新,才有所有为;有所作为,才有所创造。作为领导干部,面对改革发展稳定中的困难和挑战,要坚持创新有为,突破传统思维束缚,打破条条框框制约,做到人无我有、人有我新、人新我优,创造新业绩、实现新作为。

一、树立创新理念

理念的创新是根本的创新,理念的领先优于资源的领先。习近平总书记在党的十九大报告中强调:"坚持新发展理念。发展是解决我国一切问题的基础和关键,发展必须是科学发展,必须坚定不移贯彻创新、协调、绿色、开放、共享的发展理念。"贯彻落实新发展理念,是关系我国发展全局的一场深刻变革。创新,居于五大发展理念之首位。创新的行动源自创新的理念和思维,没有新理念、新思维,就不可能有新举措、新作为。作为领导干部,要牢固树立创新理念,强化创新思维,做到因势而谋、顺势而为。

二、发扬创新精神

创新有为,既是深化改革、攻坚克难的需要,又是抢抓机遇、加快发展的需要。敢于创新才有出路,善于创新才有新路。习近平总书记强调:"要把干部在推进改革中因缺乏经验、先行先试出现的失误和错误,同明知故犯的违纪违法行为区分开来;把上级尚无明确限制的探索性试验中的失误和错误,同上级明令禁止后依然我行我素的违纪违法行为区分开来;把为推动发展的无意过失,同为谋取私利的违纪违法行为区分开来,保护那些作风正派又敢作敢为、锐意进取的干部,最大限度调动

---

① 习近平:《在党的十八届五中全会第二次全体会议上的讲话》,《求是》2016 年第 1 期。

广大干部的积极性、主动性、创造性，激励他们更好带领群众干事创业。"① 作为领导干部，要把创新有为作为一种政治责任和精神追求，既要敢于创新，又要善于创新；既要敢于作为，又要善于作为，为改革而计，为发展而谋，寻创新之策，争创新作为，做出新贡献。

三、提高创新能力

创新有为，既需要创新的思想观念，又要具备创新的能力本领。"天下之事，虑之贵详，行之贵力。"在新时代的征程上，人人都有创新有为的愿望，人人都有创新有为的责任，人人都有创新有为的机会。作为领导干部，既要树立创新有为意识，又要提高创新有为能力；既要继承传统，学习借鉴前人的理论和经验，又要与时俱进，善于创新知识、创新体制、创新方法，以新的认识、新的思路、新的举措，实现新作为，推动新发展。

---

① 《习近平谈治国理政》第 2 卷，外文出版社 2017 年版，第 225 页。

第十五章　善作善成

善于担当作为，善作才能善成。为政之德，善始善终；为政之道，善作善成。善始而后善作，善作故能善成，善成方得善终。作为领导干部，要不忘初心、牢记使命，既要抓铁有痕、踏石留印干实事，又要持之以恒、久久为功干成事；既要敢于担当作为，又要善于担当作为，做到善始善终、善作善成。

善作善成，既是衡量领导干部为官从政的基本准则，又是领导干部干事创业基本方法。决策部署作出之后，领导就要善抓落实；目标任务确定之后，领导就要善作善成。为政之德，善始善终；为政之要，善作善成。善始善终，向来是人们推崇的为人处世之德，意谓做事情既要有好的开头，更要有好的结尾；善作善成，向来是人们所推崇的干事创业之道，意谓做事情既要善于干好事，更要善于干成事。善始善终、善作善成，是习近平新时代中国特色社会主义思想蕴含的重要思想方法、领导方法和工作方法。党的十八大以来，习近平总书记多次强调领导干部干事创业要善始善终、善作善成。习近平总书记强调："坚持实事求是、善作善成，确保了改革开放行稳致远。"[①] "各级主要负责同志要自觉从全局高度谋划推进改革，做到实事求是、求真务实、善始善终、善作善成，把准方向、敢于担当，亲力亲为、抓实工作。"[②] 善始而后善作，

---

① 《习近平谈治国理政》第3卷，外文出版社2020年版，第189页。
② 《习近平：实事求是求真务实把准方向　善始善终善作善成抓实工作》，《人民日报》2017年3月25日。

善作故能善成，善成方得善终。对领导干部来说，既要善于谋事，深谋远虑，有序推进各项工作，有一个良好的起始开端，又要善于成事，久久为功，把各项工作干成干好，有一个圆满的结尾结局。习近平总书记强调："事业发展永无止境，共产党人的初心永远不能改变。唯有不忘初心，方可告慰历史、告慰先辈，方可赢得民心、赢得时代，方可善作善成、一往无前。"① 做人做事、为官从政、干事创业，既要开好头、起好步，更要结好尾、收好官。善思方能善行，善谋方能善为，善为方能善成，善成方能善终。唯有不忘初心，方能善始善终；唯有牢记使命，才能善作善成。作为领导干部，要不忘初心、牢记使命，既要抓铁有痕、踏石留印干实事，又要持之以恒、久久为功干成事；既要敢于担当作为，又要善于担当作为，真正做到善始善终、善作善成，创造出经得起实践、人民、历史检验的业绩。

第一节　善思善谋

善思善谋，是领导干部必备的思维方式和思想方法。"先谋后事者昌，先事后谋者亡。"唯有善思善谋，方能善作善成。善思者智，善谋者胜。想事谋事在先，干事成事在后。《中国共产党章程》规定："坚持解放思想，实事求是，与时俱进。党的思想路线是一切从实际出发，理论联系实际，实事求是，在实践中检验真理和发展真理。全党必须坚持这条思想路线，积极探索，大胆试验，开拓创新，创造性地开展工作，不断研究新情况，总结新经验，解决新问题。"胡锦涛同志指出："解放思想、实事求是、与时俱进，是马克思主义活的灵魂，是我们适应新形势、认识新事物、完成新任务的根本思想武器。"② 对领导干部来说，只有坚持解放思想、实事求是、与时俱进、求真务实，才能做到善思善

---

① 《习近平谈治国理政》第3卷，外文出版社2020年版，第498页。
② 《胡锦涛文选》第2卷，人民出版社2016年版，第494页。

谋、善行善为、善始善终，研究新情况、总结新经验、解决新问题、创造新业绩。

一、坚持解放思想

做到善思善谋，务必解放思想。解放思想，是谋事创业的思想基础。思想是行动的先导。唯有解放思想，才能善谋良策。解放思想，是指在马克思主义指导下打破习惯势力和主观偏见的束缚，研究新情况，解决新问题，使思想和实际、主观和客观相符合。历史发展证明，一个伟大时代的到来，必须有一个伟大理论运动的到来，而伟大理论运动的到来，必须以解放思想为前提。邓小平强调："解放思想，开动脑筋，实事求是，团结一致向前看，首先是解放思想。""一个党，一个国家，一个民族，如果一切从本本出发，思想僵化，迷信盛行，那它就不能前进，它的生机就停止了，就要亡党亡国。"[1] "解放思想就是使思想和实际相符合，使主观和客观相符合，就是实事求是。在一切工作中要真正坚持实事求是，就必须继续解放思想。"[2] 解放思想，是解放和发展社会生产力的前提。习近平总书记强调："解放思想是前提，是解放和发展社会生产力、解放和增强社会活力的总开关。"[3] 作为领导干部，必须坚持解放思想，自觉地把思想认识从那些不合时宜的观念、做法和体制的束缚下解放出来，从对马克思主义错误的和教条式的理解中解放出来，从主观主义和教条主义的桎梏中解放出来，不断推进理论创新和实践创新。坚持思想再解放，保持自我革新的勇气，跳出条条框框限制；推进改革再深入，克服部门利益的掣肘，打破利益固化的藩篱；推动工作再抓实，找准突破的方向和重点，谋划好务实管用改革发展新举措。

---

[1] 《邓小平文选》第2卷，人民出版社1994年版，第141页。
[2] 《邓小平文选》第2卷，人民出版社1994年版，第364页。
[3] 《习近平谈治国理政》，外文出版社2014年版，第92页。

二、坚持实事求是

做到善思善谋,务必实事求是。实事求是,是谋事之基、成事之道。实事求是,是马克思列宁主义的精髓,是毛泽东思想的精髓,也是邓小平理论的精髓,是中国共产党人认识世界和改造世界的根本要求,是我们党的基本思想方法、工作方法和领导方法,是党带领人民推动中国革命、建设、改革事业不断取得胜利的重要法宝。实事求是,是各级领导干部开展一切工作的思想指针,也是为官从政、干事创业的根本思想方法、领导方法和工作方法。毛泽东指出:"'实事'就是客观存在着的一切事物,'是'就是客观事物的内部联系,即规律性,'求'就是我们去研究。"① 邓小平强调:"过去我们搞革命所取得的一切胜利,是靠实事求是;现在我们要实现四个现代化,同样要靠实事求是。"② 历史反复证明:凡是坚持实事求是,革命、建设和改革就胜利;凡是违背实事求是,革命、建设和改革就要遭受挫折。

回顾我们党 100 年的奋斗历史,什么时候坚持实事求是,党就能够形成符合客观实际、体现发展规律、顺应人民意愿的正确路线方针政策,党和人民事业就能够不断取得胜利;反之,离开了实事求是,党和人民事业就会遭受严重损失、严重挫折甚至严重危害。习近平总书记强调,实践反复证明,坚持实事求是,就能兴党兴国;违背实事求是,就会误党误国。坚持实事求是,就是坚持一切从实际出发来研究和解决问题,坚持理论联系实际来制定和形成指导发展的正确路线方针政策,坚持在实践中检验真理和发展真理。习近平总书记强调:"坚持一切从实际出发,是我们想问题、作决策、办事情的出发点和落脚点。坚持从实际出发,前提是深入实际、了解实际,只有这样才能做到实事求是。""坚持从实际出发、实事求是,不只是思想方法问题,也是党性强不强

---

① 《毛泽东选集》第 3 卷,人民出版社 1991 年版,第 801 页。
② 《邓小平文选》第 2 卷,人民出版社 1994 年版,第 143 页。

问题。从当前干部队伍实际看，坚持实事求是最需要解决的是党性问题。干部是不是实事求是可以从很多方面来看，最根本的要看是不是讲真话、讲实话，是不是干实事、求实效。"① 作为领导干部，要始终坚持实事求是的思想方法、领导方法和工作方法，坚持一切从实际出发想问题、作决策、办事情、抓落实，既要敢于打破条条框框的束缚，冲破陈规陋习的藩篱，又不能头脑发热，拍胸脯蛮干；既要批判继承历史经验，大胆借鉴外地做法，又不能"削足适履"，全盘照抄；既要认真贯彻落实上级精神指示，又不能断章取义、生搬硬套，充分发挥人民群众的积极性、主动性、创造性。

三、坚持与时俱进

做到善思善谋，务必与时俱进。与时俱进，既是领导干部必备的政治品质，也是领导干部谋事创业的重要方法。江泽民同志指出："与时俱进，就是党的全部理论和工作要体现时代性，把握规律性，富于创造性。"② 实事求是，是解放思想的根据和目的，也是与时俱进的根据和目的。与时俱进，就是顺乎历史潮流，反映时代精神，从不断变化的实际出发，探求和揭示客观事物的新属性、新联系、新规律，以有效地认识世界和改造世界。离开了实事求是，与时俱进就失去了前进的方向和目标。反过来，与时俱进又是实事求是的实践目的。人们所做的一切工作都是为了解决问题，有所创造，有所前进，实事求是也不例外。从这个意义上说，与时俱进贯彻到理论创新上将结出实事求是的思想成果，落实到实际工作中则是实现实事求是的实践价值。因此，与时俱进与实事求是又是一种互为条件和目的的关系。

对各级领导干部来说，只有坚持与时俱进的观念和理念，才能确保

---

① 《习近平：信念坚定对党忠诚实事求是担当作为 努力成为可堪大用能担重任栋梁之才》，《人民日报》2021年9月1日。

② 《江泽民文选》第3卷，人民出版社2006年版，第537页。

思想顺应时代潮流,确保行动与时代同步前行。实践是认识的基础,实践发展没有止境,理论创新也没有止境。历史和实践证明,我们党的发展壮大、坚强领导,靠的是与时俱进的思想指引,我们国家的发展进步、富强文明,也靠的是与时俱进的思想引领。作为领导干部,务必保持与时俱进的思想和作风,推进理论创新和实践创新,体现时代性,把握规律性,富于创造性,以奋发有为的精神推进各项工作。

四、坚持求真务实

做到善思善谋,务必求真务实。求真务实,既是领导干部必备的政治品格和优良作风,也是领导干部必备的思想方法和工作方法。求真务实,是马克思主义一以贯之的科学世界观和方法论,是我们党的思想路线的核心内容。习近平总书记强调:"求真务实是共产党人的重要思想和工作方法。我们一定要在实践中认识真理、把握规律,用发展着的马克思主义指导新的实践,用新的实践丰富和发展马克思主义,敢于直面矛盾,敢于较真碰硬,为做好党和国家工作深思深察、尽责尽力、善作善成。"① 我们党 100 年的历程充分说明,坚持求真务实是党的活力之所在,也是党和人民事业兴旺发达的关键之所在。求真,就是依据解放思想、实事求是、与时俱进的思想路线,去不断地认识事物的本质,把握事物的规律。务实,则是要在这种规律性认识的指导下,谋实招、办实事、求实效。求真是出发点,务实是落脚点;求真是务实的前提,务实是求真的归宿。

凌空蹈虚,难以成就功业;求真务实,方能善谋善为。作为领导干部,要自觉坚持求真务实的思想和工作方法,把求真务实贯彻一切工作之中,求我国社会主义初级阶段基本国情之真,务坚持长期艰苦奋斗之实;求社会主义建设规律和人类社会发展规律之真,务抓好发展这个党

---

① 《习近平在纪念刘华清同志诞辰 100 周年座谈会上的讲话》,《人民日报》2016 年 9 月 29 日。

执政兴国的第一要务之实；求人民群众的历史地位和作用之真，务发展最广大人民根本利益之实；求共产党执政规律之真，务全面加强和改进党的建设之实，确保各项工作久久为功、善作善成。

第二节　善行善为

善行善为，是领导干部干事创业的思想方法和工作方法。唯有善行善为，方能善作善成。"闻之不若见之，见之不若知之，知之不若行之。""能者善行，智者善为。"善思者智，善谋者胜；善行者远，善为者成。善思方能善行，善谋方能善为，善为方能善治，善作方能善成。"善学者尽其理，善行者究其难。"善于学习，就能穷究事物发展的规律；善于实践，就能探究事物发展的疑难。马克思说过，"一步实际行动比一打纲领更重要"，毛泽东强调"实事求是，力戒空谈"，习近平总书记告诫"空谈误国，实干兴邦"。一分决策部署，九分执行落实。决策部署只有化为具体行动，才能取得实际效果。对领导干部来说，既要做到善思善谋，开好头起好步，更要做到善行善为，干好事干成事。回顾我们党的历史，正是坚持了善于理论思考，善于总结经验，善于汲取教训，善于付诸行动，我们党才从小到大、由弱到强，不断取得革命、建设、改革的胜利。中国共产党人正是坚持了善思善谋、善行善为，以敢于追梦、甘于奉献、勇于牺牲的精神，才汇聚起亿万人民群众革命、建设与改革的磅礴力量，夺取了一个又一个伟大胜利，创造了一个又一个伟大奇迹，铺展了中华大地旧貌换新颜的壮阔历程，铸就了史诗般的伟大业绩。作为领导干部，只有坚持善思善谋、善行善为的思想方法和工作方法，做到学思用贯通、知信行统一，才能履行好领导职责，发挥好领导作用。

一、梦想成真

唯有善行善为，方能梦想成真。创新引领未来，创业成就梦想。每个人都有梦想,都期望梦想成真。人生因梦想而幸福,创业因梦想而精彩。习近平总书记强调:"每个人都有理想和追求,都有自己的梦想。现在,大家都在讨论中国梦,我以为,实现中华民族伟大复兴,就是中华民族近代以来最伟大的梦想。"① 中国梦是中华民族数千年的渴望和理想,是中国13亿各族人民和海外游子的追求和梦想,体现了中华民族和中国人民的整体利益,是每一个中华儿女的共同期盼。中国梦是民族的梦,也是每个中国人的梦。在新时代,每个人都享有成长进步的机会,享有人生出彩的机会,享有梦想成真的机会。只要有梦想、有机会、有奋斗,才能够创造美好的未来。习近平总书记指出:"人类的美好理想,都不可能唾手可得,都离不开筚路蓝缕、手胼足胝的艰苦奋斗。"② 艰苦奋斗,是实现梦想的必经之路,是连接现实与梦想的连心桥。艰难困苦,玉汝于成。我们的国家,我们的民族,从积贫积弱一步一步走到今天的发展繁荣,靠的就是一代又一代人的艰苦奋斗、顽强拼搏。习近平总书记强调:"真抓才能攻坚克难,实干才能梦想成真。"③ 在这个属于奋斗者的新时代,人人都有梦想成真的机会。作为领导干部,要把个人的梦想,与中国梦紧紧联系起来,把有限的生命投入到中国梦的具体实践中去,一棒接着一棒跑,一代接着一代干,让伟大梦想早日实现。

二、奉献作为

唯有善行善为,方能奉献作为。讲奉献、有作为,既是衡量领导干部为官从政的重要标准,是领导干部干事创业的行为准则。有所奉献才有所作为。奉献,是人类历来尊崇的道德品行、精神境界。人类社会在

---

① 《习近平:承前启后 继往开来 朝着中华民族伟大复兴目标奋勇前进》,《人民日报》2012年11月30日。
② 《习近平同各界优秀青年代表座谈时的讲话》,《人民日报》2014年5月5日。
③ 《习近平谈治国理政》第1卷,外文出版社2018年版,第48页。

每个时代都需要那个时代的人们有所奉献。人总是要有精神的，尤其需要奉献精神。奉献作为，是中华民族的传统美德，是中国共产党人的精神动力。习近平总书记指出："我们共产党人讲奉献，就要有一颗为党为人民矢志奋斗的心，有了这颗心，就会'痛并快乐着'，再怎么艰苦也是美的、再怎么付出也是甜的，就不会患得患失。这才是符合党和人民要求的大奉献。"① 奉献精神是永恒的，也永远为人们所景仰。"亦余心之所善兮，虽九死其犹未悔。""人生自古谁无死，留取丹心照汗青。""春蚕到死丝方尽，蜡炬成灰泪始干。""先天下之忧而忧，后天下之乐而乐。""鞠躬尽瘁，死而后已。""安得广厦千万间，大庇天下寒士俱欢颜。"这些千古流传的名句，是中华民族奉献精神的生动写照。在当代中国，从陶行知的"捧着一颗心来，不带半根草去"，是奉献，到鲁迅"横眉冷对千夫指，俯首甘为孺子牛"，是奉献；从雷锋"我要把有限的生命投入到无限的为人民服务之中去"，到"当代雷锋"郭明义、孙茂芳、庄仕华等，以自己的实际行动践行雷锋精神，也是奉献。他们对党和人民的忠诚，对国家和社会的贡献，一直受到人民群众的赞美和传颂。

奉献作为，既是领导干部的精神品质，也是领导干部的价值追求。"为有牺牲多壮志，敢教日月换新天。"革命战争年代，为了民族的独立和人民的解放，党员干部出生入死、冲锋在前、退却在后，牺牲了无数革命烈士。在中国革命史上，毛泽东一家牺牲了6位亲人，徐海东家族有70多人牺牲，贺龙宗亲有名有姓的烈士就有2050人。中国共产党的百年历史，就是中国共产党人为民族解放、国家富强、人民幸福而英勇牺牲、无私奉献的历史。中国共产党人与人民群众同呼吸，共命运，心连心，谱写了一篇篇气势磅礴、可歌可泣的英雄史诗。在社会主义建设和改革开放时期，从焦裕禄、孔繁森、郑培民、牛玉儒等为代表的优秀

---

① 《办公厅工作要做到"五个坚持"——习近平同志在中央办公厅各单位班子成员和干部职工代表座谈时的讲话》，《秘书工作》2014年第6期。

领导干部，到近年来受到党中央表彰的优秀领导干部，特别是被授予"共和国勋章"的医学专家钟南山、氢弹之父于敏、青蒿素发明者屠呦呦、人大代表申纪兰、战斗英雄李延年和张富清、核潜艇之父黄旭华、杂交水稻之父袁隆平、卫星设计师孙家栋，他们自觉践行全心全意为人民服务的宗旨，几十年如一日无私奉献，赢得了人民群众的尊敬和爱戴。习近平总书记强调："拼搏奉献，就是把许党报国、履职尽责作为人生目标，不畏艰险、敢于牺牲，苦干实干、不屈不挠。"① 2021 年 6 月 29 日，被中共中央授予"七一勋章"的马毛姐、王书茂、王占山等 29 名共产党员，就是各条战线党员中的杰出代表，他们履职尽责、许党报国，充分展示了共产党人无私无畏的奉献精神。中国之所以有今天的成就与辉煌，正是因为一代又一代、一批又一批共产党人，甘于奉献、敢于担当、勇于牺牲，把自己的智慧、力量甚至生命献给了党，献给了国家，献给了人民。作为领导干部，要不忘初心、牢记使命，发扬为民服务孺子牛、创新发展拓荒牛、艰苦奋斗老黄牛的精神，拼搏奉献、奋发作为，谱写新时代的新篇章。

三、做细做实

唯有做细做实，方能善行善为。战略决定胜负，细节影响成败。一分战略，九分执行。只有把实施战略目标的措施办法做细做实，把战略任务分解细化，才能使战略目标任务得到执行和落实。细节影响成败的前提是战略决策正确，如果战略方向、目标错误，停步就是进步，退却就是前进。只有在战略决策正确的前提下，执行才有意义，落实才见成效。"惟细惟实、善作善成。""善行"与"善为"互为因果，善始而后善作，善行故能善为，善为方得善成。善行善为，就要由小胜集大胜，由小成集大成，由善作而善成。"不积跬步无以至千里，不积小流无以

---

① 习近平：《在"七一勋章"颁授仪式上的讲话》，《人民日报》2021 年 6 月 30 日。

成江海。""泰山不拒细壤,故能成其高;江海不择细流,故能就其深。""道虽迩,不行不至;事虽小,不为不成"。"凡大事皆起于小事,小事不论,大事又将不可救,社稷倾危,莫不由此。""图难于其易,为大于其细。天下难事,必作于易;天下大事,必作于细。"历览前尘往事,王朝的更迭、盛世的勃兴、弊症的革除、吏制的刷新、改革的推进……无不是从具体的事情做起,从容易办到的事情入手,古今中外,概莫能外。

邓小平作为中国改革开放的总设计师,既具备"举重若轻"的恢宏气度,又具备"举轻若重"的细致功夫。邓小平一贯提倡深入细致的工作作风。邓小平曾说过:"我们的事业总是要求精雕细刻,没有一样事情不是一点一滴的成绩积累起来的。"[1] 在改革开放新时期,邓小平正是凭借这种"精雕细刻"、深入细致的工作态度和方法,成功处理了一个又一个具体而复杂的问题,并带领全党全国人民将中国的改革开放事业一步步引向深入,开创了中国特色社会主义的新纪元。

习近平总书记强调:"践行'三严三实',要立根固本,挺起精神脊梁;要落细落小,注重细节小事;要修枝剪叶,自觉改造提高;要从谏如流,自觉接受监督。""修身、用权、律己,谋事、创业、做人,贯穿领导干部工作生活方方面面,严和实是一件一件事情、一点一点修为积累起来的,必须落细落小,多积尺寸之功,经常防微杜渐。每个同志都有改造自己、提高自己的职责,打扫思想灰尘、祛除不良习气、纠正错误言行永无止境,永远都是进行时。"[2] 干事创业、建功立业,都是由量变到质变的过程。细节影响成败,细节成就事业。作为领导干部,干事创业既要着眼长远,又要立足当前;既要坚持不懈、锲而不舍,又要持之以恒、久久为功;既要从大处着眼,又要从细处入手,把各项工作做细做实、求得实效。

---

[1] 《邓小平文选》第1卷,人民出版社1994年版,第287页。
[2] 《习近平:以严和实的精神做好各项工作》,《人民日报》2015年9月13日。

第三节　善始善终

善始善终,既是领导干部为官从政的基本准则,也是领导干部干事创业的根本方法。善始而后善作,善作故能善成,善成方得善终。"慎终如始,则无败事。""作始也简,将毕也钜。""靡不有初,鲜克有终。"初心易得,始终难守;大道至简,知易行难;知行合一,止于至善。善始善终,历来是人们推崇的为官从政之德、干事创业之道。对领导干部来说,无论做人做事、为官从政,还是干事创业、建功立业,无论是化危机、育先机,还是应变局、开新局,唯有善始善终,才能善作善成。

习近平总书记在党的十九大报告中强调:"不忘初心,方得始终。中国共产党人的初心和使命,就是为中国人民谋幸福,为中华民族谋复兴。这个初心和使命是激励中国共产党人不断前进的根本动力。"我们党成立100年来,从上海石库门、嘉兴南湖启航的小小红船,承载着人民的重托、民族的希望,始终不忘初心、牢记使命,带领全国各族人民历经艰难险阻,取得了一个又一个胜利,深刻改变了近代以来中华民族发展的方向和进程,深刻改变了中国人民和中华民族的前途和命运,深刻改变了世界发展的趋势和格局,为中华民族和人类社会发展作出了历史性贡献。

习近平总书记强调:"不忘初心、牢记使命,必须作为加强党的建设的永恒课题和全体党员、干部的终身课题常抓不懈。"[①] 我们取得的成就举世瞩目,这值得我们自豪,但决不能忘记初心而骄傲自满。功成名就时做到居安思危、保持创业初期那种励精图治的精神状态不容易,执掌政权后做到节俭内敛、敬终如始不容易,承平时期严以治吏、防腐戒奢不容易,重大变革关头顺乎潮流、顺应民心不容易。如果忘却初

[①] 《习近平在"不忘初心、牢记使命"主题教育总结大会上的讲话》,《人民日报》2020年1月9日。

心，就会淡漠使命。唯有不忘初心，方能善始善终；唯有牢记使命，方能善作善成。

中国共产党的初心和使命，是党的性质宗旨、理想信念、奋斗目标的集中体现，是激励我们攻坚克难、砥砺前行的根本动力。我们党100年来所付出的一切努力、进行的一切斗争、作出的一切牺牲，都是为了人民幸福和民族复兴。正是由于中国共产党人始终坚守初心和使命，我们党才能在极端困境中发展壮大，在濒临绝境中突出重围，在困顿逆境中毅然奋起。忘记初心使命，我们党就会改变性质、改变颜色，就会失去人民、失去未来。初心易得，始终难守；唯有不忘初心，方能善始善终。使命易知，行之维艰；唯有牢记使命，才能善作善成。坚守初心为践行使命提供价值指引和精神动力，必须始终如一；践行使命为坚守初心提供实践支撑和实现路径，必须贯穿始终。作为领导干部，要不忘初心、牢记使命，以永不懈怠的精神状态和一往无前的奋斗姿态，克服精神懈怠、消极腐败的危险，消除安于现状、不思进取、贪图享乐的状态，在为官从政中做到善始善终，在干事创业中做到善作善成。

一、善始善终做人

善始善终，是领导干部为人处世的基本准则。"慎始而敬终，终以不困。""欲善终当慎始。"初心易得，始终难守。像焦裕禄、任长霞、孔繁森、于敏、孙家栋、张富清等这样的好干部、好领导，都是初心不改、斗志不减、本色不变，始终坚守为党尽责、为民奉献的初心。但是，也有一些领导干部在复杂的社会环境中，却逐渐忘记了初心、忘却了使命，没有经受住时间、物质和金钱的考验，结果功亏一篑，最终让自己后悔，让组织蒙羞，让家人失望。因此，对各级领导干部来说，唯有不忘初心，方能善始善终。习近平总书记强调："做人要实，就是要对党、对组织、对人民、对同志忠诚老实，做老实人、说老实话、干老实事，襟怀坦白，公道正派。要发扬钉钉子精神，保持力度、保持韧劲，善始善终、善作善成，不断取得作风建设新成效。"① 修身律己，是一辈子的事，务必善始善终。成就人生，既要有良好的开局，也要有圆满的结局。然而，有的领导干部在临近退职、退休之时，不是留恋工作，而是迷恋权力，不是保重晚节，而是注重"晚利"，利用即将离手的权力之柄，为自己和家人贪钱敛财，从而导致晚节不保，一失足成千古恨，受到法纪的严惩。对领导干部来说，既要珍惜人生的起点，更要保洁人生的终点；既要管住风华正茂、精力充沛的"涨潮"期，更要管住"夕阳西下""卸职退休"的"退潮"期；既不能在成绩和功劳面前沾沾自喜，更不能以此为资本来谋取私利。慎始不易，慎终更难。只有善始善终做人，才能实现人生规划，成就人生梦想。作为领导干部，要不忘初心、恪尽职守，勿为名累，勿为利锁，勿为权迷，勿为欲困，做到慎始慎终、善始善终，画上人生圆满句号。

二、善始善终从政

善始善终，是领导干部为官从政的基本方法。"以圣贤之道教人易，以圣贤之道治己难。以圣贤之道出口易，以圣贤之道躬行难。以圣贤之道奋始易，以圣贤之道克终难。"善始不易，善终更难。"善始"和"善终"是一个互为因果、紧密联系的整体，只有做到"善始"，才能做到"善终"；要想取得"善终"，务必做到"善始"。司马光评价唐玄宗说："明皇之始欲为治，能自刻厉节俭如此。晚节犹以奢败。"毛泽东评价李自成说："李自成胜利了就忘记了人民，不然他是不会失败的。""以史为鉴，可以知兴替。"前车之鉴告诉我们，唯有坚守初心，才能善始善终。现实中，有的领导干部在讲"善始善终"的时候，只着眼于"善终"，却对"善始"关注不够；而有的领导干部只注重"善始"，却不能做到"善终"。有的在没当领导之前，各方面都表现不错，但当上领导

---

① 《习近平谈治国理政》，外文出版社2014年版，第381—382页。

之后却忘乎所以，甚至以权谋私；有的领导职务低的时候，能兢兢业业、甘当公仆，但随着职务的升迁，却放松了世界观的改造，私心越来越重，最后铤而走险，滑向犯罪的深渊；还有的领导干部在年轻时尚能严格自律，但临到退休时，却信奉"有权不用，过期作废"的信条，徇私枉法，聚敛钱财，结果导致晚节不保。"善始"而不能"善终"，无疑是人生悲剧。

吴玉章从事文化教育工作的漫长岁月中，为革命战争、政权建设、经济建设和文教建设，培养了好几代干部。他的教育活动，时间长，方面广，经验多，成就大，可以说是当代中国革命文化教育事业的杰出代表。毛泽东对吴玉章的革命精神给予了很高评价。1940年1月15日，中共中央在延安中央大礼堂为吴玉章六十寿辰祝寿，毛泽东亲临致祝词："一个人做点好事并不难，难的是一辈子做好事，不做坏事，一贯地有益于广大群众，一贯地有益于青年，一贯地有益于革命，艰苦奋斗几十年如一日，这才是最难最难的啊！我们的吴玉章老同志就是这样一个几十年如一日的人。"① 历史只会眷顾坚定者、奋进者、搏击者，而不会等待犹豫者、懈怠者、畏难者。对各级领导干部来说，为官从政既要做到"善始"，争取一个良好的开头，更要做到"善终"，求得一个圆满的结局。作为领导干部，要保持以善始善终、善作善成的精神，保持谦虚谨慎、不骄不躁的作风，以永不懈怠的精神状态和一往无前的奋斗姿态，走好新时代的长征路。

三、善始善终立业

善始善终，是领导干部建功立业的根本遵循。"举大事必慎其终始。""慎终如始，则无败事。"善始善终、善作善成，既是干事创业之道，也是建功立业之要。古往今来，但凡成就大业者，既有一个"善

---

① 《毛泽东文集》第2卷，人民出版社1993年版，第261—262页。

始"的起步开头,也有一个"善终"的结尾结局;既能做到善始善终,又能做到善作善成。干事创业需善始善终,忌虎头蛇尾;建功立业需久久为功,不可能一劳永逸、一蹴而就。习近平总书记强调:"要发扬钉钉子精神,保持力度、保持韧劲,善始善终、善作善成,不断取得作风建设新成效。"① 对各级领导干部来说,干事创业、建功立业要发扬钉钉子精神,一锤接着一锤敲,一钉接着一钉钉,直到钉稳钉牢,把工作落到实处,使工作见到实效;要坚持一张蓝图绘到底,既需要通过深入调查研究,把蓝图绘好,把规划定好,更需要一棒接力一棒跑,一茬一茬接着干,把蓝图变为现实。"行百里者半九十"只有持之以恒、久久为功,才能善始善终、善作善成。作为领导干部,要不忘初心,牢记使命,以坚守诠释初心,以担当践行使命,持之以恒改进作风,久久为功干事创业,保持善始善终的韧劲,保持善作善成的执着,保持奋发有为的精神,奋进新时代,创造新业绩,实现新作为。

---

① 《习近平谈治国理政》,外文出版社2014年版,第382页。